소크라테스는 왜 죽었을까?

소크라테스는 왜 죽었을까?

1판 1쇄 인쇄 2025년 5월 23일
1판 1쇄 발행 2025년 6월 13일

지은이 김웅
펴낸이 김미영

본부장 김익겸
편집 김상욱
표지디자인 이유나[디자인 서랍]
내지디자인 이채영
제작 올인피앤비

펴낸곳 지베르니
출판등록 2021년 8월 2일
등록번호 제561-2021-000073호
팩스 0508-942-7607
이메일 giverny.1874@gmail.com

ISBN 979-11-98773-43-2 (03300)

오심과 권력,
그리고 인간을 심판한
법의 역사

소크라테스는
왜 죽었을까?

김웅
지음

지베르니

차례 Contents

10월의 어느 아침, 싱크대를 고치려던 나는 풀리지 않는 마지막 너트를 만나게 되었다. 통상적인 인간의 힘으로는 도저히 해결할 수 없다는 결론에 도달한 나는, 합리적이지만 결론적으로 실망스러운 선택을 하고 말았다. 망치를 이용해 저 완고한 너트를 몇 대 치자는 것이었다. 그럼 저 너트도 꽉 문 이를 스스로 풀고 항복할 것 같았다. 그래서 나는 동창회에서 나눠준 공구 세트를 찾았다. 그리고 중국산 망치 하나를 손에 쥐었다. 그리고 몇 분 후 나는 중국 톈진시 부근에서 태어난 수전 주둥이를 깨뜨렸다.

아주 미세한 조준 실패였다. 나는 비교적 섬세하게 망치질을 했었다. 하지만 인간은 필연적으로 실수를 한다. 그 작은 실수에도 수전은 깨졌다. 그 작은 움직임에도 망치는 믿을 수 없을 만큼 큰 충격량을 수전 주둥이에 전달했기 때문이다. 결국, 나는 아내 몰래 똑같은 수전을 주문해야 했다. 그러면서 나는 '왜 인류는 저렇게 효율적인 망치를 개발했을까'라고 원망의 대상을 바꾸는 데 성공했다. 비난을 받아야 할 것은 망치의 효율성이지 결코 나의 부정확함이 아니다. 어찌 됐든 너트를 벗어나 수전을 가격한 것은 내가 아니라 망치였으니까.

세상은 지나치게 효율적이다. 우리는 볼링공이나 돌멩이로 못을 박을 수 있지만, 굳이 망치를 개발했다. 망치는 작은 힘으로도 큰 충격을 전달한다. 망치뿐만이 아니다. 세상은 편하고 효율적인 것들로 넘친다. 인류는 가장 잠재적인 위협이었던 질병을 피하려고 위생과 의약학을 발전시켰다. 인간은 깃털을 가질 수 없었기에 날갯짓이 아닌 양력을 이용해서 하늘을 날았고 근력과 심폐기능이 부족했기 때문에 바퀴를 개발했다. 아침에 사용하는 치실부터 퇴근길에 이용하는 올림픽대교까지, 모두가 편하고 뛰어난 기능을 지니고 있다. 이 세상의 공학자들은 우리는 이해하지 못하는 과학의 성과물을 바탕으로 인간에게 유용한 것들을 끊임없이 만들어냈다. 그 결과 인간은 바퀴벌레와 더불어 가장 성공적으로 이 세상에 적응한 동물이 되었다.

하지만 모든 것이 다 망치처럼 효율적인 것은 아니다. 의외로 복잡하고 거추장스러운 것들도 많다. 그중 하나가 권력에 관한 제도이다. 의사 결정은 순탄하지 않고, 일의 진행을 멈추거나 방해하는 장치가 많다. 그래서인지 정치에서는 엔지니어링은 주로 부정적으로 사용된다. '정치공학'이라는 말을 보라. 공학 중에서 음험한 협잡과 사술을 의미하는 것은 정치공학뿐이다.

비효율의 최고봉은 역시 형사사법제도라고 할 수 있다. 범인을 잡고 수사하고 기소하고 재판을 통해 죗값을 치르게 하는 절차 말이다. 그것은 그 어떤 제도보다 복잡하고 비효율적이다. 어렵고 힘들고 비용도 많이 든다. 죄를 지은 사람에게 이를 숨길 권리를 부여하고, 변호사들은 절차상의 흠집을 찾아내서 죄인을 풀어주려고 안달이다. 죄를 지었다고 실토해도 마찬가지다. 죄인이 자기 죄를 인정하는데도 그 자백만으로는 죄인을 처벌할 수 없다. 헌법과 형사소송법을 찬찬히 뜯어보면 도대체 이해 안 되는 내용이 많다.

인류는 왜 형사사법제도에서는 망치와 같은 공학적 쾌거를 이루지 못했을까? 망치처럼 아주 작은 힘과 노력만으로 큰 결과를 낳을 수는 없을까?

하지만, 인류는 결코 불합리하고 비효율적인 것을 만들어내지 않았다. 형사소송제도 역시 마찬가지이다. 망치는 빗나가도 고작 수전을 깨뜨리지만, 빗나간 형사사법은 사람의 운명을 깨뜨린다. 형사사법이라는 망치는 운명적인 파괴를 낳을 수도 있다. 그래서 뉴턴의 운동 법칙만을 고려하면 되는 망치와 달리 형사사법제도는 인간의 본성, 본능까지 고려해야 한다. 망치와 달리 형사사법제도는 부정확하게 사용될 때도 대비해야 한다.

그게 바로 인류가 깨달은 효율성이다. 즉, 형사사법제도도 망치와 마찬가지로 가장 효율적으로 진화한 것이다. 다만 그것이

딱딱하고 완고하며 경직된 것은 진화 과정이 다르기 때문이다. 다른 것들과 달리 형사사법제도는 수많은 사람들의 희생과 죽음 위에 쌓아 올려졌다.

그렇다. 형사소송제도에는 4천 년이 넘는 사람들의 역사가 다 쌓여 있다. 오래되었다고 다 낡은 것은 아니다, 자연이 오래되었지만, 낡은 것이 아닌 것처럼.

정의는 약자를 보호하는 데서 시작된다.

_ 앙리 프레데릭 아미엘, Henri-Frédéric Amiel

Chapter 1

고대법과 약자 보호

기원전 4,000년, 그러니까 지금으로부터 6,000년 전에 수메르 문명이 있었다. 인류 최초의 문명이고, 황허문명보다 대략 2천 년 앞선다. 첫 문명이지만 워낙 시대를 앞서가 외계인이 만든 문명이라는 말도 나온다. 문자, 도자기, 쟁기, 운하, 저수지, 관개농업, 달력, 60진법, 바퀴, 돛 등을 개발했고, 심지어 법률도 있었다. 〈우루카기나Urukagina 법전〉이다.

기원전 2,350년에 만들어진 이 법은 지금까지 알려진, 가장 오래된 성문법이다. 놀랍게도 자유, 평등, 정의 개념도 포함되어 있다고 한다. 물론 우루카기나 법전이 발견된 것은 아니다. 하지만 그 법의 내용이 다른 문헌에 여기저기 남아있다. 확실한 것은 4천 년 전의 법률이지만 지금 국회가 찍어내는 법률보다는 정렬할 것이다.

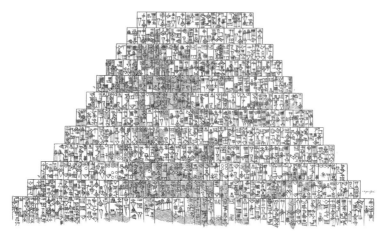

〈우루카기나 원뿔 스케치〉 ©Choquin de Sarzec, Ernest

우루카기나 법전이 반포되고 300년이 지나 〈우르남무 법전〉이 만들어졌다. 현재까지 발견된 법전 가운데 가장 오래된 것이다. 우르남무 법전은 대부분 소유권, 채권 등 권리에 관한 내용이다. 이것을 보면 이미 사유재산제가 자리를 잡은 것 같다. 당시 메소포타미아는 상업농이 있을 정도로 시장경제가 발달했다고 한다. 상업농이 가능해지려면 토지의 소유권과 사용권이 보장되어야 한다. 그리고 사유재산제는 무엇보다 법령이 필요하다.

하지만 사유재산권을 보호하는 우르남무 법전의 서문에도 이런 내용이 있다.

"고아는 부자에게 팔려 가지 않고, 과부는 강한 자의 먹잇감이 되지 않으며 1셰켈을 가진 사람이 1미나60셰켈를 가진 사람에게 팔려 가지 않는다"

처음부터 법률에는 평등과 약자 보호 조항이 들어있었다. 이 당시 사람들도 공동체를 유지하기 위해서는 약자를 보호해야 한다는 것을 알고 있었다. 흔히 세상을 힘의 논리로만 해석하는 개똥철학자들이 있는데, 대부분 게으르거나 무식하다. 위대한 문명은 힘으로만 세워지지 않았다.

기원전 1792년 그 유명한 함무라비가 바빌로니아의 왕으로 즉위한다. 드디어 우리가 아는 인물이 등장했다. 함무라비는 촌동네 바빌로니아를 일약 메소포타미아의 패권국으로 성장시킨다. 레버쿠젠을 무패 우승으로 이끈 사비 알론소와 같은 지도력이다. 함무라비가 나라를 세운 원동력은 종교개혁, 중앙집권 확립, 법령 정비 등이었다.

함무라비 대왕은 정비한 법령을 모아 기원전 1750년 〈함무라비 법전〉을 편찬했다. 함무라비 법전의 내용은 매우 다양하고 또 놀랍다. 특징으로는 개인의 권리에 관한 규정이 많다는 점이다. 소유권, 채권뿐만 아니라, 분쟁 해결 방법도 나와 있다. 또한, 법정이자율도 정해놨다. 은화를 빌리면 연 2부, 보리와 같은 곡물을 빌리면 연 1/3씩 이자로 갚아야 한다. 법정이자율 제도는 분쟁을 막고 약자를 보호한다. 약자의 어려운 상황을 악용해 폭리를 취할 수 없게 하는 것이다. 함무라비 법전에는 자식을 호적에서 파는 방법도 나와 있다. 당시에도 세대 갈등이 심했다는 뜻이다. 호적은 사라졌지만, 호적을 파는 것은 모든 부모가 한 번씩 꿈꾸는 것이다.

물론 함무라비 법전에서 가장 유명한 내용은 '이에는 이, 눈에는 눈', 바로 탈리오 법칙Lex Talionis이다. 탈리오 법칙은 얼핏 잔인해 보인다. 눈을 뽑겠다니 얼마나 무시무시한가. 하지만 그 시대 상황을 생각해 보면 이 역시 약자를 보호하는 조항이다. 당시는 약육강식의 시대였다. 강자는 약자를 상대로 죗값 이상의 보복을 할 수 있었다. 예를 들어 눈이 다친 것을 핑계로 상대의 목숨을 뺏을 수 있었다. 이것을 막아주는 것이 바로 탈리오 법칙이다. 당한 만큼, 피해당한 만큼만 처벌하라는 것이다.

그래서 함무라비 법전의 서문에도 '약자들이 강자에게서 상해를 입지 않도록' 하는 것이 목적이라고 밝히고 있다. 우리의 예상과 달리 고대법들은 온건했고 동정적이었다. 우르남무 법전은 더 관대해서 사람을 때리거나 가두는 것보다는 벌금이나 민사상 손해배상을 원칙으로 했다.

기원전 450년 만들어진 로마의 '12표법Lex Duodecim Tabularum'도 서민들의 불만을 막기 위함이다. 귀족들이 법령을 자기 편한 대로 해석하자 서민들의 불만이 커졌다. 이를 막기 위해 관습법을 모두 모아 12개의 판에 새겨 광장에 세워둔 것이 12표법이다. 따라서 엄밀히 번역하자면 12'판'법이다. 권력을 견제하는 가장 좋은 방법이 공개주의라는 것은 로마인들을 알고 있었다. 역시 로마는 위대하다. 흔히 법률을 뜻하는 로마자 'lex'도 이때 나온다. 관습법을 대중 앞에서 낭독해서 성문화했기 때문에, 낭독한다는 의미의 'legere'에서 유래한다.

노름판이 서면 딜러가 생기고, 클럽이 생기면 기도가 나타난다. 마찬가지로 성문법이 나타나면 재판관이 생긴다. 성문법을 해석하고 적용하는 전문가 집단이 필요하기 때문이다. 고대 페르시아에 최초로 재판관에 대한 기록이 등장한다. 오리엔트와 이집트를 통일한 페르시아의 왕 캄비세스 때이다. 캄비세스는 재판관 시삼네스가 부패했다는 이유로 그의 살가죽을 벗겨 의자를 만들게 했다. 그리고 시삼네스의 아들 오이네우스에게 그 의자에 앉아 재판관을 하게 하였다고 한다.

이 이야기를 통해 우리는, 2,600년 전에도 재판이 있었고, 공정公正이 중요한 가치였으며, 재판관 지위는 상속됐고, 당시 뛰어난 무두질 기술을 가지고 있었다는 점 등을 알 수 있다. 하지만, 이 일화만으로 구체적으로 어떻게 재판의 이뤄졌는지는 알 수 없다, 가죽 의자에 앉아 재판했다는 것을 제외하고.

상세한 재판 절차를 알려면 기원전 399년까지 내려가야 한다. 고구려가 건국되기 전이고, 고조선이 비파형 청동검을 들고 연나라와 싸우던 때이다.

차라리 열 명의 죄인을 놓아주더라도 한 명의 무고한 자를 벌하지 말라.

_ 윌리엄 블랙스톤, William Blackstone

Chapter 2

세상을 바꾼 오심

기원전 399년 그리스의 아테네 광장에서 재판이 벌어졌다. 3명의 고발인이 500여 명의 시민재판관 앞에서 한 노인을 고발하고 있다. 고발인은 아니토스Anytus, 멜레토스Meletus, 리콘Lycon으로 알려졌는데, 아테네의 저명한 인사들이라고 한다. 고발당한 사람은 건장하지만, 초라한 행색의 노인이다. 고발인들은 이 추레한 노인네가 '신을 믿지 않는 무신론자이고, 젊은이를 타락시켰으며, 세대 간의 갈등을 부추겼다'라고 고발한다.

잠깐, 죄라고 하기에는 좀 이상하다. 젊은이야 누가 시키지 않아도 원래 타락하는 것이고, 세대 간의 갈등은 영구불변의 현상이 아니던가. 그게 무슨 죄가 된단 말인가? 특히, 무신론자라고 죄를 묻는 것은 이상하다. 신이 없다고 생각한다고 죄인이란 말인가?

놀랍게도 그렇다. 무신론은 인류 역사를 통틀어 꽤 오랫동안 중범죄였다. 이오니아의 철학자 아낙사고라스Anaxagoras가 아테네를 떠나야 했던 것도 무신론자로 지목되었기 때문이다. 그가 무신론자로 몰린 이유는, '태양은 신神이 아니라 불타는 돌덩이'라고 말했기 때문이다. 물론 태양은 수소와 헬륨으로 이뤄졌으니 엄밀히 말해 돌은 아니다.

당시 사람들은 무신론자를 잠재적인 흉악범이라고 믿었다. 신을 믿지 않으면 죽음을 두려워하지 않을 것이고, 그럼 사후 심판을 두려워하지 않아 생전에 어떤 범죄라도 저지를 수 있다고 믿었다. 기적의 논리 같지만 애덤 스미스도 같은 이야기를 했다.

"죽음에 대한 두려움은 행복에 대해서는 위대한 맹독猛毒이지만 인류 불공정행위의 위대한 억제자이다. 다시 말해서, 죽음에 대한 두려움은 한편으로는 개인을 괴롭히고 억누르지만, 다른 한편으로는 사회를 보위하고 보호한다."

고대법은 그 정당성을 대부분 신神에게서 가져왔다. 법은 윤리나 도덕에 비교해 매우 늦게 생겼다. 그러니 윤리나 도덕보다는 낯설었고, 백성들 처지에서는 생뚱맞았다. 왕이 어느 날 갑자기 법이란 것을 들고 와 지키라고 윽박지르는 것이 법이었다. 사람들로서는 이놈의 법이란 것을 대권절 왜 지켜야 하는지 의문이고, 불만스러울 수밖에 없었다.

이에 대해 왕들이 내놓은 답은, '법은 신이 부여한 것이다'였다. 이 얼마나 쉽고 간편한 논리인가. 그래서 고대법들은 모두 신으로부터 받은 것이라고 주장한다. 예를 들어 〈우루카기나 법전〉은 닝기루스 신⊞과 맺은 계약이고, 〈함무라비 법전〉은 마르두크 신으로부터 받은 것이며, 스파르타의 법은 신적인 존재 리쿠르고스가 창시했다.

모세의 십계도 마찬가지다. 모세는 시나이산에서 40일을 기다려 야훼 신으로부터 십계명을 받았다. 산에서 내려와 보니 유대인들이 그사이를 못 참고 금송아지를 숭배하고 있었다. 격노한 모세는 십계를 깨뜨리고 3천 명을 죽였다. 일종의 친위쿠데타 같은 것이리라. 이것이 바로 유대인 속죄일인 욤 키푸르이다. 이 일화에서 우리가 알 수 있는 것은, '법은 신이 준 것'이라고 주장했다는 점과 법을 강제하기 위해서 폭력적 수단이 동원됐다는 점이다. 그래서 발터 벤야민은 '법은 폭력을 독점한다'라고 말한다. 아무튼, 신이 주신 십계도 깨뜨리는 것을 보면 모세는 분노조절장애 즉, '분조장'이었던 것 같다.

결국, 법은 신으로부터 받은 것인데, 신을 믿지 않으면 법도 지키지 않으리라 생각했다. 황당한 궤변이지만 아무튼 서양에서 무신론은 꽤 오랫동안 불법이었다. 무신론을 허용한 것은 1687년 영국의 제임스 2세가 반포한 종교관용령 때부터이다. 그리고 제임스 2세는 그 때문에 쫓겨났다.

법은 왜 옳은가? 법은 왜 지켜야 하는가? 이런 법의 정당성을 신에서 찾는 것은 매우 간편하고 강력한 논리이다. 오스트리아의 법학자 한스 켈젠Hans Kelsen은 법의 정당성을 상위규범에서 찾았다. 부령은 대통령령에서, 대통령령은 법률에서, 법률은 헌법에서 그 정당성을 찾는 것이다. 이것을 전문 용어로 '법단계설法段階說: fentheorie des Rechts'이라고 부른다. 법에도 위아래가 있다는 뜻이다. 이 법단계설의 가장 결정적인 문제는 바로, '그럼 가장 높은 상위법의 정당성은 어디에서 찾아야 하는가?'이다. 즉, 헌법은 어디에서 정당성을 부여받았느냐는 것이다. 켈젠은 그것을 '근본규범'에서 찾았다. 그 근본규범이라는 것이 결국은 신앙이다. 그래서 법의 정당성을 신에게서 찾는 것이 가장 쉬운 설명이다.

물론 칼젠의 법실증주의는 법을 신의 지위에서 끌어내리는 역할을 했다. 법이란 사람이 만든 것에 불과하다는 것이다. 그래서 법실증주의자 대부분은 '법을 지킬 도덕적 의무가 있는 것은 아니라'는 입장이다.

신이 법을 줬으니 믿는 신에 따라 법도 제각각이었다. 엄한 신 밑에서는 엄한 법이, 인간적인 신 밑에서는 유연한 법이 나왔다. 그리스, 로마의 법이 현실적인 이유는 그들의 신이 현실적이고 다원적이기 때문이다. 그리스와 로마의 신은 인간과 다른 바가 없다. 바람피우고 시기와 질투에 사로잡히고 어처구니없는 실수를 한다. 도대체 제우스의 혼외자는 몇이나 되는지 셀 수도 없다. 목동 따위가 최고 미녀로 아프로디테를 지목했나는 이유로 세계대전을 일으키기도 한다. 무엇보다 그리스의 신들은 다른 신과 달리 세계를 창조하지 않았다. 다른 신이 창조한 세계를 뺏었다. 그래서 길버트 머리Gilbert Murray도 이렇게 말했다.

"어느 민족의 신이든 다 세계를 창조했다고 주장한다. 그러나 올림포스의 신들은 그러한 주장을 하지 않는다. 그들이 한 것은 세계 정복이었다."

따라서 그리스, 로마의 신들 역시 운명과 거대한 질서에 종속되었고 인간과 같은 실수를 저질렀다. 신들이 인간적이니 법도 인간적일 수밖에 없다. 그래서 로마법이 매우 현실적인 성격을 가지게 된 것이다. 그리고 그 때문에 수천 년 전의 로마법이 아직 유효한 것이다. 도덕적으로 완전한 존재를 기준으로 법을 만들면 그법은 매우 잔학할 수밖에 없다. 살아남은 법은 대부분 관대했다.

아무튼, 수천 년간 '법은 신의 명령'이었다. 하지만 이건 거짓말에 가깝다. 십계가 진짜 신으로부터 받은 것이 맞다면 모세가 함부로 깨뜨리지는 못했을 것이다. 이러한 거짓말은 루소 Jean-Jacques Rousseau에 의해 깨진다. 루소의 사회계약설에 따르면, 법은 '신의명령'이 아닌 '사람 간의 계약'이다. 법을 지켜야 하는 이유도 신을 존중해서가 아니라 약속을 지켜야 하기 때문이다. 법은 계약이자 약속에 불과하다. 따라서 법이 정당하려면 그 약속이 인간에게 유익해야만 한다. 결국, 사람에게 이익이 되지 않는 가혹한 법은 이미 법이 아니다. 이렇게 루소는 법을 신의 영역에서 지상으로 끌어내린 것이다.

로스코 파운드는 "법은 최소의 희생으로 최대의 효과를 얻기 위한 제도로서 부단히 그 유효성을 증대해 온 사회공학의 기록"이라고 말했다. 바로 루소의 생각을 설명한 것이다.

루소의 사회계약설은 인간 공동체를 뿌리부터 바꿔버렸다. 인간 공동체의 지도자는 루소 전과 후로 나뉜다. 루소 이전의 지도자는 신이 점지한 왕이나 신의 뜻을 받드는 사제였다. 그러나 루소 이후의 지도자는 지식인이다. 계약을 해석하는 지식인intellectual이 주도권을 쥐게 된 것이다. 이것이 바로 루소를 진정한 혁명가라고 부르는 이유이다. 프로메테우스는 신에게서 불을 훔쳐 인간에게 주었다면, 루소는 신에게서 법을 빼앗아 인간에게 주었다. 하지만 루소의 수고에도 불구하고 아직도 법은 종교나 도덕의 하인 역할을 하고 있다. 특히 대중은 선량하다는 미신에 사로잡혀 있다.

다시 이 재판으로 돌아가 보자. 고발인들이 시민들 앞에서 노인의 죄를 고발한다. 주로 멜레토스가 담당한다. 그럼 노인이 이에 대해 반론을 펼치는 방식으로 재판이 진행된다. 양측의 주장과 변론을 듣고 나서 500여 명의 시민재판관이 선고를 내렸다. 281대 220으로 유죄였다.

그렇게 죄인이 된 이 노인이 바로 소크라테스이다. 나훈아 형님이 목 놓아 부르는 테스형, 4대 성인 중 한 명이라는 바로 그 소크라테스이다. 그럼 테스형은 왜 죄인이 되었을까? 뚜렷한 죄나 증거가 없는 데도 왜 유죄일까?

사실 소크라테스는 정치범에 가깝다. 이 재판이 벌어진 때를 생각해 보자. 페르시아를 물리친 아테네는 그리스 통일을 노리다 스파르타와 맞붙는다. 양쪽 다 모든 국력을 갈아 넣는 총력전을 펼쳤지만 결국 스파르타가 승리했다. 경제력이 부족한 스파르타가 모두의 예상을 깨고 장기전에서 이긴 것이다. 그 배경에는 페르시아가 있다. 스파르타는 아나톨리아에서 페르시아의 종주권을 인정해 주는 대가로 경제 원조를 받았다. 게다가 아테네에는 불운이 겹쳤다. 대규모 역병이 발생한 것이다. 이 역병으로 아테네 인구의 25%가 사망했다. 그중에는 아테네의 제1 시민으로 불렸던 페리클레스도 포함됐다. 이러한 악운이 겹치면서 아테네는 패배한다.

그 여파로 아테네에서는 공화정이 무너지고 참주정이 세워진다. 참주정은 오래가지 못하고 1년 만에 무너졌지만, 그 상처는 컸다. 스파르타의 괴뢰정부였고, 1년간 1,500여 명을 처형했기 때문이다. 민주주의를 신봉하던 아테네 시민들에게 씻을 수 없는 치욕이자 상처였다.

이때 아테네 시민들의 정신적인 상처는 매우 깊었다. 예술, 문화 풍조마저 확 바뀌었다. 참주정 이후에는 쾌락을 추구하는 미술이 유행한다. 기원전 4세기부터는 나타나는 우아하고 아름다운 유미주의 양식이다. 이는 숙청과 공포정치에 대한 반동에서 나온 것이라고 한다. 여성의 나체상이 최초로 등장하는 것도 이 시기이다. 콘트라포스토의 전형으로 평가받는 프락시텔레스의 〈크니도

스의 아프로디테〉 같은 작품이다. 원래 아케익 시대 여성 조각상 쿠레는 옷을 입고 뻣뻣하게 서 있는 것이 일반적이었다. 물론 남성 조각상인 쿠로스는 나체였다. 이에 반해 로마의 조각상은 대부분 옷을 입고 있다.

문제는, 예술 사조도 바꿀 정도로 충격적인, 참주정에 소크라테스의 제자들도 가담했다는 점이다. 당대 최고의 천재로 불렸던 이 중 배신자 알키비아데스와 참주 중 한 명인 크리티아스이다. 따라서 '소크라테스가 젊은이들을 타락시켰다'라는 고발인의 주장은 나름의 근거가 있다.

그럼 소크라테스의 제자들은 왜 그런 선택을 했을까? 민주정 아테네를 버리고 어떻게 스파르타를 추종할 수 있는가? 우리 테스형이 독재의 앞잡이를 길러냈단 말인가? 물론 아니다. 투키디데스가 쓴《펠로폰네소스 전쟁사》에서 힌트를 얻을 수 있다.

"페르시아에 맞설 때 아테네는 그리스의 자유를 위해 싸우지 않았다. 아테네가 바란 것은 오직 페르시아 제국의 위치를 차지하고픈 욕망 하나였다."

아테네는 민주정이라고 하나 노예제를 기반으로 했다. 공화정이라고 하나 속살은 부자와 귀족들이 권력을 독점한 금권정치였다. 수공업이 몰락하면서 시민들 내부분 예속민이 되었다. 이에 비교해 스파르타는 적어도 시민끼리는 평등했다. 게다가 아테네는 전쟁과 약탈로 패권을 유지하고 있었다. 아테네 남동쪽 60km 거리에서 라우리온 은광이 발견되자 아테네는 이를 바탕으로 그리스 전체의 화폐를 통일하려고 했다. 유일한 기축통화국이 되겠다는 패권주의 야욕을 드러낸 것이다. 따라서 참주정에 가담한 동기는 스파르타에 동조했다기보다는 아테네의 제국주의와 금권정치에 대한 반동이었다고도 볼 수 있다.

소크라테스의 재판은 바로 그즈음에 벌어졌다. 게다가 소크라테스에게는 또 다른 문제가 있었다. 설마 제자가 잘못됐다고 스승을 벌했겠는가. 그가 유죄인 것은 그가 국민 밉상이었기 때문이다. 얼마나 비호감이었던지 소크라테스의 별명은 '아테네의 파리fly'이다. 평소 입바른 소리를 많이 하고 다른 학자들에게 공격적인 질문을 던졌기 때문이다.

대중이 그를 싫어하는 이유는 또 있었다. 대중들은 소크라테스가 참주정 때 정치범이 체포되는 것을 그저 수수방관했다고 생각했다. 소크라테스가 그 체포를 막고 민주인사를 구출해야 했는데

그렇지 않았다는 것이다. 얼핏 들으면 황당하다. 하지만 소크라테스의 경력을 보면 이해 못 할 바는 아니다. 소크라테스는 소싯적 전사였다. 그것도 호플리테스라고 불리는 중무장 보병으로 펠로폰네소스 전쟁에 참전했다.

호플리테스는 그리스의 살아있는 군신軍神이다. 강철같은 체력과 일기당천의 전투력으로 유명하다. 호플리테스는 청동 갑주와 청동 투구를 입고 왼손에 호플론이라는 청동으로 덧댄 둥근 방패를 들었다. 허리에는 단검, 오른손에는 사리싸sarissa라고 불리는 3~5미터 길이의 장창으로 무장한다. 이렇게 완전군장을 하면 거의 35kg에 육박한다고 한다. 이렇게 무장한 호플리테스는 팔랑크스라는 밀집대형을 이뤄 전투를 치렀다. 고대 그리스는 호플리테스 군단으로 에게해 일대를 군림했다. 알렉산더 대왕의 유명한 '망치와 모루' 전략에서도 핵심은 중무장 보병이었다.

서양은 오랫동안 기병보다 중무장 보병이 주력군이었다. 그 이유는 제강기술이 부족했고 등자鐙子 발명도 늦었기 때문이다. 등자는 안장 아래 달린 발 받침대인데, 이게 없으면 말 위에서 무게 중심을 잡기 어렵다. 당연히 활이나 창을 자유자재로 쓸 수 없다. 그래서 서양에서는 불안정한 기병보다는 보병을 선호했다. 반면, 일찍부터 능자가 발명된 동양에서는 기병대기 주력이었다. 특히 고구려의 개마기병은 동북아 최강의 병기였다. 고구려의 무용총 벽화를 보면 말 위에서 몸을 거꾸로 돌려 화살을 날리는 모습이 그려져 있다. 굳이 이 모습을 그려 넣은 것은 수호이 전투기가 에어

쇼에서 코브라 기동을 선보이는 것과 같다. 이 동작은 어마어마한 전투력을 의미하기 때문이다. 기병이 타격 후에도 등을 돌려 추격하는 적군을 공격할 수 있다면 그 기병대는 금강불괴이다. 등자가 없으면 불가능한 기술이다. 서양에서 기병대가 주력이 된 것은 카를 마르텔이 투르와 푸아티에 전투에서 이슬람 군대를 격파한 이후라고 한다.

호플리테스는 막강한 체력과 전투력, 그리고 강인한 의지를 지닌 인간병기들이었다. 따라서 아테네인들은 호플리테스를 신격화했다. 암포라나 크라테르 같은 도기에 호플리테스를 그려 넣을 정도였다. 따라서 사람들은 소크라테스가 부당한 체포를 막지 않은 것은 정의롭지 못하다고 생각한 것이다.

물론 늙은 예비역 혼자 무장 병력을 막으라는 것은 무리다. 박태환에게 돌고래를 이겨보라고 하는 것과 같다. 하지만 우리도 마찬가지다. 수많은 영화나 드라마를 보면 전직 특수부대 요원이 맨손으로 기갑부대급 범죄집단을 쓸어버리는 장면이 수도 없이 나오고, 대중들은 그 황당한 전개에 환호하지 않는가. 아무튼, 소크라테스의 유죄에는 이렇게 정치적인 이유와 대중의 분노가 섞여 있다.

소크라테스가 유죄를 선고받았지만 바로 처벌을 받는 것은 아니다. 당시 아테네에서는 유죄가 선고되면 처벌형을 정하는 재판을 따로 했다. 지금으로 치면 배심원들이 유무죄를 결정하고, 재판장이 형량을 결정하는 방식과 유사하다.

우선 소크라테스에게 어떤 형벌을 받을 것이냐고 물어봤다. 나름 처벌도 주문을 받았나 보다. 이때 소크라테스가 잘못했다고 빌었으면 아마 추방 정도로 끝났을 것이다. 하지만 소크라테스는 역사에 남을 '어그로'를 끈다. '자신은 아테네의 무지를 깨우쳐줬으니, 자신을 아테네 중심부에 모시고 매일 음식을 공양받는 형벌을 받아야 한다'라고 답한 것이다. 이러한 도발에 격분한 시민들은 압도적인 표차로 공양 대신 사형을 대접해 준다.

소크라테스는 왜 대중의 분노를 자초했을까? 죽으려고 작정한 것이 아니면 이런 트롤짓을 할 리 없다. 그가 사형을 받으려 기를 쓴 이유는《플라톤의 대화편》중 '파이돈' 편에 잘 나와 있다. 바로 철학의 완성이 죽음이기 때문이다. '파이돈'은 독배를 마시기 직전에 한 대화들을 엮은 것이다.

친구 케베스는 탈옥을 거부하는 소크라테스에게 이렇게 묻는다.

"사람은 자살해서는 안 된다고 하면서 왜 철학자는 죽을 각오가 되어 있어야 한다고 하는지, 모순이 아닌가?"

이에 소크라테스는 인간은 신들의 소유물이므로 신들의 허락 없이 함부로 죽을 수 없다고 답한다. 피타고라스도 같은 말을 했다.

"우리노 이 세상의 손님이다. 그리고 우리의 육신은 영혼의 무덤이다. 그러나 우리는 자살을 해서 이 무덤에서 떠나려고 해서는 안 된다. 왜냐하면 우리는 우리의 목자인 신의 소유물이며, 그의 명령이 내리지 않는 한 우리가 스스로 이 무덤을 떠날 수 있는 권리를 갖고 있지 않기 때문이다."

그런데도 왜 죽음을 받아들였을까? 소크라테스가 말하길, 철학자는 쾌락, 신체의 향락에 마음을 써서는 안 되고 전적으로 영혼에 진력하여야 한다. 육체는 지식의 탐구를 방해하는 것이므로 영혼으로부터 해방해야 하는 것은 철학자의 사명이라는 것이다. 소크라테스에 의하면 '시각, 청각은 진실보다 부정확, 불분명한 것을 제공'한단다.

소크라테스의 이 말은 놀랍게도 과학적으로 입증됐다. 우리의 오감은 부정확하다. 우리는 눈, 코, 귀를 막고 먹으면 사과와 양파도 구분하지 못한다. 뇌 손상이 있는 경우 절단된 사지가 실제 존재하는 것처럼 가려움이나 통증을 느낄 수Phantom limb 있고, 측두엽 발작temporal lobe epilepsy이 있으면 환청이나 빛을 보기도 한다. 환청을 듣는 조현증(정신분열증) 환자를 fMRI 촬영하면 그 순간 실제로 청각겉질auditory cortex이 반응한다. 그러니 오감으로 느끼는 것이 마냥 실재하거나 실존한다고 단정할 수 없다.

데카르트도 밀랍의 비유를 통해 같은 이야기를 했다. 밀랍은 꿀이 아니나 꿀맛이 나고, 꽃이 아니나 꽃의 향기를 지니고 있으며, 차갑고 딱딱하다가도 불에 가까이 가면 뜨거운 액체가 된다. 즉, 감각 경험을 통해 안다고 하는 것은 외견상의 확실성에 불과하다는 것이다.

'정의', '아름다움', '선' 등은 눈으로 본 적이 없고 귀로 들은 적이 없으며 맛본 적도 없다. 여러분도 그렇지 않은가? 따라서 본질, 본성, 참 성질은 신체 기관으로 지각할 수 있는 것이 아니라는 것이다. 그래서 '사유할 때 이성이 활동에 시각이나 그 밖의 감각을 끌어들이지 않고 정신 자체의 밝은 빛만으로 참된 존재를 탐구하는 사람만이 그 탐구 대상을 가장 순수하게 인식하게 되는 것'이고 그 단계가 바로 죽음이라는 것이다.

재미없는 이야기를 왜 이렇게 길게 했을까? 바로 소크라테스의 무죄 증거가 나와 있기 때문이다. 죽음을 갈망하면서도 신의 뜻을 어길 수 없기에 자살해서는 안 된다는 발언이 그것이다. 그렇다! 소크라테스는 무신론자가 아니다. 결국, 이 재판은 오심이다. 내가 변호인이었다면 소크라테스를 살려냈을 텐데, 아쉽다.

아무튼, 이렇게 해서 소크라테스는 사형을 앞두게 된다. 그런데 아테네에서 델로스섬에 보낸 사절이 폭풍우로 발이 묶이면서 사형집행이 미뤄진다. 아테네에서 델로스로 사절을 보내는 것은 영웅 테세우스 때문이다. 침대살인마 프로크루스테스 등 수많은 악당을 때려죽인 테세우스는 마지막으로 크레타의 미노다우로스를 잡으러 간다.

미노타우로스는 황소 괴물이다. 농경이 시작된 초기 문명에서는 황소 숭배가 일반적이다. 농사지을 때 소가 가장 힘이 세기 때문이다. 그래서 이집트와 바빌로니아에서는 풍작의 상징으로 황소신을 섬겼다. 암몬족의 태양신 몰록이나, 하늘의 여왕으로 불린 아스타르테나 오시리스도, 동양에서 농사의 신인 염제(신농)도 모두 황소 머리를 하고 있다. 여로보암 왕이 숭배한 여호와도 황소였다. 우리는 소머리로 국밥을 끓이지만, 고대인에게 황소머리는 신의 상징이었다. 따라서 황소 괴물이면 이른바 최종 보스에 해당한다.

천하의 테세우스이지만 파티원도 없이 최종 보스전에 참전하는 터라 그도 좀 겁먹었던 것 같다. "살아 돌아온다면 델로스섬에 매년 사절을 보내겠다"라고 맹세했다. 우리도 정기검진을 받기 전에는 앞으로 술을 끊겠다고 수십 번 맹세하지 않는가. 아무튼, 테세우스의 그 맹세 때문에 아테네는 매년 델로스에 사절을 보낸다. 그 신성한 기간에는 사형집행도 미뤘는데, 마침 이때 풍랑이 불면서 사절단의 귀국이 늦어진 것이다. 그 사이 옥중에서 소크라테스와 제자, 친구 등이 나눈 대화를 엮은 것이 바로 《플라톤의 대화편》이다. 황소 괴물이 이겼든지 아님, 폭풍우가 그쳤다면 이 위대한 책은 나오지 않았을 것이다.

참고로 우리는 소크라테스가 '악법도 법이다'라는 말을 하고 사약을 마셨다고 알고 있는데, 사실이 아니다. 《플라톤의 대화편》그 어디에도 그런 말은 없다. 이 말은 일본의 법실증학파 오다카도모오가 사용한 것인데, 소크라테스가 탈옥하지 않고 사형을 받아들인 이유에 대해 짧게 설명하다 보니 그런 망작을 낳은 것이다. 소크라테스의 말이라고 알려진 '너 자신을 알라'도 그의 말이 아니라 델포이 신전에 새겨진 경구이다.

소크라테스의 재판은 몇 가지 특이한 점이 있다. 판사가 따로 없고 시민들이 재판관이 되어 다수결로 재판한다. 무엇보다 검사나 변호사가 없다. 고발한 사람과 고발당한 사람이 각자 알아서 공격과 방어를 한다. 이것을 '당사자주의'라고 한다. 고발인이나 피고발인이 각자 동등한 당사자가 되어 각자의 주장과 변호를 주고받는 형사재판 방식이다.

법조인들이 '당사자주의', '직권주의'라고 말할 때마다 뭔가 젠체하는 것처럼 보여 재수 없겠지만, 매우 중요한 주제이다. '재판을 누가 주도하고 진행하느냐'는 '재판장이 누구냐'보다 훨씬 중요한 문제이다. 그것이 바로 형사소송제도의 기본틀이기 때문이다. 재판을 주도하는 자가 당사자인지 아니면 국가인지에 따라 재판 과정에서 누구를, 어떻게, 왜 보호해야 하는지가 달라진다.

당사자주의에서는 재판관이 다툼에 개입하지 않는다. 재판관이나 수사관이 따로 증거를 수집하거나 사실을 조사하지 않는다. 쉽게 말해 국가기관이 수사를 하지 않는다는 뜻이다. 재판관은 단순히 당사자들의 공격, 방어를 지켜보고 결론만 내린다. 따라서 당사자주의 재판에서는 재판관이나 국가가 형사절차에 크게 개입하지 않는다. 하지만 직권주의는 그 반대이다. 국가가 형사절차에 절대적인 역할을 한다.

물론 일반인은 '당사자주의'니 '직권주의'니 하는 것들을 몰라도 된다. 하지만 형사소송제도를 바꾸려고 하는 자는 반드시 알아야 한다. 당사자주의와 직권주의에 따라 각각 장단점이 다르고, 개선해야 할 방향이 다르기 때문이다. 바다를 항해할 것이면 배를 만들어야 하고, 황야를 횡단할 것이면 수레를 만들어야 하기 때문이다.

검경 수사권조정을 주도했던 사람들을 만나서 가장 놀랐던 점은, 그들이 당사자주의와 직권주의도 구분하지 못한다는 것이었다. 놀랍지만 실화다. 그 일당들은 그게 뭔지도 몰랐다. '그게 무슨 대수냐'라는 반응이었다. 하지만 예를 들어보자, 우리는 비행기가 뜨는 원리를 알지 못해도 베트남 다낭 여행을 할 수 있다. 사실 모든 분야가 그렇다. 상대성이론을 이해하고 내비게이션을 이용하는 사람은 없고, 도플러 효과를 이해하고 과속 카메라 앞에서 급감속하는 사람도 없다.

하지만 비행기를 만들기 위해서라면 다르다. 비행기를 띄우기 위해서는 양력에 대해 이해해야 한다. 단지 빨리 달리기만 하면 하늘로 날 수 있다고 생각해서는 안 된다. 무지한 자들은 비행기가 빠르기에 난다고 생각하나 속도가 빠르다고 다 나는 것은 아니다. 운석은 로켓보다 빠르지만 날지 못한다. 그래서 양력이라는 신기한 역학 개념을 이해해야만 비행기를 만들 수 있다.

형사소송제도도 마찬가지다. 그 기원과 기능에 대해 정확하게 이해하지 못하면 섣불리 나서서는 안 된다. 그것은 마치 토목 기술이 없는 자가 다리를 만드는 것과 같다. 무식한 것이 죄는 아니나, 무식한 국회의원이 법을 만드는 것은 대역죄이다. 그들의 인식은 빠르기만 하면 날 수 있다고 생각하는 것처럼 원시적이다.

소크라테스는 니체가 나오기 전까지 철학 대부분을 완성했다는 평가를 받는다. 우리의 예상과 달리 철학은 늦게 시작됐다. 탈레스를 철학의 시작으로 본다. 탈레스는 일식을 예언하여 맞춘 것으로 유명한데, 천문학자들이 그 일식 시기를 계산해 보니 대략 기원전 585년이었다. 그러니까 철학은 기원전 585년쯤에 시작된 것이다. 이때는 화폐의 유통보다 느리다. 아테네에 금과 은을 섞어 만든 리디아의 일렉트럼이라는 화폐가 도입된 것은 기원전 700년경이다. 즉, 철학은 법률이나 화폐보다 늦게 생긴 것이다.

늦게 시작했지만, 철학은 매우 빨리 완성된다. 소크라테스가 죽었을 때는 탈레스로부터 불과 200년 후이다. 철학은 만들어지고 200년이 되지 않아 완성된 것이다. 고대 철학이 이렇게 번개처럼 발전한 이유는 무엇일까? 바로 고대 그리스인들의 뛰어난 지적 능력 덕분이다. 영국의 고전학자 키토H. D. F. Kitto는 "아테네 시민 한 사람 한 사람은 귀족적인 품위와 기질을 내뿜고 있었다"라고 말했다.

그럼 이렇게 지성과 철학이 폭발했다고 하는 아테네인들은 왜 세계 4대 성인 중 한 명이라는 소크라테스를 무고하게 죽였을까? 그 해답이 바로 형사소송제도의 토대이자 목적이다. 내가 풍납동이 보이는 창고방 한쪽에서 이 글을 쓰는 이유이기도 하다.

법은 정의를 위한 것이지만, 때로는 정의를 해치는 도구가 되기도 한다.

_ 몽테스키외, Montesquieu

Chapter 3

로마 시대와 대중의 법 감정

　고대 그리스의 전통은 로마로 이어진다. 그리스의 사법제도도 고스란히 로마에 전수된다. 물론 그리스와 로마는 전혀 다른 문화와 통치 체제를 가지고 있다. 하지만 로마의 놀라운 실용주의는 그리스의 빛나는 유산을 그대로 수용했다. 로마는 늑대가 키운 형제들이 세운 나라이다. 돌궐족, 흉노족, 몽골족 시조 신화에도 늑대가 등장한다. 늑대 신화를 가진 나라들은 진취적이고 실용적인 편이다. 로마의 형사사법제도도 마찬가지였다. 로마는 그리스의 전통에 현실적이고 실용적인 면을 가미했다.

　형사사법제도에서도 몇 가지 차이점이 있다. 로마는 개인이나 공공기관 모두 범죄자를 기소할 수 있었다. 당사자주의 이외 직권주의적 요소도 있었다는 뜻이다. 실제로 공공기관이 기소하는 공공소추가 대부분이었다.

공공소추 절차에 대해 간략하게 설명하면 다음과 같다. 우선 치안 담당 병사milites stationarii가 범죄자를 체포하여 치안판사eirenarcha[1]에게 데려간다. 치안판사가 범죄자를 심문 후 그 결과를 서면으로 총독에게 보고한다. 그 서면을 보고 총독이 재판 진행 여부를 결정했다. 영미법상 예비심문 절차와 유사하다.

개인이 기소하는 사인소추私人訴追는 지금의 민사소송절차와 비슷하다. 시민이 혐의자를 고발하면 총독이나 시장이 재판을 진행했다. 물론 모든 사람이 고발할 수 있는 것은 아니었다. 여자, 미성년자, 군인, 수형자 등은 고발인이 될 수 없었다. 고발 대상도 제한되었다. 총독과 정무관magistrate은 면책특권이 있어서 고발할 수는 없었다.

고발인은 피고발인을 재판관 앞에 불러 소추를 허가받아야 했다. 우선 양 당사자가 재판관 앞에 출석한다. 고발인은 무고가 아니라는 것을 선서하고 고발 내용을 진술했다. 피고발인이 그 고발 내용을 부인하지 않으면 유죄로 간주했다. 반대로 피고발인이 고발 내용을 부인하면 정식 재판이 시작되었다. 피고인 명부에 등재되고 고발인은 기소장libellus을 제출했다.

고발인이 소추에 실패하면 동해보복의 형벌poena talionis을 받아야 했다. 무리한 고발을 막기 위한 장치였다. 하지만 대부분 판사가 벌금형으로 감형시켜 줬다고 한다. 재판청구권을 보장하면서도 무고를 막은 것이다.

소추에 성공하면 재판장이 재판기일을 지정했다. 재판기일에는 고발인과 피고발인이 출석하여 주심문과 반대 심문을 번갈아 했다. 증인신문 종료 후 양 당사자나 변호인의 마지막 발언을 듣고 심판관의 투표나 재판장에 의해 판결이 이뤄졌다. 로마가 공화정일 때는 심판관judice이 사실인정을 했다. 선정 절차나 기능 등이 지금의 배심제도와 매우 유사하다. 하지만 로마 후기로 가면 총독 등이 재판관이 된다.

피고가 패소하면 대개 합의나 피해 보상을 했다. 만약 보상하지 못하거나 지급 보증인을 내세우지 못하면 좀 가혹해졌다. 정무관의 허락하에 원고는 패소한 피고를 사슬에 묶어 60일간 가둘 수 있었다. 그리고 시장에 끌고 가 대신 보상할 친인척을 찾았다. 만약 대신 보상할 친인척이 나타나지 않으면 피고를 노예로 팔아치우거나 살해할 수 있었다.

반대로 피고에게 무죄가 선고되면 고발인의 얼굴이나 손, 장딴지에 'K'자를 새겨넣었다. 무고죄를 저질렀다는 뜻이다. 우리는 K-팝, K-음식 등이라며 자랑스러워하는 'K'이지만 로마 때는 달랐다.

물론 로마제국이 늘 이랬다는 것은 아니다. 로마는 오래갔고 또 엄청 넓었다. 위의 내용도 문헌에 나와 있는 것이지만 때와 장소에 따라 달랐을 것이다. 이렇게 이야기하니 매우 복잡하고 어려워 보이지만, 우리는 로마제국의 재판을 잘 알고 있다. 아마 우리가 가장 많이 접한 재판도 로마제국의 재판일 것이다. 모두가 예수 그리스도의 재판은 알고 있으니까.

예수의 죄명은 무엇일까? 아마 내란죄 같다. 폰티우스 필라투스(Pontius Pilatus, 본디오 빌라도) 총독은 예수께 "네가 왕이냐?"라고 묻는다. 이에 예수께서 "그것은 너의 말이다"라고 답한다. 자백이 아니라 부인이다. 예수께서나 하실 수 있는 힙한 부인이다. 실제 재판을 받을 때는 이렇게 삐딱하게 대답해서는 안 된다. 특히 우리나

〈이 사람을 보라(Ecce Homo)〉ⓒAntonio Ciseri

라 재판정에서는 판사 앞에서 삼배구고두례 하는 인조의 자세로 임해야 한다. 우리나라 판사들은 판결하면서 온갖 훈계와 윤리 강의를 하기도 한다. 민주적 정당성 없이 시험으로 뽑힌 판사의 본분에는 맞지 않는 일이다.

물론 예수의 죄명, 내란은 얼토당토않은 혐의다. 제정 초기 로마군은 60개 군단으로, 대략 50만 명의 병력이었다. 예수와 제자들을 고작 13명이다. 막달라 마리아를 합쳐도 14명에 불과하다. 반란을 일으키려면 1명이 3만 5천 명을 상대해야 한다. 장수말벌도 꿀벌 3만 5천 마리는 당해내지 못한다. 게다가 예수 크루의 직업은 목수, 어부 등이다. 목수, 어부를 무시하는 것은 아니지만, 이들에게 로마군단을 상대하라는 것은 SCV에게 배틀크루저와 맞짱 떠보라는 것과 같다.

필라투스 총독도 당연히 예수가 무죄라고 생각했다. 그래서 그는 유월절 축제 사면을 이용하여 예수를 석방하려 한다. 하지만 이에 분노한 대중들이 난동을 일으키려 했다. 필라투스는 결국 강도 바랍바(Barabbas, 바라바)를 사면하고 예수를 십자가형에 처한다. 사실 재판 과정을 복기해보면 필라투스는 사도신경에 올라 매일 밤 우리 어머니의 비난을 들어야 할 만한 악당은 아니다. 그저 비겁했다. 하지만 그것이 재판장의 무게이다.

십자가형은 사모스의 참주인 폴리크라테스 일화에서 처음 등장한다. 기원전 535년에서 515년까지 폴리크라테스는 이집트와 페르시아 사이에서 배신을 거듭하다 결국 십자가형을 받아 죽는다. 십자가형은 정치범에게만 적용했다고 하는데, 예수와 같이 십자가에 매달린 자들이 강도인 것을 보면 아닌 것 같기도 하다.

그럼, 로마 재판을 고대 그리스와 비교해 보자. 가장 큰 차이는 재판관이다. 그리스 때는 시민들이 재판관이었으나, 로마제국의 재판장은 황제나 총독이다. 그 이외 큰 변화는 없다. 특히 당사자주의는 같다. 예수의 재판에서도 당사자주의는 잘 드러난다. 베드로는 예수를 잡아가려고 하는 자의 귀를 칼로 내리쳤다. 어부라고 무시해서는 안 될 것 같다. 물론 예수께서 그 귀를 다시 붙여주셨다고 한다. 이때 우리는 귀가 잘린 자에 대해 주목해야 한다. 그는 빈센트 반 고흐나 로마의 치안 담당 병사가 아니다. 그는 대제사장의 부하였다. 즉 예수를 잡아간 것은 수사기관이나 군인이 아니라 고발인이었다. 로마의 12표법도 기본적으로 자력구제를 제도화한 것으로 당사자주의의 입장이다.

예수는 예루살렘에 들어가자마자 기득권층과 격렬하게 부딪히신 것 같다. 헤롯의 성전에 들어가 거기에 모인 상인을 내쫓았다. 심지어 폭력도 행사하셨고, "이 뱀 같은 자들아, 독사의 족속들아! 너희가 지옥의 형벌을 어떻게 피하랴?"라고 독설까지 내뱉었다. 쇼미더머니에서도 통할 디스의 장인이시다. 결국, 그로 인해 성전의 돈벌이에 막대한 지장을 빚게 된다.

법적으로 볼 때, 예수께서는 위력으로 제사장 등의 영업을 방해한 것이다. 즉, 예수의 죄는 내란죄가 아니라 업무방해와 의료법위반이다. 귀를 붙여준 의료법위반도 업으로 한 것이 아니라 무죄일 가능성이 크다. 아무튼, 예수는 정말 명확한 죄명도 모른 채 십자가형을 당한 것이다. 예수께서 십자가 위에서 "저들은 저들이 하는 일이 무엇인지 모르나이다"라고 하신 것은 법률적으로 타당한 말씀이다. 아무튼, 디스는 디스로 받아쳐야지, 치사하게 고소하거나 총질하면 안 된다.

예수의 재판에서 우리가 주목해야 할 점은 대중의 요구로 결론이 바뀌었다는 것이다. 원칙과 규범도 대중의 분노 앞에서는 무용지물이다. 로마제국이 어떤 나라인가? 반란에는 가차 없이 대했다. 유대인들은 로마에 맞서 세 차례나 반란을 일으켰다. 지렁이도 밟으면 꿈틀한다고 하지 않는가. 하지만 로마군은 세 번의 반란을 모두 철저하게 짓밟았다. 유명한 마사다 요새 항쟁도 3년 동안 토산을 쌓는 로마군의 집요함에 무너졌다. 지렁이가 꿈틀대 봐야 밟히면 결국 죽는다. 그렇게 압도적인 로마제국의 총독도 대중의 분노는 두려운 것이다. 굳이 대중과 싸우기보다는 누군가를 희생시키는 것이 훨씬 간편하고 경제적이다. 정의보다는 그냥 무고한 한 명을 죽이는 것이 이득이다.

대중이 유죄라고 속단하면 그것에 거스르는 결정은 불가능하고 위험하다. 대중이 유죄 추정한 사람의 억울함을 풀어주는 것이 의로울지 모르지만 잘못하면 치명적인 결과를 낳는다. 20세기 초

미국에는 필라투스와 다른 선택을 한 주지사가 있었다. 하지만 그 주지사의 의로운 선택은 2차 KKK를 낳았다.

1913년 4월 미국 조지아에서 13세의 여공女工이 살해되었다. 그녀의 이름은 메리 페이건Mary Phagan이었고, 목이 졸려 죽었다. 곧 공장 지배인 리오 프랭크Leo Frank가 살해범으로 지목된다. 별다른 증거는 없었다. 그는 남부인들이 미워하는 북부 출신이고 유대인이었다. 당시 적지 않은 미국인들은 유대인을 인종 분류상 흑인으로 생각했다.

대중들은 이 사건을 욕정에 사로잡힌 유대인 양키가 연약한 남부 소녀를 겁탈하려다 죽인 것이라 믿었다. 대중의 분노를 불러일으킬 모든 요소를 갖춘 것이다. 그래서 리오 프랭크는 별다른 증거도 없이 교수형이 선고되었다. 모두가 환호했지만, 조지아의 주지사 존 슬레이튼John Slaton의 생각은 달랐다. 그는 증거가 부족하다는 것을 알았다. 그래서 존 슬레이튼은 주지사의 직권으로 리오 프랭크를 무기징역으로 감형한다. 필라투스 총독과 다른 선택을 한 것이다.

옳은 선택이나 그 결과는 매우 심각했다. 대중은 엄청나게 분노했다. 흥분한 군중이 슬레이튼 주지사의 집으로 몰려갔다. 그들은 주민의 뜻을 거스르는 주지사는 독재자나 다름없다고 외쳤다. 슬레이튼과 가족들은 황급히 몸을 피해 목숨만은 건질 수 있었다. 분을 식히지 못한 대중은 교도소로 난입했다. 그리고 리오 프랭크를 끌어내 메리 페이건의 집 근처로 끌고 가 목매달아 죽였다. 이들은 자신들을 '메리 페이건의 기사Knight of Mary Phagan'이라고 자칭했다. 그리곤 애틀랜타 인근 스톤마운틴에 올라 거대한 십자가에 불을 질러 정의가 실현되었음을 애틀랜타 주민들에게 알렸다. 그들은 자신들의 분노와 난동을 정의로 둔갑시켰다.

그해 추수감사절 때 '메리 페이건의 기사들'은 또다시 스톤마운틴에 모였다. 그리고 KKK 재건을 선언했다. 그들은 엄청난 속도로 세를 불렸다. 삽시간에 남부는 이들의 폭력과 광기에 장악되었다. 한때 KKK는 5백만 명에 육박하였고 정치와 공직을 좌지우지했다. 휴고 블랙Hugo Black은 자신이 KKK단원이었다는 점을 내세워 연방대법관 자리를 거머쥘 정도였다. 그가 연방대법관일 때 인종 증오 범죄를 조장하는 KKK의 연설도 언론의 자유로 보장받아야 한다는 판결Brandenburg v. Ohio까지 나왔다. 일부 법사학자들은 이 판결 이후 KKK의 활동이 오히려 줄어들었다고 분석한다. 하지만 이미 KKK의 패악질에 질린 상태였고, 중산층과 언론매체의 증가로 그들의 주장이 배척되기 시작한 시점이었다. 혐오를 조장하는 자유란 있을 수 없다.

70여 년이 지난 1986년, 조지아주 사면위원회는 리오 프랭크를 사면했다. 하지만 리오 프랭크를 목매달아 죽였던 사람들은 누구도 책임지지 않았다. 오히려 승승장구했고 부와 권력을 거머쥐었다. 하지만 존 슬레이튼 주지사는 그렇지 못했다. 그와 가족들은 평생 두려움 속에 살다 죽었다.

우리가 맞닥뜨리는 문제는 바로 이것이다. 대중은 쉽게 판단하고, 즉시 분노하며, 전심전력으로 맹렬하게 공격한다. 남을 공격하고 혐오하는 것이 정의라고 오판하기 때문이다. 게다가 선동가들은 '대중은 항상 옳다'라고 부추긴다. '국민 여러분은 늘 옳습니다'라고 말하는 정치인이 가장 나쁜 부류이다. 그 말은 역사적으로 틀렸다는 것이 이미 입증됐지만, 표와 돈과 인기를 얻는 가장 저렴한 치트키다. 가슴에 손을 얹고 생각해 봐라. 우리가 옳았던 적이 많았는가? 누군가에게 분노할 때 우리가 이성적이었나?

형사소송법이 경직적인 이유가 바로 그것이다. 대중과 싸워야 하기 때문이다. 자신들이 정의라고 확신하는 대중보다 더 파괴적인 괴물은 없다. 이들과 싸우기 위해 헌법과 형사소송법에 미란다 원칙, 불소급의 원칙, 유추해석 금지 원칙 등을 새겨넣은 것이다. 이 원칙들은 모든 법률에 우선하여 법률을 강제하고 통제한다. 이런 원칙들은 국회에서 만든 법률로도 바꿀 수 없다. 그래야 대중으로부터 억울한 개인을 보호할 수 있다.

사실 '원칙'이나 '법칙'은 실로 엄청나고 대단한 것이다. 그 위대한 상대성이론도 원칙이 아니라 '이론'에 불과하다. 심지어 신화론도 진화의 법칙이 아니라 진화'론'이다. 그러니 미란다 '원칙'이라는 것이 얼마나 대단한가. 이렇게 경직적인 원칙을 세운 것은 바로 대중의 요구라는 무서운 쓰나미로부터 개인을 지켜내기 위함이다. 그래서 유추해석을 금지하고 엄격하게 소급입법을 금지했다. 분노에 사로잡힌 대중이 지나친 처벌을 요구할 때 이를 막아서게 하기 위해서이다. 이러한 요구는 대중이 왕이나 귀족보다 더 강력해진 스펙터클의 시대에 더욱 중요하다.

모든 민족은 법 앞에서 평등하다.

_ 키케로, Cicero

Chapter 4

게르만족의 대이동

　기원후 4세기는 게르만족의 대이동 시대이다. 물론 게르만족은 이미 2세기부터 리메스를 건넜다. 로마제국은 워낙 멋들어져 경계선마저 '리메스limes'라는 별도의 이름을 가지고 있다. 리메스는 방책과 같은 구조물일 수도 있고 라인강과 같은 자연환경일 수도 있다. 예를 들어 브리타니아(영국)의 리메스는 하드리아누스 장벽이다. 166년 쿠아디족, 마르코만니족, 랑고바르드족 등이 리메스를 넘었다. 이에 맞서 마르쿠스 아우렐리우스 황제가 직접 출정해 싸운다. 영화 〈글래디에이터〉의 첫 장면에 나오는 마르코만니 전쟁이다.

　리메스를 넘은 모든 게르만족이 로마와 싸운 것은 아니다. 대부분 평화적인 관계를 유지했다. 로마제국은 너무 빛났기에 게르

만들도 이에 동화되었다. 로마제국도 이들을 용병으로 활용했다. 프랑스 서남부와 에스파냐에 톨레도 왕국을 세운 비시(서)고트족은 450년 로마제국과 힘을 합쳐 아틸라의 훈족을 축출했다. 476년 용병대장 오도아케르는 서로마 황제 로물루스 아우구스툴루스를 폐위시키고 제국의 휘장을 콘스탄티노플로 보냈다. 하지만 이들을 축출한 것은 오스트로(동)고트족의 왕 테오도리크이다. 그 덕분에 게르만족은 그리스와 로마 문명의 상속자가 된다.

서로마의 멸망과 게르만족의 대이동은 그 원인을 쉽게 말할 수 없다. 수백 가지 요인들이 복합적으로 작용한 것이라고 한다. 그래서 아무것이나 원인으로 지목해도 대강 설명이 된다. 최강 한화가 왜 늘 꼴찌인가에 대한 해답과 비슷하다. 예를 들어 어떤 사람은 로마가 납을 많이 사용해서 납 중독 때문에 망했다고 하고, 다른 이는 문법과 수사학에 치우친 교육이 로마제국 특유의 실용주의를 무너뜨렸다고 한다. 어떤 이는 무어족의 침공으로 금, 은의 공급처였던 이베리아반도를 상실했는데, 그 이후 제국의 화폐 가치가 떨어졌기 때문이라고도 한다. 일반적으로는, 황제 계승 분란, 군인황제 등장, 조세 부담의 증가, 경제 및 사회적 불안 등을 원인으로 든다. 그런데 그것들이 원인인지 결과인지 사실 불분명하나. 이것은 '사인은 심정지'라고 말하는 것과 같다.

로마제국의 멸망은 기후로도 설명할 수 있다. 사실 기후의 변화는 모든 제국의 흥망성쇠를 설명할 수 있다. 한니발이 알프스산맥 넘어 로마제국을 흔들어댄 기원전 218년의 여름은 매우 더웠다. 로마제국과 신성로마제국이 흥했을 때는 모두 간빙기였다. 중세 역사를 연구하는 마이클 맥코믹Michael McComick 교수도 로마제국은 온난한 기후 덕분에 부흥한 것이라고 분석했다. 4세기경 유럽의 기후가 악화하자 훈족의 침략과 게르만족의 이동이 있었다. 9세기에는 잦은 강우와 러시아 기후 악화로 흑사병이 창궐하였다.

물론 사회경제적인 설명이 가장 정확하다. 모든 제국의 쇠퇴기에는 공통적인 현상이 나타난다. 바로 인구의 감소이다. 로마 역시 마찬가지였다. 아우구스투스 황제가 출산율을 늘리는 법령까지 공포할 정도로 인구 감소는 심각했다. 출산율 감소는 흔히 경제적인 문제라고 생각하나 결정적인 원인은 아닌 것 같다. 로마도 마찬가지다. 최상류층의 출산율도 매우 낮았다. 경제난보다는 잦은 전쟁과 전염병의 창궐 등으로 사회 전체가 불안감과 피로감을 느끼고 있었기 때문인 것 같다. 우리는 빈곤이 출산율 저하의 원인이라고 생각하나 실제 많은 제국의 사례를 보면 극심한 사회적 피로가 원인인 경우가 많다.

268년부터는 거대한 인플레이션이 시작되었다. 지나치게 무거운 세금이 원인이다. 로마제국이 커지면서 방어할 영토도 넓어졌다. 그 넓은 땅을 지키려다 보니 막대한 군비가 필요했다. 당연히 세금이 늘어날 수밖에 없었다. 게겐프레싱을 구사하면 엄청나게 체력을 소모하는 것과 마찬가지다. 이에 귀족과 지주들은 무거운 토지세를 마련하기 위해 소농들을 토지에 종속시켰다. 예농colonus의 시작이다. 소농 역시 무거운 세금을 피하고자 차라리 예농의 삶을 택했다. 자유보다 세금이 더 무거우면 결국 그 나라는 그 무게에 쓰러진다. 이렇게 라티푼디움이 형성되고, 로마제국을 떠받들던 자영농이 무너졌다. 이것이 가장 중요한 원인일 것이다. 반면 상인과 자영농이 유지된 동로마제국은 그와 달리 천년 더 유지되었다. 성장이 없는 경제력 집중은 늘 공동체를 무너뜨렸다.

로마제국은 서서히 망했다. 200~300년에 걸쳐 몰락했기 때문에 그것을 깨닫는 사람도 없었다. 사실 로마가 정확히 언제 멸망했는지도 의견이 분분하다. 로마사의 권위자인 존 배그넬 베리John Bagnell Burry는 382년을 서로마의 마지막이자 게르만 시대의 시작으로 본다. 바로 고트족을 제국의 페데라티foederati로 받아들였을 때이다. 페데라티는 로마에 협조하는 게르만 부족을 일컫는 말로 동맹의 어원이다.

아무튼, 4세기 말 서로마제국은 무너졌다. 그 자리는 게르만족이 차지했고 로마가 이룬 많은 성과는 사라진다. 정교한 로마법 체제도 무너진다. 문맹인 게르만족에게 라틴어로 쓰인 로마법은 무용지물이었다. 라틴어는 매우 어렵다. 한국어와 같은 교착어와 달리 라틴어는 굴절어에 속한다. 굴절어는 성, 수, 인칭, 태, 시제 등에 따라 단어가 변한다. 예를 들어 친구인 'amicus'는 'amici, amicorum, amico, amicum, amico, amicis' 등으로 변한다. 문맹인 게르만족에게 이렇게 어려운 라틴어를 익히게 하는 것은 구구단도 모르는 아이에게 선형대수학 가르치는 것과 같다. 프랑크 왕국의 샤를마뉴 대제도 침대 밑에 서판을 두고 밤마다 글쓰기 연습을 했으나 결국 문맹을 벗어나지 못했다. 이베리아반도와 영국을 제외한 전 유럽을 통일한 샤를마뉴였지만 라틴어는 정복하지 못했다. 한때 지적 허영심을 채울 마지막 수단으로 라틴어를 공부해 보려고 했던 내가 판단하기에, 이건 샤를마뉴 잘못이 아니라 라틴어 잘못이다.

그래서 게르만족은 로마의 형사사법제도를 버리고 자신들의 관습법을 택했다. 갤럭시 S24가 있으면 뭐 하겠는가, 기지국이 없는데. 그보다는 봉화가 유용하다. 게르만족은 '오래된 법이 좋은 것Good old law'이라고 생각했기 때문에 관습과 전통에 의존했다. 그리고 공법公法보다는 사법私法을 우선했다. 따라서 분쟁도 개인적으로 해결했다. 역설적으로 이러한 개인주의적 전통은 근대 기본권 사상의 뿌리가 된다. 우리처럼 모든 것을 나라가 해결해 주기를 바라면 개인의 권리에 대해 무관심하기 쉽다.

로마법의 붕괴는, 먹물 머금은 표현으로 하자면, '법의 속인화屬人化'이다. 쉽게 말하면 사람마다 적용되는 법이 달라진다는 것이다. 자신이 속한 민족의 (관습)법에 따라 재판받는다는 뜻이다. 반달족은 반달 관습에, 고트족은 고트 관습에 따라 처리되었다.

이에 반해 로마제국은 제국 내에 적용되는 법이 같았다. 로마인이든, 갈리아인이든, 알렉산드리아인이든 모두 로마법의 적용을 받았다. 물론 처음에는 로마인에게 적용되는 시민법과 외지인에게 적용되는 법이 달랐다. 하지만 제국으로 성장하면서 다양한 민족들에게 공통으로 적용하는 만민법ius gentium이 필요해졌다.

예를 들어, 과거에는 지역마다 고스톱 룰이 달랐다. 근본 없게 비고돌이를 인정하는 지역도 있었고, 7월 멧돼지를 쌍피로 인정하는 곳도 있었다. 그러다 전국적으로 교류를 하기 시작하면서 고스톱판마다 다툼이 일어났다. '우리 동네는 안 그래'라는 말로는 더 이상 분란을 종식시킬 수 없자, 고스톱에도 통일된 룰을 만들기 시작했다. 그러면서 분란이 줄어들었다. 만민법은 통일된 고스톱 룰과 같은 것이다.

이러한 만민법이 모든 민족에게 적용되려면 보편성이 있어야 한다. 이집트의 관습으로 갈리아인을 설득할 수는 없기 때문이다. 따라서 각 민족에게 특유한 관행보다는 상식, 조리, 당연한 이치 등을 근거로 삼았다. 그래서 만민법은 자연법ius naturale에서 많은 영향을 받는다. 그렇기에 중세 이후 로마법이 부활하면서 자연법과 속지주의, 법의 규범성 등이 되살아났다고 평가하는 것이다.

물론 로마법 시대에도 지역별로 특이한 법 조항은 있었다. 예를 들어 아라비아 지방에서는 상대방의 토지에 협박의 표지로 돌을 놓는 자를 사형에 처했고, 이집트에서는 나일강의 둑을 훼손하는 자를 불에 태워죽이거나 동굴에 가뒀다. 하지만 대부분은 같은 로마법이 적용되었다. 3세기 초반 카라칼라 황제는 제국의 모든 자유인에게 로마 시민권을 부여했다. 이는 로마 시민에게만 걷는 상속세를 전 제국에서 걷기 위한 목적이었다. 이 조치는 모든 제국 시민에게 로마법을 적용하게 만들어 결과적으로 로마의 속지주의를 완성했다.

하지만 게르만 정주 이후에는 달라진다. 각 종족의 관습법이 적용되었다. 결국, 지역마다 법이 달라진다. 이런 법의 속인화는 규범으로서 법의 가치를 무너뜨린다. '너희 동네에서는 법일지 몰라도 여기서는 법이 아니야'라고 할 수 있다면, 그건 법이 더 이상 모두가 지켜야 하는 규범이 아니라는 뜻이다.

1583년 인쇄된 〈유스티니아누스 법전〉 ⓒwikipedia

물론 로마법이 완전히 사라진 것은 아니었다. 로마법은 이탈리아 볼로냐, 잉글랜드 캔터베리 등에서 계속 명맥을 유지했다. 게르만 왕국에서도 로마법을 계수한 법률들을 만들었다. 서고트 에 우리크 왕의 법이나 부르군트족의 군도바트Gundobad 법은 로마법의 영향을 받아 만들어진 것들이다. 로마법의 완성이라는 학설휘찬digest도 게르만족의 대이동 이후에 편찬됐다. 530~533년 동로마제국 유스티니아누스 황제가 당대 법조인들의 의견들을 모아 편찬한 것이다. 이 학설휘찬은 약 천 년 후 찬란하게 부활한다. 프랑크족 이전에 롬바르드왕국에서도 법령들은 존재했다. 롬바르드 왕들의 고시들과 법령 등은 파비아 문헌Liber Papiensis에 남아 있다. 즉, 게르만 시대에도 로마법은 존재했다. 다만 주요한 규범으로서 지위를 잃었다.

게르만족의 분쟁 해결 방법은 지역마다 달랐다. 물론 게르만 왕국에도 재판은 있었다. 교황청의 법관이었던 구일렐무스 두란두스Guillelmus Drandus는 13세기 말 재판 절차에 대한 책Speculum Judiciale을 발간하기도 했다. 프랑크 왕국 샤를마뉴 대제 때 기록을 보면, '왕이 1년마다 사절을 지방으로 파견해 순회재판소 역할을 하게 하였는데, 뇌물이 횡행했다'라는 내용이 나온다. 재판이 존재했다는 뜻이다.

하지만 재판소가 설치된 곳은 일부였고, 게르만족의 기본적인 분쟁 해결 방법은 복수였다. 누군가 피해당하면 대신 복수하는 것이다. 누군가 살해당하면 다른 혈족이 대신 그 살인자를 죽였다. 게르만에서는 법보다 주먹이 가까웠다. 그래서 98년에 쓰인 타키투스의 《게르마니아》를 보면 '게르만인은 어디에서든 무장했다'라는 내용이 나온다. 언제 어느 곳에서 칼이 날아올지 몰랐기 때문이다.

복수는 분쟁을 해결하기보다는 더 격하게 만드는 문제점이 있었지만, 아무튼 게르만족의 혈연공동체를 유지했다. 공동체가 유지되려면 질서가 지켜져야 한다. 질서를 지키게 하는 가장 쉬운 방법은 두려움이다. 누군가에게 해코지하고 싶더라도 보복을 당한다면 그 생각을 단념할 것이다. 그래서 복수는 매우 중요한 도덕적 의미를 지니고 있었다. 친족 중 살해당하는 사람이 생기면 그 친족 중 누군가는 반드시 보복해야 했다. 그것이 혈연의 의무이자 공동체의 덕성이었다. 이것은 기독교가 일반화된 이후에도 마찬가지였다. 《로미오와 줄리엣》을 보더라도 두 가문 간의 처절한 복수가 배경이 아닌가.

우리나라에서도 복수는 빈번했던 것 같다. 우리나라 최초의 근대적 형법안은 1897년 법부 고문 노자와 게이치野澤鷄一의 형법 초안이다. 여기에는 복수와 관련된 조항이 있다. 가족의 복수를 위한 범죄는 감경해 주는 내용이다. 이런 조항이 들어간 것은 그만큼 복수가 횡행했다는 뜻이다. 참고로 우리나라 최초의 근대적 형법은 1905년 법률 제2호로 제정된 형법대전이다.

사적 복수가 가장 흔했던 나라는 개척기 미국이다. 치안이 불안한 서부에서는 사실상 보복이 유일한 범죄예방 수단이었다. 1767년 사우스캐롤라이나에서 자경대가 결성된 것을 시작으로 1850년대에는 샌프란시스코 자경대Vigilance Committees of San Francisco가 결성됐다. 1867~1870년 미국 남부를 휩쓸었던 KKK도 일종의 자경단이다. 이런 자경단에 의해 살해된 희생자는 공식 기록으로만 729명이다.

미국의 법원은 이런 무법자들을 사실상 후원했다. 심지어 18세기 미국 버지니아주에서는 순회판사 린치Lynch가 사형법私刑法을 만들기도 했다. 린치에 따라 1890년대 군중은 흑인들을 고문하고 목을 매달거나 심지어 화형에 처했다. 사적 보복을 의미하는 린치는 이 린치 판사의 이름을 딴 것이다. 남부의 린치는 인종차별의 수단이었으나 미국의 대중은 대중민주주의의 한 형태로 간주했다. 그래서 이러한 사적 보복의 악습은 19세기 말까지 이어진다.

사적 보복은 사실상 힘 있는 자의 폭력에 불과하다. 이러한 사적 보복은 인권 탄압에서 노동 탄압으로 변모했다. 1865년 펜실베이니아에서 철도회사에 경찰을 고용할 권한을 부여했다. 이때부터 노동자의 파업에 대한 가혹한 린치가 시작된다. 사실상 용역 깡패이자 노동 탄압의 수단이었으나 사적 자치의 일종으로 오인되었다. 이런 사적 보복 수단은 1930년대에 이르러서야 사라진다. 그러니 함무라비 법전의 동해보복 조항은 매우 선진적이었다고 할 수 있다.

대중이 이런 보복을 응원하는 것은 질서를 찾아주기 때문이다. 질서란 때로는 힘의 논리이자 서열 세우기이다. 아무든, 보복이 질서를 유지하는 사례는 의외로 많다. 잘 알고 있는 '죄수의 딜레마'를 떠올려보자. 죄수끼리 협력을 달성하려면 배신을 피할 수 있어야 하는데, 그 방법으로 '보상' 또는 '처벌'이 제시된다. 이러한 현상은 우리 주변에서도 흔히 찾아볼 수 있다.

미국 프로야구 리그 중 아메리칸리그는 내셔널리그보다 빈볼 빈도가 11~17% 더 높다. 그 이유는 아메리칸리그 투수들은 타석에 서지 않기 때문이다. 즉, 아메리칸리그 투수들은 빈볼을 던지더라도 상대방 투수로부터 보복 빈볼을 맞을 리 없다. 설마 덕아웃으로 던질 수는 없지 않은가. 그래서 빈볼을 더 자주 던지는 것이다.

반면, 투수도 타석에 서야 하는 내셔널리그에서는 아무래도 빈볼이 줄어든다. 빈볼을 던진 투수는 자신의 타석에서 머리에 꽉 찬 포심 패스트볼을 받을 수도 있기 때문이다. 비둘기도 폭파하는 랜디 존슨의 투심 패스트볼이 자기 머리로 날아올 수도 있다고 생각하면 아무래도 빈볼을 던지기 어렵다. 결국 보복이 두려워 가해를 줄이는 것이다. 이렇듯 보복은 가해와 범죄를 줄일 수도 있다.

하지만 보복은 어느 한쪽이 다 죽을 때까지 끝나지 않는다. 그리고 모두가 불안 속에서 살아야 한다. 사회 전체로서도 큰 손해다. 이 당시에 사람을 소중히 여긴 것은 인본주의 때문이 아니다. 사람이 가장 비싼 자원이기 때문이었다. 사람은 당시 거의 유일한 동력원이자 노동력이었다. 그 자원을 보복 칼부림으로 날려버리는 것은 아무래도 아까웠다.

그래서 보복 대신 택한 것이 '배상금 제도'였다. 흔히 맷값이라고 하는데, 고상하게는 '인명배상금人命賠償金, wergeld'이라고 부른다. 원래 친족이 살해당했을 때 피해자 친족이 가해자로부터 죗값으로 받는 보상금을 말한다. 게르만족 중 발전한 프랑크족에서 사용하던 제도였다. 신분과 피해에 따라 보상금액에 차등을 두는 등 나름 정교하게 작동하였다.

1840년 벤저민 소프Benjamin Thorpe가 발간한 책(〈The collection of Ancient Laws and Institute of England〉)에는 당시 배상금 액수도 구체적으로 나와 있다. 엄지발가락이 떨어져 나가게 한 경우는 20실링, 두 번째 발가락은 15실링, 가운뎃발가락은 9실링, 네 번째 발가락은 6실링, 새끼발가락은 5실링 등이었다고 한다. 깨물어서 안 아픈 발가락은 없지만, 그 값은 각각 다르다.

인명배상금 제도를 보니 사유재산제와 화폐경제가 정착되었던 것 같다. 게르만족은 원래 공유제 사회였으나 정착한 이후 빠르게 사유재산제로 변화했다. 주화는 꽤 오래전부터 사용했다. 기원전 5세기경 그리스에서 동전을 만드는 주조소가 100군데에 달했다. 로마제국은 이베리아반도의 금과 은을 이용하여 아우레우스Aureus라는 금화와 데나리우스Denarius라는 은화를 만들었다. 돈이라는 뜻의 스페인어 디네로dinero, 이탈리아어 데나로denaro는 모두 이 데나리우스에서 유래한다. 명나라, 청나라도 은 덩어리를 은자銀子라는 통화로 사용했다.

어떤 중국학자는 게르만 왕조 때 화폐가 사라지고 물물교환했다고 주장하나, 사실이 아니다. 이는 게르만 왕조 시대와 봉건시대를 혼동한 것이다. 프랑크 왕국의 피핀이 주화공장을 만들어 은화 제조했다는 기록이 버젓이 있고, 샤를마뉴 대제도 주화를 제조했다. 영국 고대법에는 주화 위조죄 처벌 조항까지 있었다.

프랑크 제국은 꽤 번영했고 공동체도 단단했다. 프랑크 왕국의 촌락은 여러 개의 피스크fisc로 구성되었다. 영주의 피스크와 소작인의 피스크로 구분되는데 각 피스크를 한 명의 관리인이 맡았다. 소작인의 피스크는 다시 여러 개의 작은 농지, 즉 맨스manse로 나뉘고 여기에 하나 이상의 농부 가족들이 농사를 지었다. 농노들은 경작지, 과수원, 포도밭, 초원 등에 매여 있는 신분이었는데, 관리인(villicus, Mayor라고 불림)의 지시에 따라 노역을 제공하거나 소작료를 내고 자신의 소작지를 경영했다. 비교적 평화로운 시기였다고 한다.

법은 국가의 힘이 아니라, 국민의 신뢰 위에서 유지된다.

_ 유스티니아누스 1세, Justinian I

Chapter 5

봉건제와 신판

8세기가 들어 유럽에는 봉건사회가 형성되기 시작한다. 봉건사회가 만들어진 이유는 아마 수백 개일 것이다. 학자들은 대부분 이민족의 침입을 가장 중요한 원인으로 본다. 이슬람, 마자르 그리고 노르만의 침입으로 유럽은 그야말로 쑥대밭이 된다. 로마제국은 게르만족을 견뎌낼 행정 체계와 그들을 순치시킬 빛나는 문명을 지니고 있었지만, 게르만 왕국들은 그렇지 않았다. 이 세 집단과 게르만 왕국들의 접촉은 매우 격렬했고 잔혹했다.

이슬람은 7세기부터 부흥한다. 650년 시리아를 점령하고 642

년에는 이집트를 함락시켰다. 이슬람의 정복에는 가톨릭교회의 이단 박해가 큰 도움을 주었다. 네스토리우스파가 다수였던 시리아는 가톨릭의 탄압 속에 시달리고 있었다. 그러다 이슬람이 침입하자 오히려 이를 반겼다. 이집트로 비슷했다. 오리엔트를 장악한 이슬람은 751년 탈라스 전투에서 당나라의 서진을 막아냈다. 후방이 안정되자 이슬람은 지중해 방면으로 뻗어나간다. 지중해의 제해권을 장악하고 남부 이탈리아의 산악지대와 시칠리아, 이베리아반도로 진출했다. 한때 알프스 산악지대와 프로방스 지역까지 영향권이었다. 이슬람은 나폴리 근처 가리글리아노 강가에 근거지를 마련하고 몬테카시노 수도원까지 약탈했다. 2차 세계대전 때 독일 공수부대 팔슈름 예거가 지키던 난공불락의 요새, 몬테카시노 수도원이 바로 이곳이다. 북아프리카는 베르베르인과 손을 잡은 시아파 파티마 왕조가 장악했다.

이슬람은 유럽 본토도 일부 지배했다. 이베리아반도이다. 원래 이베리아반도의 주인은 비시(서)고트족이다. 하지만 8세기에 접어들면서 비시고트족 왕국 간의 갈등이 심해진다. 내분이 격화되자 급기야 북아프리카의 이슬람까지 끌어들이게 된다. 711년 타릭 이븐 지야드Tariq ibn Ziyad 장군은 7천 명의 무슬림 군대를 이끌고 지브롤터를 통해 이베리아반도에 들어온다. 그리고 불과 4년 만에 이들은 이베리아반도를 정복한다. 기독교 세력권은 북부의 아스투리아스로 쪼그라들었다. 승냥이 잡으려 범 끌어들인 꼴이다. '지브롤터'라는 지명도 '타릭의 산'이라는 뜻의 'Jabal Ṭāriq'에서 유래한다.

게르만 왕국을 만만하게 본 이슬람은 내친김에 피레네산맥을 넘는다. 기독교 세계의 최종 보스인 프랑크 왕국까지 먹겠다는 것이다. 이슬람 군대는 아키텐 공국과 보르도를 파죽지세로 무너뜨리고 파리를 향해 밀물처럼 진군했다. 그리고 732년, 투르에서 카를 마르텔의 군대와 맞붙는다. 파리에서 불과 300km 떨어진 곳이다. 이 투르와 푸와티에 전투에서 카를 마르텔이 지면 기독교 문명은 사라진다. 하지만 카를 마르텔의 중무장 보병은 추운 날씨와 프랑시스카라는 투척용 도끼로 이슬람 기병대를 물리친다. 이 승리로 유럽은 기독교권으로 남게 되고 이슬람은 이베리아반도로 물러난다. 아무리 쉬워 보여도 보스전은 어려운 법이다.

이슬람이 다스리던 이베리아반도를 '알 안달루시아'라고 부른다. 이 알 안달루시아의 패권은 우마이야의 마지막 왕자 아브드 알 라흐만 الله عبد الرحمن 에게 넘어간다. 압바스 왕조가 다마스쿠스에서 반란을 일으켜 우마이야 왕가를 학살할 때 알 라흐만은 기적적으로 살아남았다. 알 라흐만은 압바스의 추적을 피해 시리아, 팔레스타인, 이집트, 모로코를 거쳐 알 안달루시아까지 도주한다. 대략 6천km 거리인데, 이 거리를 도망간 알 라흐만도 대단하고, 끝까지 쫓은 압바스의 알 만수르도 대단하다. 알 라흐만이 알 안달루시아로 들어갈 때 그의 수하는 고작 300명이었다고 한다. 그 숫자로 알 라흐만은 압바스 총독의 대군을 무찌르고 코르도바를 점령한다. 불굴의 영웅이자 진정 쿠라이시의 매라고 불릴만한 남자다.

약자로 살아봐서인지 알 라흐만은 관용과 상호의존을 의미하는 콘비벤시아Convivencia 정책을 펼쳤다. 온정적인 법 제도와 사회보장제도까지 갖춘 알 안달루시아는 크게 번영한다. 아라비아의 선진 관개기술은 이베리아반도의 농업을 크게 발달시켰다. 코르도바 왕국의 은화는 전 유럽에서 통용됐다. 하지만 이베리아반도, 그리고 소아시아와 지중해 동안은 기독교 세계와 단절됐다. 알 안달루시아는 프랑크 왕국과 계속 적대관계였다. 칼 마르텔의 손자인 샤를마뉴 대제는 알 안달루시아를 직접 공격하기도 했다. 그 소식을 들고 압바스 왕조의 술탄 하룬 엘 라시드는 감사의 표시로 샤를마뉴에게 코끼리를 선물했다고 한다. 적의 적은 동지다.

동유럽 상황은 더 심각했다. 833년 어느 날 흑해 연안, 홀연히 마자르족이 출현했다. 어디서 왔는지, 어떻게 왔는지도 모른다. 헝가리인의 뿌리인 마자르족은 근원을 모른다. 우랄-알타이어를 사용하고 있어 아시아 초원 유목민으로 추정하는데, 묘하게 튀르크 문명도 섞여 있다. 훈족의 일족이라는 설도 있다. 오스트리아-헝가리 제국의 페르디난트 대공은 헝가리 사람을 '흉노족'이라고 불렀다고 하니 영 근거 없는 소리는 아니다. 아무튼, 마자르족은 헝가리 평원에 정착한 후 인근을 노략질했다. 북부 이탈리아, 바이에른, 슈바벤까지 약탈하는데, 899년에는 최상위급 랭커인 베네치아까지 습격한다.

유목민의 약탈은 매우 잔악하다. 빠짐없이 살육하고 불태운다. 그렇지 않으면 자신들이 추격당하기 때문이다. 마자르족의 약탈도 그러했다. 곧 동유럽은 생지옥이 되었다. 이들의 노략질이 얼마나 심했는지 이에 대응하기 위해 알프스 산중과 지금의 오스트리아 지방에 2개의 군관구를 설치했다. 군관구는 요새와 도시를 결합한 형태로 스타크래프트로 치면 멀티라고 할 수 있다. 마자르족 약탈이 심해질수록 이 군관구들은 점점 강화됐다. 이 중 동쪽이라는 뜻의 오스타리치Ostarrichi 군관구는 훗날 오스트리아의 기원이 된다.

마자르족은 955년 레히펠트 전투에서 신성로마제국 오토 1세에게 패하면서 기세가 꺾인다. 폭우와 진창 속에서 기동력이 떨어진 마자르 경기병대는 오토 1세의 중기갑 기마대에 격파당한다. 하지만 그 이전부터 마자르족은 점차 농경사회로 바뀌면서 약탈을 줄였다. 이들이 노략질을 멈추고 농사를 짓기 시작한 것은 군관구 설치도 원인이지만 당시 유럽의 도로 사정 때문이기도 하다. 도로가 워낙 열악해 물건을 약탈해도 근거지까지 가져갈 수 없었다. 우리도 물건값보다 배송비가 더 많이 들면 구매를 취소하지 않는가. 결국, 마자르족은 약탈보다는 농사를 짓는 것이 낫다는 것을 깨달았다. 농업사회로 바뀐 마자르족은 지금의 헝가리 지역에 뿌리를 내리게 된다. 헝가리인이 동유럽 중앙을 장악하면서 슬라브족은 동서 양쪽으로 나뉜다.

가장 심각한 침략자는 흔히 바이킹이라고도 불리는 노르만
Norman이다. 이슬람이나 마자르가 늑대나 승냥이라면, 노르만은 말
라리아모기 같았다. 도저히 막을 수 없는 데다 치명적인 살상력까
지 지녔다. 맹수에 물려 죽는 사람은 몇 명 안 되지만, 모기에 물
려 죽는 사람은 매년 수백만 명이다.

노르만은 북쪽 사람이란 뜻인데, 주로 데인인, 예타인, 스웨덴
인, 노르웨이 토착민 등을 말한다. 이들을 흔히 바이킹viking이라고
도 부르는데 만gulf란 의미의 'vik'에서 유래했다는 설, 시장市場이라
는 의미의 'wik'에서 유래했다는 설이 있다.

노르만에 대한 공포는 우리의 상상 이상이었던 것 같다. 얼마
나 무서웠던지 노르만이 영국 북동단 린디스판에 처음 상륙했을
때는 날짜까지 생생하게 기록되어 있다. 793년 6월 8일이다. 북해
를 건너면 가장 먼저 닿는 곳이라, 영국의 많은 왕국은 노르만에
의해 멸망했다. 웨섹스 정도만이 살아남았다. 그래서 영어에는 노
르만어에서 유래한 단어들이 많다. 'sky', 'low', 'fellow' 등이 그렇
다. 법law이란 말도 노르만의 'lagu'에서 유래한다.

그렇다고 노르만이 영국만 괴롭힌 것은 아니다. 공평하게 전
유럽을 초토화했다. 처마에 붙은 불이 대들보에는 안 붙겠는가.

스웨덴인들은 핀란드만을 통해 러시아의 강들을 거슬러 올라 흑해로 진출했다. 바랑기안Barangian이라고 불리는 이들은 840년에 키예프(키이우) 공국, 850년에 노브고로드 공국을 세운다. 뒷날 러시아의 기원이 되는 나라들이다.

노르웨이인과 덴마크인들을 반대쪽으로 진출했다. 북해를 통해 서유럽을 공략했다. 주로 이들을 노르만이라고 부른다. 이들의 침략은 상상을 초월한다. 쾰른, 루앙, 오를레앙, 보르도, 런던, 요크를 습격했고, 896년에는 파리까지 포위한다. 그뿐 아니라 알프스 산중, 지중해, 아드리아해, 흑해에도 출몰했다. 지중해로 나가 시칠리아 왕국을 세웠고 10세기에는 비잔틴왕국과 함대전을 벌이기도 했다. 요즘으로 치면 소말리아 해적이 대영제국 해군과 전면전을 벌인 셈이다. 최강은 덴마크(데인)인이었다. 834년에 독일, 네덜란드를 공격하고 아일랜드에 병참기지를 건설한 후 끊임없이 프랑스 해안을 공격했다.

노르만은 심지어 비교적 중앙집권이 이뤄진 이베리아반도도 공략했다. 당시 이슬람 왕국들은 대부분 상비군을 지니고 있었음에도 노르만의 침공에서 벗어날 수 없었다. 노르만은 966년 산티아고 순례길로 유명한 산티아고 데 콤포스텔라도 점령했다. 아마 이들은 조개껍데기 대신 데인엑스라는 도끼를 들고 갔을 것이다.

노르만은 해안지역뿐 아니라 내륙 깊숙이까지 공략했다. 노르만은 강을 통해 내륙으로 들어갔는데, 필요하면 '랑스킵', '크나르'라는 배를 들고 강들 사이를 이동했다. 사공이 많으면 배가 산으로 간다고 하지 않는가. 이렇게 내륙, 해안뿐만 아니라 알프스 산 중까지 진출하니 노르만으로부터 안전한 곳은 거의 없었다.

노르만이 하필 8세기 말에 극성을 부리게 되었는지는 의견이 분분하다. 복수를 피해 이동한 것이라는 설, 인구 증가로 식량 부족을 해결하기 위해 이동했다는 설도 있으나 무엇보다 조선술의 발달이 가장 중요한 원인일 것이다. 1969년에 인류가 달에 상륙한 것은 아폴로 11호가 만들어졌기 때문이다. 마찬가지로 8세기가 되어서야 거친 북해를 견딜 수 있는 랑스킵, 크나르가 만들어졌다.

이 바이킹 배들은 시대를 앞서가는 공학적 성과였다. 튼튼하고 조정이 쉽고 전진과 후진이 자유로웠다. 이 당시에는 건물의 지붕에 배를 뒤집어 올리기도 했다. 회당이나 교회에는 큰 지붕이 필요한데, 당시 낙후된 건축술로는 어려웠다. 그래서 선박을 만들어 이를 뒤집어 올려 지붕으로 삼았다. 배가 매우 튼튼했다는 뜻이기도 하고 그만큼 건축술이 낙후되었다는 뜻이기도 하다. 로마가 128년에 이미 돔으로 판테온을 지었던 것을 떠올려보면 놀랄만한 쇠퇴이다. 할아버지는 배그나 롤하는데, 손자는 갤러그하는 셈이다.

이렇게 이민족이 침입하다 보니 서유럽은 사람이 살기 어려운 곳이 되었다. 잦은 외적 침입으로 인해 도시는 성벽 안으로 쭈그려 들었고 군사적 방어가 중요해졌다. 그 결과 영주와 봉신 그리고 소수의 중무장 기사집단이 지도층이 된다. 중무장을 하다 보니 기사들은 투척용 창javelin, pilum이 아닌 타격용 창lance, pike을 들고 싸웠다. 프리랜서free-lancer란 말은 창lance을 든 용병이란 뜻이다. 무거운 창으로부터 몸을 보호하기 위해 기사들은 중무장해야 했고 엄청난 비용이 들었다. 따라서 그 비용을 감당할 수 있는 소수의 기사만이 군인이 될 수 있었다. 왕과 영주 그리고 기사들은 서로 보호와 충성을 맹세하는 봉건적 주종제를 맺었다. 봉건적 주종제는 원래 갈리아(프랑스) 북서부에서 출발했는데 곧 서유럽 전체에 퍼지게 된다.

봉건사회는 과거 그리고 다른 지역과의 단절을 기본으로 한다. 국가 공권력은 무너지고 그 대신 개인적인 유대로 사회를 유지했다. 즉, 유럽에서 그리스-로마의 지중해적 통일성이 완전히 사라진 것이다. 서유럽에는 얼마 남지 않는 사람들이 흩어져 살았고 마을 간의 교류는 사실상 불가능했다. 도로는 사라졌고 다리는 무너졌다. 교역망은 아예 존재하지 않았다. 마초馬草 부족으로 하루에 30~40km 이동하는 것도 어려웠다. 이동이 얼마나 어려웠는지 봉건 1기 왕들은 대부분 영토 순시 중 과로로 사망했다고 한다. 앞서 마자르족이 약탈을 멈추고 정착하게 된 이유가 도로 사정이라고 밝혔듯 유럽의 도로 사정은 매우 열악했다. 그 사정은 수백 년간 나아지지 못했다.

그것을 알려주는 사례가 바로 이사벨 여왕의 질주이다. 1476년 11월 11일 이베리아의 산티아고 기사단장이 사망했다. 기사단의 대표주자인 성전(템플)기사단은 1312년 해체되었다. 하지만 이슬람과 싸우고 있는 이베리아반도에서는 여전히 기사단이 필요했다.

〈시녀들〉 ©Diego Velázquez

그래서 이베리아반도에서는 기사단이 여전히 존재했다.

벨라스케스의 〈시녀들〉을 보더라도 스페인에서 기사단의 위상을 알 수 있다. 원래 〈시녀들〉은 1656년에 그린 것이다. 그런데 그림 속 벨라스케스의 상의에는 산티아고 기사단의 상징인 십자훈장이 달려 있다. 그가 산티아고 기사단에 임명된 것은 그림을 그리고 3년 후인 1659년이다. 그는 죽기 직전 산티아고 기사단에 가입했는데, 그게 얼마나 감격스러웠는지 나중에 〈시녀들〉에 자신의 십자훈장을 그려 넣은 것이다.

포르투갈은 아예 기사단장이 세운 나라이다. 당연히 이베리아반도의 기사단은 막대한 부와 무력을 지니고 있었다. 이 부와 군사력은 기사단장이 쥐고 있었다. 기사단 규율이 단장에게 절대복종하도록 하기 때문이다. 따라서 기사단장이 누가 되느냐는 매우 중요한 문제였다.

카스티야의 이사벨 여왕은 부고를 접하자마자 기사단 본부가 있는 우클레스 수도원까지 달려간다. 바야돌리드에서부터 약 300km 거리를 단 3일 만에 주파한다. 그리고 상중인 기사단을 모아놓고 자기 남편 페르난도가 차기 기사단장이 되어야 한다고 으름장을 놓았다. 조문하러 가서 깽판 친 덕에 페르난도는 기사단장 자리를 차지했다. 이것을 기적이라고 하는 이유는 단 3일 만에 주파했기 때문이란다. 서울에서 대구까지 거리를 3일 만에 갔다고 기적이라고 하다니 쉽게 이해되지 않지만, 당시에는 평균 10일 정도 걸렸다고 한다.

당시 서유럽의 도로는 그 정도로 열악했다. 이렇게 이동이 어려우니 여행은 일반 백성에게는 불가능에 가까웠다. 이에 반해 중국은 기원전 2세기에 이미 전국 도로망을 완비했다. 진시황은 중국 통일 이후 수레폭을 6척으로 통일하는 동궤同軌 사업을 펼치고 전국에 치도馳道라는 도로를 깔았다. 이로 인해 중국의 교통과 상업은 비약적으로 발전하게 된다.

하지만 유럽은 달랐다. 이민족의 침입으로 이동은 불가능해지고, 농노들이 장원에 복속되면서 폐쇄경제로 이어졌다. 봉건사회의 특징 중 하나인 폐쇄경제는 자연스럽게 화폐경제의 몰락으로 이어진다. 물론 자연경제로까지 후퇴한 것은 아니지만, 정화正貨의 부족이 심각했다. 그러면서 화폐는 교환가치를 잃었다. 돈을 쥐도 어디 가서 밥 한 끼 사 먹기도 힘들었다. 이때는 솔거率居 부양이 보수였고, 밥 먹여주고 곡식이나 베를 주는 것이 급여였다.

게다가 봉건시대에는 농업생산성이 매우 낮아서 인구가 늘어날 수 없었다. 9세기까지 유럽의 농업은 곡물 경작보다 채집에 의존했다. 믿기지 않겠지만, 유럽연합 공식 교과서에 실린 내용이다. 유럽의 농업은 10세기에 들어서야 본격적으로 발달한다. 제철기술의 발달로 무거운 쟁기가 개발되면서 심경深耕이 가능해졌다. 이와 함께 삼포제가 정착되면서 농업 생산성이 오르고 그에 따라인구가 조금씩 늘어나게 된다.

이런 상황에서 돈이 무슨 소용이 있겠는가. 따라서 프랑크족의 분쟁 해결 방법인 배상금 제도는 무용지물이 되었다. 돈을 받아야소용이 없는데 그게 무슨 해결책이 되겠는가. 그래서 다른 분쟁해결 방법이 떠오른다. 바로 '결투'와 '무죄보증선서' 등이다. 물론이때도 재판은 있었다. 교회 재판이나 지역 토호들이 세운 사적재판소 등에 대한 기록이 남아 있다. 하지만 대부분 벌금형을 선고했다는 점에 비춰보면 이때 재판은 극히 제한된 귀족층에 한정되었다고 볼 수 있다.

'무죄보증선서compurgatory oath, Reinigungseid'란 고발당한 사람이 자신이 무고하다고 선서하고, 이때 일정 숫자의 친족이나 보증인이 이를 보증하는 것이다. 주로 귀족들이 자신의 무고함을 증명하는 방식이었다. 우리도 애먼 부모님과 조상을 걸고 맹세를 하지 않는

가. 물론 엄마까지 걸고 맹세해도 아무도 믿어주지 않는 우리와 달리, 봉건시대는 이를 믿어줬다. 그 당시 귀족들은 명예를 목숨만큼 소중하게 여겼기 때문이다. 자신뿐 아니라 친족과 친구의 명예가 걸린 것이기에 거짓말할 수 없었다고 한다. 위증이 판치고 거짓말 잘하는 정치인일수록 잘나가는 요즘 세태로는 이해가 되지 않지만, 아무튼 이런 제도가 실제로 있었고 효과적이었다고 한다.

'결투재판Gerichtskampf, gerichtlichen Zweikämpfen'은 주로 명예를 지키기 위한 수단이다. 하지만 유무죄를 가리는 방법으로도 사용되었다. 〈왕좌의 게임〉이라는 드라마를 보면 티리온 라니스터라는 소인증 캐릭터가 두 번이나 결투재판trial by combat을 요구하는 장면이 나온다.

서구에서 결투는 을지로의 비둘기처럼 흔했다. 알렉산드르 푸시킨이나 영국의 소 피트 수상, 찰스 디킨스, 티코 브라헤 등은 결투를 벌인 인물로 유명하다. 앞서 소개한 벤저민 소프의 책을 보면 '누구든 두세 번의 경고 이후에 여관 등지에서 자신과 약혼한 여자와 같이 있는 것을 발견한 자는 그와 결투하여 살해할 수 있다'라는 조항이 있다. 이때도 잠시 쉬었다 가는 모텔이 있었나 보다. 흔히 라떼를 부르짖으며 도덕과 풍속이 타락했다고 한탄하지만 천 년 전에도 마찬가지였다.

1563년 트리엔트 공의회에서 결투를 금지했으나 결투 전통은 그 뒤로도 꽤 오래갔다. 영국에서 결투재판은 1819년까지 법률에 남아 있었다. 2002년 영국의 한 남자는 벌금형을 받게 되자 결투재판을 요청하기도 했다. 물론 치안판사는 그의 요청을 거부했다.

전통이 살아 숨 쉬는 영국이다.

미국에서도 결투가 일상다반사였다. 개척지 법은 조악했고 판사들은 부패했기 때문이다. 미국이라는 틀을 만든 알렉산더 해밀턴도 1804년 7월 11일 애런 버와의 결투로 사망했다. 러시아나 오스트리아-헝가리 제국, 프로이센에서도 결투가 매우 빈발했다. 프로이센의 결투 문화는 군사문화에서 비롯된 것이었으나, 오스트리아-헝가리 제국은 유미주의 영향도 받았다. 오스트리아-헝가리 제국에서는 1911년까지 장교의 결투 신청에 신성한 구속력을 인정했다. 물론 결투를 벌인 자는 금고형에 처한다고 정해졌으나 1900년까지 실제 처벌된 예는 없었다. 장교가 결투 중에 민간인을 죽여도 관행적으로 황제가 사면했다. 심지어 남학생들의 결투 조직인 부르셴샤프트Burschenschaft가 정치활동을 주도했다. 이렇게 결투를 찬양했지만, 오스트리아군은 전쟁에서 대부분 졌다.

우리는 이런 결투가 매우 미개하고 폭력적이라고 생각한다. 하지만 미개한 결투보다는 규문주의적 재판으로 희생된 사람들이 훨씬 더 많다. 지금 우리가 보편적인 분쟁 해결 방법으로 받아들이고 있는 재판제도도 원래 권력을 제도화하고 지배를 공고하기 위해 만든 것이다. 그리고 우리의 재판은 과연 공정한가? 뛰어난 변호사를 선임할 수 있는 재력과 판사의 편견이 존재하는데, 우리의 재판이 결투재판보다 공정할까? 재판도 아이폰처럼 '뽑기'다. 어떤 검사, 어떤 판사를 만나느냐에 따라 운명이 바뀐다.

물론 봉건시대에도 전통적인 형사재판은 있었다. 서로마제국이 무너지는 시기부터 지역의 유력자들이 사적私的 재판소를 만들었다. 황제의 권력이 더 이상 제국에 미치지 않았기 때문이다. 물론 이때 재판도 판결안을 제출하면 참석한 주민회의의 승인을 받아야 하는 등 나름 절차를 갖추었다. 범죄자에 대한 처벌은 주로 벌금을 내게 하거나 매를 치는 체형體刑이었다. 징역형은 예외적으로 활용되었는데, 주로 벌금을 받을 때까지 가둬놓은 것이었다. 대신 벌금형은 다양했다. 영국의 경우 'wer'는 친족이나 주인에게 줘야 하는 벌금이고, 'bot'는 범죄피해자에 대한 배상이며, 'wite'는 왕이나 군주에게 내는 벌금이었다.

이때 재판에도 고대 그리스 시대부터 내려온 탄핵주의, 사인소추주의, 당사자주의가 그대로 유지되었다. 봉건시대에도 왕권이 강한 곳, 예를 들어 카롤링거 왕조의 경우에는 국왕재판소가 우위에 있기도 했다. 하지만 대부분 지역에서는 교회 재판이 성행했다.

법은 귀족을 위해 존재하는 것이 아니라, 모든 사람을 위해 존재해야 한다.

_ 마그나 카르타, Magna Carta

Chapter 6

교회 재판과 신판

형사사법의 역사는 대부분 참혹하다. 시대를 떠나 형사사법제도는 죽음과 공포를 내포하고 있다. 동양에서도 형벌을 담당하는 여신은 서왕모西王母이다. 서왕모의 '서'는 서쪽이란 뜻이다. 그래서 조선시대 형조, 의금부는 서쪽에 있었다. 서왕모는 재앙과 죽음의 신이기도 하다. 서쪽은 해가 지는 곳으로 어둠과 죽음의 땅이다. 서소문, 새남터, 고태골 등 처형장도 모두 도성 서쪽에 있다. 우리가 흔히 '골로 간다'라는 표현을 사용하는데, 이때 골은 처형장인 고태골에서 유래한다. '고태골로 간다'를 줄여서 '골로 간다'라고 한 것이다. 원래부터 무서운 형사사법제도는 종교가 가미되면서 더욱 참혹해진다.

교회 재판은 매우 가혹했다. 로마 가톨릭은 이미 10세기부터 배상금 제도를 반대했다. 대신 고통스러운 형벌을 주장했다. 돈으로 때우지 말고 고통으로 속죄하라는 뜻이었다. 이런 태도는 형벌을 질서 회복 수단이 아니라 응징과 정화의 수단으로 보는 것이다. 하지만 고통을 받아서 영혼이 정화된다면, 교회를 가는 것보다는 화생방훈련이 더 효과적일 것이다. 예수께서는 모든 죄인을 용서했지만, 교회는 그렇지 않았다. 그들은 용서 대신에 고문을 선택했고, 부인하면 신판Ordalie, trial by Ordeal에 처했다.

신판은 이 시대 재판을 상징적으로 보여준다. 신판은 '하느님이 죄 없는 사람을 고통받거나 처벌받게 내버려두지 않을 것'이라는 유아기적 망상을 기초로 한다.

신판은 여러 종류가 있었다. '뜨거운 물의 신판'이란 우선 끓는 물에 죄인의 팔을 넣는다. 3일 뒤에 붕대를 풀어 상처가 나아지면 무죄, 상처가 악화하면 유죄이다. '불의 신판'도 비슷했다. 불에 달군 쇠를 들고 걸어가게 한 후 역시 그 상처가 악화했는지 살펴보는 것이었다. 강력한 스테로이드 연고만 있으면 무죄가 되는 것이다. 하지만 피부 진피층까지 손상된 경우라면 회복하는데 2~4주가 걸린다. 데드풀이나 울버린 같은 재생능력이 없으면 대부분 유죄가 나올 수밖에 없다.

'불의 신판'은 이교도들의 번제燔祭와 유사하다. 암몬족의 태양신 몰록에 대한 제사 때는 불에 달군 거대한 신상 위에 어린아이를 올려놓았다. 모압족의 신 그모스도 아이를 불 가운데 지나가게 하는 방식으로 번제를 지냈다. 유대민족의 조상인 아브라함도

아들 이삭을 번제물로 삼으려고 했다. 불의 신판으로 번제가 다시 살아난 것은 기독교가 원시종교로 회귀했다는 뜻이다.

불로 죄인을 처벌하는 것은 동양 신화에도 나와 있다. 중국 은나라 주왕은 주지육림에서 달기와 함께 광란의 파티를 벌인 것으로 유명하다. 달기는 포락형이란 것을 고안해 냈는데, 죄인을 숯불 위에 걸친 기름칠한 구리기둥을 걷게 하는 것이었다. 《봉신연의》에 의하면 달기는 구미호가 둔갑한 것이라고 하는데 과연 맞는 것 같다. 로마제국 때 성 폰시아노도 달궈진 석쇠 위를 걷는 형벌로 순교했다.

봉건시대의 정신세계를 가장 잘 드러낸 것은 역시 '차가운 물의 신판'이다. '차가운 물의 신판'은 죄인이 물에 뜨는지로 유무죄를 판단했다. 그 시절은 인간의 무게는 대부분 영혼이 차지한다고 믿었다. 악마에게 영혼을 팔면 그만큼 가벼워지기에 물 위로 떠오를 것이라고 믿었다. 아마 악마를 지방흡입 전문의로 생각했던 것 같다. 아무튼, 그런 이유로 사람을 물에 던져서 유무죄를 가렸다. 물 위로 떠 오르면 유죄로 판정하고 팔다리를 자른 후 쫓아내거나 교수형에 처했다.

물 위로 떠 오르지 않으면 일정 시간이 지난 후 꺼냈다. 만약 늦게 꺼내 익사해도 그 역시 유죄의 증거였다.

'만약 그가 죄가 없다면 하느님이 구해주실 것이다. 하지만 하느님이 구해주지 않았으니, 그는 죄인이 맞다.'

이것이 그 당시 사람들의 일반적인 믿음이었다. 결국, 떠오르나, 빠져 죽으나 어차피 유죄다. 만약 떠오르지 않고 살아서 물밖으로 나와도 추방됐다. 대부분 40일 이내에 살던 곳을 떠나야 했다. 일단 물의 신판까지 간 정도면 거의 유죄라고 믿었기 때문이다.

차가운 물의 신판은 원시적인 처벌의 원형이다. 원시시대에는 형벌의 목적이 응보나 범죄 예방이 아니었다. 영혼의 정화 수단이었다. 영혼이 그리 고결한 것이라면 고작 인간의 형벌로 정화될 리 없을 것인데도, 인간은 그걸 믿을 만큼 부조리하다. 신판은 재판이 다시 원시적으로 퇴보했다는 뜻이다. 우리는 문명과 지성이 늘 진보한다고 생각하지만, 명백한 착각이다.

이런 미신적인 의식은 일본에서도 찾아볼 수 있다. 중세 일본의 형벌도 종교적 정화 차원에서 이뤄졌다. 일본에는 목욕재계하여 부정을 씻는다는 미소기 하라에みそぎはらい, 禊祓라는 의식이 있다. 이에 영향을 받아 일본 중세에는 후시즈케伏漬라는 형벌이 유행했다. 주로 사기도박을 하는 죄인들을 멍석에 말아 강물에 던지는 것이다. 이러한 후시즈케는 에도시대에 이어져 대나무 거적에 말아 물에 던지는 스마키すまき, 簀巻라는 사형私刑으로 변했다.

우리나라에서도 액을 없애고 잡귀를 물리치기 위해 강물에서 목욕하는 계욕일禊浴日이라는 전기가 있었다. 가락국의 건국 신화 〈구지가〉는 바로 계욕일을 배경으로 한다. 로마 12표법에도 부모를 살해한 자는 자루에 넣어 강물에 던져 죽였다. 강물에 던지는 것은 죽음으로 죄를 씻는 의미였다.

이 당시 신판 절차는 지역마다 달랐다. 기록에 나와 있는 잉글 랜드의 절차를 살펴보자. 우선 고발이 있다. 고발은 지금의 대배심과 유사한 위원회가 하든지 아니면 4명four men의 보증인이 할 수 있다. 또한 마을의 장이나 개인도 고발할 수 있었다. 다만, 개인이 고발하는 경우는 무고가 아니라는 고발 선서를 해야 한다.

고발당한 피고발인은 혐의를 인정하거나 아니면 무죄 선서를 해야 한다. 영국의 윌리엄 법령에 따르면 '4명으로부터 고발당한 자는 12번의 선서를 통해 자신의 죄를 씻어야 한다'는 규정이 있다. 무죄 선서를 하는 경우 일정한 보증인이 필요했다. 보증인이 있으면 1회의 신판 또는 무죄보증선서를 하고 만약 없으면 3배의 신판triple ordeal을 거쳐야 했다. 1회의 신판은 달군 1파운드의 쇠를 만지거나 끓는 물에 손목까지 담그는 것이고 3배의 신판은 3파운드의 달군 쇠를 만지거나 끓는 물에 팔꿈치까지 넣는 것이었다. 농담이 아니라 기록에 있는 내용이다. 보증을 서줄 친구가 없는 '아싸'라면 매우 곤란해지는 상황이다. 신판에서 유죄가 인정되면 고발인에게 2배의 배상금을, 영주에게는 속죄금을 내야만 했다. 신판을 회피하고 도주하는 경우에는 보증인이 속죄금과 배상을 해야 했다.

잉글랜드의 아일워드Ailward 사건은 이 당시 재판의 실상을 잘 보여준다. 아일워드는 이웃인 풀크Fulk가 돈을 갚지 않자 그의 집에 들어가 숫돌을 가져왔다. 화가 난 풀크는 아일워드를 쫓아가 칼로 그를 찔렀다. 그리고 아일워드를 절도범으로 신고했다. 명백히 쌍방 가해 사건이었지만 집행관apparitor은 아일워드만 재판에 회부한다. 그뿐 아니라 숫돌 이외 다른 피해품까지 조작해 아일워드를 중범죄자로 기소했다. 당시 법은 1실링 이하의 재물을 훔친 경우는 신체절단형에 처할 수 없었다. 집행관이 이렇게 피해품을 부풀린 것은 풀크로부터 황소 한 마리를 뇌물로 받았기 때문이다.

재판에서 아일워드는 치안판사에게 풀크와의 결투재판을 요구했다. 하지만 증거가 명백하다는 이유로 받아들여지지 않았다. 이에 아일워드는 불의 신판을 요구했다. 하지만 치안판사는 풀크의 제안에 따라 물의 신판을 받게 했다. 결국 아일워드는 물의 신판을 받게 됐는데, 유감스럽게도 물 위로 떠 올랐다. 원래 사람은 가만히 있으면 뜬다. 유죄가 된 아일워드는 두 눈이 뽑히고 온몸이 잘려 죽었다. 숫돌 하나 가져간 아일워드는 이렇게 죽었다. 신판은 잔혹했고 뇌물은 늘 효력을 발휘하며, 수사기관의 힘은 강력하다.

이런 황당한 일이 일어났다는 것이 믿기지 않겠지만 사실이다. 서양의 봉건적 미개함을 비웃고 싶겠지만 우리도 마찬가지다. 조선에서는 20세기 초까지 말에게 찬물을 먹이면 죽는다고 믿었다. 폭풍우가 치면 북을 울려서 잠재울 수 있다고 믿었다. 의사들은 심장이 안 좋은 환자에게는 구렁이 이빨을, 몸이 허약한 환자에게는 호랑이 뼈를 먹였다. 심지어 평양은 배 형태의 도시라 우물을 파면 배(평양)가 가라앉을 것이라고 믿었기에 우물이 없었다. 그래서 평양에는 물장수가 많았고, 봉이 김선달이 대동강으로 사기를 칠 수 있었다.

봉건시대 사람들은 자연과 시간에 대한 혼동, 감정적인 불안정, 초자연에 대한 민감한 반응, 전조에 병적인 집착 등을 보인다. 이러한 봉건시대 사람들의 정신상태를 설명하기 위해서는 별도의 학술적인 용어가 필요하다. 프랑스의 베리 브륄이라는 학자는 사고에서 주체와 객체를 구분하지 못하고, 자신이 주체가 아닌 다른 존재일 수 있다는 생각, 신비하고 논리 초월적인 중세인의 정신상태를 융즉participation이라고 불렀다. 이러한 해괴한 단어가 탄생 되어야 설명이 가능할 정도로 인간은 원래 부조리하다.

지금 사람들의 논리와 사고로는 이해할 수 없겠지만, 인류 역사 대부분이 그랬다. 그리고 지금도 그런 미신 속에 살고 있을 것이다. 지금 우리가 상식이라고 믿고 있는 것들이 수십 년이 지난 후에는 황당하고 기괴한 미신이었던 것으로 밝혀진다. 지금 인터넷 세상이나 정치판을 보더라도 융즉 상태를 곧잘 발견할 수 있다.

그래서 우리는 미신과 선동에 취약할 수밖에 없다. 광우병 괴담을 믿고 부정선거를 믿고 돼지꿈을 믿는다. 로마제국은 이러한 인간의 약점을 잘 알고 있었다. 그래서 대비책도 세웠다. 미신과 선동으로 사람을 홀리게 하는 것을 처벌하는 것이다. '사람들의 경박한 정신이 신력에 관한 미신에 의하여 두려움에 떨게 되는 그 무엇인가를 만들어 낸 자', '관습이나 이성에 알려지지 않은, 사람들의 정신을 동요시키는 새로운 종교를 도입한 자'를 처벌하도록 하고 있다. 하지만 이 예지력이 가득했던 조항들도 결국 기독교도들을 박해하는 데 사용되었다. 그래서 죄형법정주의는 확대해석을 엄격히 금지하고 있다.

신판의 또 다른 특징은 오판이 없다는 점이다. 오심을 내렸어도 사람이 죽었으니 이를 확인할 방법이 없다. 그래서, 지금의 기준으로는 이해하기 힘들지만, 신판은 사회적인 안정을 얻는 데는 최고였다. 극도의 공포는 사회를 잠시나마 안정시켰다. 신판은 너무나도 무서운 재판이었기 때문에 대부분 그 이전에 자백했다. 따라서 600건 중 10건 정도 예외적으로 사용되었다.

신판은 미개한 과거의 일이라고 생각한다. 하지만 우리 사회에 신판의 유습은 그대로 남아 있다. 사람을 처벌하면 영혼이 정화될 것이라는 생각은 지금도 그대로다. 그래서 도덕적으로 비난받을 죄일수록 더욱 강한 처벌을 해야 한다고 믿는 것이다.

'죄가 없는데 수사를 받겠어!', '뭔가 있으니 검찰, 경찰이 수사하겠지!'라는 생각도 일종의 신판이다. 포토라인에 선 피의자를 응시하는 눈빛과 강물 속에서 죽어가는 죄인을 지켜보는 눈빛은 본질적으로 같다.

교회 재판은 오래갔다. 나폴레옹이 이탈리아를 점령한 후 1807년 밀라노 칙령을 발표한다. 대륙봉쇄령을 강화한 내용도 있지만,

이 칙령 안에는 교회 재판을 금지하는 내용도 있다. 이때까지도 교회 재판이 유지되었다는 뜻이다. 우리나라 정치인과 마찬가지로 형사사법제도도 못된 것일수록 오래간다.

권리 위에 잠자는 자는 보호받지 못한다.

_ 루돌프 폰 예링, Rudolf von Jhering

Chapter 7

직권주의의 탄생과 고문

형사사법제도는 대부분 그 기원을 정확히 알 수 있다. 형사사법제도는 자연발생적인 것이 아니라 인위적으로 만들었기 때문이다. 권력자가 가진 칼 중에 형사사법제도만 한 것도 없다. 그래서 권력자들은 형사사법제도를 교묘하게 바꾼다. 대부분 자신의 권력을 함부로 휘두를 수 있는 방향으로 바꾸는데, 늘 개혁이라는 거짓말로 포장한다.

우리나라를 보더라도 알 수 있다. 수사권조정이라는 핑계로 중국공안화를 감행하는 것이나, 어용친위대인 공수처를 설치하는 것 모두 권력욕에서 비롯된 것이다. 부정부패 척결이니 적폐청산이니 하지만 결국 정치보복이다. 하지만 대부분 그 칼날은 결국 자신에게 미친다.

직권주의는 1215년에 시작되었다. 1215년 제4차 라테란 공의회에서 교황 이노센트 3세는 형사재판 칙령을 선포한다. 신판을 금지하고 법원이 직접 증거를 조사하도록 하는 내용이다. 과거에는 당사자가 알아서 증거를 수집했었다. 하지만 이 칙령으로 인해 법원이나 수사기관이 적극적으로 증거 수집, 즉 수사에 나서게 된다. 이것이 바로 직권주의의 탄생이다. 서양세계에 당사자주의를 대신할 새로운 형사사법체계가 등장한 것이다. 소크라테스 재판부터 계속되었던 당사자주의가 유럽 역사상 최초로 바뀌는 것이다.

물론 이에 대한 반론도 가능하다. 2세기 중반 로마제국에 공적 범죄를 담당하는 형사법원이 설치되어 재판관이 직권으로 소추하는 제도를 시행했는데, 이를 직권주의의 시작으로 봐야 한다는 것이다. 하지만 이것은 현행범이나 마땅히 고발인을 찾기 어려운 범죄의 경우에 특별하게 소추하는 방법을 만든 것이지, 기관이 대부분의 수사나 재판을 주도하는 직권주의라고 보기는 어렵다.

우리는 '당사자주의'란 게 무엇인지 잘 모른다. 그럴 수밖에 없다. 우리나라 형사재판은 당사자주의를 해본 적이 없다. 우리에게 익숙한 재판은 원님재판이다. 원님재판은 원님이 범인을 잡아 와 죄를 묻고 자기가 재판한다. 원님이 경찰이자 검사이고 또 판사이다. 변사또가 춘향이를 잡아 와 재판하는 것을 떠올려보라. 이것을 규문주의라고 부른다. 직권주의는 규문주의와도 다른 것인데, 쉽게 말하면 원님재판에서 형방이 경찰과 검사 역할을 하는 것이라고 생각하면 된다.

직권주의는 기본적으로 국가가 모든 수사를 주도한다. 이러한 직권주의는 우리의 정신 속에 뿌리 깊게 박혀 있다.《장화홍련전》을 떠올려보자. 장화와 홍련은 엄청난 살상력을 지녔다. 오밤중에 소복을 입고 사람들 앞에 나타날 수 있는 능력 말이다. 그 능력으로 부사 수 명을 연이어 심근경색으로 죽였다. 만렙의 네크로맨서라고 할 수 있다. 그런 능력자면 직접 복수에 나서도 될 텐데, 장화와 홍련은 부득부득 신임 부사를 찾아가 억울함을 풀어달라고 한다. 국가기관이 살인사건을 수사해달라는 것이다. 그 과정에 애먼 부사들만 요단강을 건넜다. 비유해 보면, 금이빨 빼고 모조리 씹어 먹을 수 있는 〈아저씨〉의 원빈이 김인권에게 직접 복수하는 것이 아니라, 검찰청에 난입하여 검사들을 겁박해 김인권 일당을 기소하게 만드는 격이다. 만약 서양 원귀였다면 계모 허 씨와 장쇠를 찾아가 직접 복수했을 것이다.

다른 설화, 민화를 보더라도 마찬가지이다. 춘향전에서 탐관오리를 물리치는 것은 암행어사, 즉 관료이다. 하지만 윌리엄 텔이나 로빈 후드의 경우는 민중이 직접 탐관오리를 타도한다. 우리나라에는 춘향전, 도미부인, 우렁각시, 지리산녀 등 유독 고위관료가 유부녀를 빼앗는 관탈민녀官奪民女형 민담이 많다. 그 민담 중 민중의 힘으로 정의를 실현하는 경우는 거의 없다. 해님 달님 설화를 보더라도 신과 같은 존재가 권선징악을 실현하지만, 헨젤과 그레텔은 자신들이 직접 복수를 한다. 이것을 보면 당사자주의와 직권주의는 사람들의 관념에 매우 깊게 뿌리내려 있다.

물론 원님재판과 같이 재판과 행정 업무가 혼합되는 것이 미개하고 낙후된 시스템인 것은 아니다. 서구에서도 재판과 행정이 혼재된 사례는 많다. 예를 들어 잉글랜드의 순회법원이나 식민지 시절 미국의 법원은 사법기구라기보다는 행정기구에 가깝다. 특히 식민지의 카운티 법원은 유산관리, 이교도 처벌, 도로 보수명령, 인허가, 임금 결정, 빈민 정착 지원, 교정기관 설치 등 핵심적인 정부 기능을 수행했다.

아마 이때쯤 이 책을 읽고 있는 독자들은 궁금할 것이다. '저자는 왜 이렇게 직권주의와 당사자주의에 집착할까?' 그건 그 차이에 따라 형사사법제도의 개선 방향이 달라지기 때문이다. 예를 들어 우리가 어떤 곳에 도시를 짓는다고 가정해 보자. 비가 많이 오는 곳이라면 배수排水에 집중해야 하고, 반대로 가문 곳이라면 저수貯水에 집중해야 한다. 형사사법제도도 마찬가지다. 우리의 형사사법제도가 당사자주의적인지 직권주의적인지에 따라 그 개선 방향이 달라진다.

당사자주의에서는 양 당사자가 알아서 공격, 방어한다. 국가에서 적극적으로 수사해 주지 않는다. 그래서 탐정이 필요하다. 당사자주의인 영국에 셜록 홈스와 같은 탐정이 있는 이유이다. 재판에서는 각자에게 공평하게 주장할 기회를 부여하는 것이 중요하다.

예를 들어 당사자주의 요소가 강한 미국은 우리나라에 비해 수사방법이 자유롭다. 체포도 마음대로 할 수 있고, 함정수사도 가능하다. 혐의자에 대한 촬영도 폭넓게 인정된다. 우리나라는 초상권 침해를 이유로 영장을 받아야 한다. 이에 비해 미국은 자유롭게 촬영할 수 있다. 특히 공공의 장소에서라면 남의 집 안을 촬영하는 것도 가능하다. 얼핏 생각하면 개인의 프라이버시를 무시하는 것으로 생각할 수도 있으나 반대로 이것은 개인의 자유를 지키는 것이다. 자기 집에 대한 프라이버시는 자신이 직접 보호해야 한다는 뜻이다. 즉, 담장이나 차단막을 설치하지 않은 본인의 책임이지, 위요지圍繞地 밖에서 촬영하는 것까지 국가가 보호해 줄 필요는 없다는 것이다.

개인의 사생활 보호까지 국가의 책무로 삼으면 결국 개인이 설 자리는 없어진다. 철저하게 국가에 의존해야 하고 스스로 자신을 지킬 의지와 권리를 박탈당하는 것이다. 국가가 모든 것을 해줘야 한다는 생각은 규문주의를 상투적으로 받아들이게 한다. 우리나라 법원은 집에 침입한 칼 든 강도를 빨래 건조대로 때린 것도 정당방위로 보지 않는다. 이것은 결국 모든 것을 나라에 의존하게 만든다. 정당방위의 범위를 극도로 좁히고 국가에 모든 주도권을 내주는 집단주의적 사고를 낳게 한다.

이렇게 직권주의는 국가가 수사에 나선다. 즉, 수사권을 쥔 국가가 개인의 삶에 적극적으로 개입한다. 따라서, 직권주의에서는 국가의 수사권으로부터 어떻게 개인의 자유를 보호할 것인가가 가장 중요하다.

직권주의는 '고위 성직자들의 부패와 이단에 대응하기 위해 만들었다'라고, 이노센트 3세는 주장한다. 물론 속내는 다르다. 형사사법제도를 이용하여 권력을 행사하기 위해서이다. 권력자가 외치는 '부정부패 척결'은 반대파를 제거하기 위한 수단인 경우가 대부분이다. 그래서 부정부패를 척결하겠다는 정권 중에 정작 자신들의 부패를 밝힌 경우는 거의 없다. 대부분 반대파의 부패만 밝혀진다. 하지만 권력을 가진 자가 부정부패를 저지르기 쉽겠는가 아니면 반대파가 저지르기 쉽겠는가? 전두환의 정의사회 구현이나 시진핑의 반부패운동反腐敗運動 모두 무소불위의 권력을 잡기 위한 수단일 뿐이다. 우리나라의 공수처도 마찬가지다. 큰 도적은 작은 도적 잡는 시늉 한다고 했다. 권력자였을 때 적폐청산 TF를 만들고 적폐수사를 주도했던 자들이 자신들의 범죄에 대한 수사를 두고는 정치보복이라고 외친다. 그 말인즉, 자신들의 적폐수사가 정치보복이었다는 뜻이다.

직권주의도 마찬가지였다. 부패보다는 카타리파Cathari, Albigensees를 처단하는 데 사용되었다. 카타리파는 이탈리아 북부와 프랑스 남부지역에서 성행하던 기독교 일파이다. 12세기 중엽 이들이 알비Albi 근처의 롬베르에서 모임을 가져 '알비파'라고 불린다.

이들은 물질을 악의 근원이라고 보고 극단적인 금욕주의를 표방했다. 그래서 청정무구라는 뜻인 '카타리'로 불린다. 카타리파는 불가리아의 보고밀교the Bogomiles 영향을 받았다고 한다. 보고밀교는 마니교와 파울리샨파가 혼합된 종교이다. 파울리샨파의 영향을 받아 카타리파는 유아 세례, 연옥, 삼위일체를 부인했다. 또한, 선과 악의 주신主神 2명이 있다고 주장했다. 마니교의 영향이다. 여호와는 악한 신 데미우르고스이고, 진짜 신은 신약성서에 나오는 하느님이라고 했다. 이것을 보면 영지주의Gnosticism에서 영향을 받은 것이 분명하다. 영지주의는 이원론과 영적 체험을 중시한다. 지식은 과학적 탐구로 얻을 수 있는 것이 아니고, 구원도 계시로서만 얻을 수 있다고 믿었다. 물질세계는 데미우르고스demiurgos라는 악령이 창조한 것이므로 물질로는 구원을 얻을 수 없다. 오직 정령의 계시나 죽음만이 영혼을 해방시킨다고 생각한다.

따라서 카타리파는 물질을 악하다고 봤고, 육신의 부활은 믿지 않았다. 다만, 악인은 동물로 환생한다고 믿었다. 그래서 카타리파는 생선 이외 육식을 금하는 철저한 비건이었다. 생선이 예외였던 이유는 물고기가 성교를 통해 번식하지 않았기 때문이다. 하지만 물고기 중에서도 망상어, 구피, 조피볼락과 같이 난생이 아닌 태생으로 번식하는 종도 있다. 아무튼, 카타리파는 결혼과 출산을 위한 성교도 반대했다고 한다. 하지만 이 모두 학살자의 주장이라 무엇이 진실인지 모른다. 카타리파의 자세한 교리는 모른다. 신도들을 다 죽여버렸기 때문이다.

카타리파의 사제들은 가톨릭교회 사제들과 달리 매우 청빈한 삶을 살았다고 한다. 그래서 많은 농민이 카타리파에 감화됐고 교세도 나날이 성장했다. 그 지역의 영주인 툴루즈 백작 레몽 6세도 개방적인 사람이라 카타리파를 후원하고 있었다. 이들이 살고 있던 남부 프랑스, 북부 이탈리아, 프로방스 지역은 왕권이나 교황의 권세가 미치지 않았다. 프로방스 지역은 로마제국과 가장 가까운 갈리아 지역이지만 가장 마지막으로 정복된 곳이기도 하다. 게다가 13세기 스페인의 박해로 이베리아반도에 살고 있던 유대인과 무어인 철학자들이 대거 이주한 곳이기도 하다. 당연히 어느 곳보다 개화되었다.

하지만, 교황과 왕이 이 무주공산을 그냥 내버려둘 리 없었다. 교황 이노센트 3세와 프랑스 왕 필리프 2세는 십자군을 만들어 이 땅을 침략하기로 한다. 교황 이노센트 3세의 주특기는 십자군 결성이다. 전쟁광에 가깝다. 가장 추악하다고 하는 4차 십자군도 이노센트 3세가 결성했다. 4차 십자군은 무슬림이 아니라 비잔티움(콘스탄티노플)을 습격했다. 그리고 라틴제국을 세우고 약탈을 일삼았다. 이때 약탈한 예수의 가시관은 1204년 프랑스 루이 9세에게 팔아치웠다. 지금 파리에 있는 생트샤펠 성당은 이 가시관을 보관하기 위해 건립했다. 고딕 양식의 최종판이라고 하는 이 성당은, 예수께는 죄송하지만, 법적으로는 장물 보관소이다.

알다시피 십자군은 무자비한 학살과 약탈로 유명하다. 1099년 1차 십자군은 예루살렘을 정복하고 7만 명 이상의 무슬림과 유대교도를 학살했다. 엄밀히 말해 예수는 기독교도가 아니라 유대교도인데도 말이다. 십자군은 가는 곳마다 학살과 강간을 일삼았다. 심지어 소년십자군이라는 이름으로 미성년자들을 모집해 노예로 팔아치우기도 했다.

게다가 십자군 전쟁은 유대인 박해의 기점이기도 하다. 유대인에게 유대인 식별표식을 최초로 달게 한 자도 바로 이노센트 3세이다. 1차 십자군 때는 독일에서, 3차 십자군 때는 잉글랜드에서 유대인 학살이 벌어졌다. 4차 십자군 때도 마찬가지였다. 유대인 학살에는 복합적인 원인이 기여했다. 경제적인 이유도 있었다. 십자군 전쟁 이전에 레반트 무역은 유대인이 주도했다. 하지만 십자군 이후 그 돈벌이는 기독교도들이 차지하게 된다. 십자군 전쟁으로 베네치아는 유럽에서 가장 부유한 곳으로 부상한다.

십자군은 전형적으로 강자에 약하고 약자에 강했다. 1240년부터 몽골이 등장했다. 몽골군은 1241년 레그니차 전투(발슈타트 전투)에서 폴란드, 모라비아, 교황청의 연합기사단을 물리쳤다. 1256년에는 바그다드를 함락해 시민 80만 명을 학살했다. 확실히 몽골은 학살 단위가 다르다. 1258년에는 압바스 왕조도 무너뜨렸다. 명실상부 동유럽과 오리엔트의 패자가 된 것이다. 이때 십자군은 타타르(몽골계 일 한국)에게 감히 덤비지 못했다.

그 이후도 마찬가지다. 타타르 이후에는 이집트의 노예왕조 맘루크가 등장한다. 맘루크 왕조는 프란시스코 고야가 그린 〈맘루크 기병의 돌격〉이라는 작품에도 나오듯 당대 최강의 중무장기병대로 유명하다. 1260년 9월 맘루크의 중무장기병대는 아인잘루크 전투에서 타타르와 기독교 연합군을 물리치고 중동을 장악한다. 이어 안티오크, 트리폴리를 해방하고 1291년 드디어 예루살렘을 탈환한다. 이때도 십자군은 맘루크를 어찌해보지 못한다. 선택적

〈맘루크 기병들의 돌격〉 ©Francisco Goya

분노조절장애 같은 것이다. 물론 맘루크의 중무장기병대도 1516
년 마르지 다비크 전투에서 무너진다. 오스만 튀르크는 대포를 이
용해 200년 이상 오리엔트를 군림하던 중무장기병대를 무너뜨렸
다. 이제, 화약의 시대였다.

　강력한 타타르나 맘루크를 상대하기 어려워지자 십자군은 다
른 이교도나 같은 기독교도를 상대로 활동했다. 주로 카타리파처
럼 힘없는 농민들이 대상이었다. 교황이 이단으로 낙인찍으면 십
자군을 사칭한 불한당들이 몰려가 이들을 학살했다. 이들의 목적
은 성지 수호가 아니라 학살과 약탈이었다. 카타리파를 진압한 불
한당들도 알비 십자군이라고 불린다. 알비 십자군은 교황 이노센
트 3세와 프랑스 왕 필리프 2세가 작당하고 만든 것이다.

이노센트 3세는 자신이 주도한 4차 십자군의 실패를 감추기 위해 알비 십자군을 결성했다고 한다. 필리프 2세에게는 새로운 약탈지가 필요했다. 프랑스는 1214년 부빈 전투에서 신성로마제국, 잉글랜드, 플랑드르 연합군을 격파했다. 이 승리로 프랑스 내에 있던 영국령을 모두 회복한다. 그 기세를 이용해 새 영토 확장에 나섰다. 이때 필리프 2세에게 패한 것이 잉글랜드의 실지왕^{失地王}존이다. 이 패배와 이노센트 3세의 파문으로 궁지에 몰린 존 왕이 귀족들의 요구로 서명해 준 것이 바로 대헌장^{大憲章: Magna Charta}이다.

1209년 1만 명의 알비 십자군은 남프랑스를 침략한다. 당시 알비 십자군은 잉글랜드 레스터의 백작 시몽 드 몽포르가 이끌었다. 그는 4차 십자군 전쟁의 주역 중 한 명으로 백전노장이었다. 무지렁이인 카타리파는 상대가 되지 않을 것 같았다. 하지만 싸움은 생각보다 치열했다. 아라곤 왕국이 카타리파를 도우면서 알비 십자군 전쟁은 국제전으로 비화된다. 하지만 많은 봉건영주가 알비 십자군 편에 서면서 결국 툴루즈 백작은 항복한다. 봉건영주 입장에서는 카타리파가 위험했다. 카타리파는 봉건제를 반대했기 때문이다. 카타리파는 봉건제가 하느님의 뜻에 어긋난다고 생각했다.

이노센트 3세는 잡아 온 카타리파를 조사하기 위해 라 미네르브에 종교재판소를 설치했다. 그리고 자신이 만든 도미니크 수도회에 이단 조사를 맡겼다.

수도사는 그 시대에 가장 뛰어난 엘리트이자 지식인이었다. 계율을 지키고 공동체주의를 지향하며 도덕주의를 표방했다. 그런 수도사들에게 직권주의의 칼날을 맡기면 비교적 공정하고 신중하게 사용할 것 같았다. 하지만 실상은 달랐다.

도미니크 수도사는 직권주의를 활용해 이단을 색출했다. 하지만 직권주의 수사란 결국 끝없는 고문이었다. 왜 그렇게 고문을 했을까? 그것은 이 세상에 이단異端이라는 물증은 없기 때문이다. 내 마음속의 신앙을 어떻게 밝혀내겠는가? 내가 하느님을 믿는지 바알신을 믿는지 어떻게 알 수 있겠는가? 결국, 자기 스스로 이단이라고 자백하는 것만이 유일한 증거였다. 그래서 증거의 왕, 자백을 받아내기 위해 고문이 벌어졌다.

수도사와 귀족, 교회는 카타리파뿐만 아니라 이단자, 마녀(로 지목된 사람)들에게 고문을 자행했다. 바로 자백을 받아내기 위해서. 내가 책을 읽다 너무 끔찍해서 중간에 그만둔 책이 하나 있는데 그것이 바로 이 당시 고문에 관한 책이다. 인간은 매우 창의적으로 잔인하다. 이때 만들어진 신기한 고문기구를 보면 알 수 있다. 록밴드 '아이언 메이든'도 원래는 이 당시에 사용하던 고문 도구의 이름이다. 관 양쪽에 쇠못을 달고 사람을 넣고 서서히 닫아 찔러 죽인다. 사람을 새장 같은 '코핀 토처Coffin Torture'에 가둬서 시장 한가운데 걸어두고 서서히 말려 죽이기도 했다. 불에 달군 쇠로 지지고, 쇠막대로 피부를 뚫고, 뼈를 서서히 눌러 부러뜨리는 등 온갖 잔혹한 짓을 저질렀다. 하지만 이런 것은 관대한 고문에 해당한다. 사람을 거꾸로 매달아 사타구니부터 톱질하는 등 차마 언급할 수 없는 잔악한 고문도 많았다.

이들의 고문을 부추긴 것은 교부철학이었다. 테르툴리아누스, 오리게네스, 아우구스티누스 등 교부철학자들은 결과적으로 고문을 합당화하는 궤변을 제시했다. 이들에 따르면, 이교의 신들은 타락한 천사이다. 밀턴의 《실낙원》에서도 사탄을 따르는 수많은 타락 천사들은 이교도 신들인 것으로 나온다. 인간은 용서할 수 있지만 타락 천사는 용서할 수 없다. 인간은 사탄의 꾐에 빠져 타락했지만, 타락 천사는 스스로 타락했기 때문이다. 또한, 인간은 하느님이 창조한 피조물이지만, 타락 천사는 스스로 창조된 존재들이다. 따라서 타락 천사는 용서받을 수 없었다. 그래서 타락 천사를 따르는 이교도들 역시 용서받을 수 없었다.

버트런드 러셀도 《서양철학사》에서 이렇게 말했다.

"중세기 교회에서 일어난 가장 잔인한 일들의 대부분이, 그 기원을 찾아보면, 아우구스티누스의 이 보편적인 죄에 대한 음울한 의식에 이르게 된다."

즉, 직권주의 수사권은 그 어떤 사람들에게 맡겨도 위험하다. 수도사와 같은 당대 최고의 엘리트 계층이면 더 가혹하고 잔인할 수 있다.

원래 수도회는 3세기 말 기독교의 지배적 성향에 대한 반발한 은자隱者 운동이 기원이다. 은자 운동은 사막에서 홀로 기도와 명상을 통해 신의 뜻을 깨닫자는 것이었다. 은자를 뜻하는 그리스어 'monos'가 수도사monk의 어원이다. 이 운동은 6세기 아일랜드로 옮겨가 수도원 운동으로 발전한다. 누르시아의 베네딕토는 이탈리아 캄파냐의 몬테카시노 수도원에서 수도원 계율을 만들었다. 청빈, 순결, 수도원장에 복종, 공동체 노동 등을 내용으로 한다.

하지만, 비잔틴 제국으로 건너간 수도회는 은둔주의를 벗어나 공동체주의로 변형된다. 그때부터 수도회는 강력한 권력 집단으로 바뀐다. 중세에서 수도원은 거대한 경제적 공동체이자 이권 집단이었다. 교황도 적극적으로 수도회를 자신의 권력 하에 편입시킨다. 910년 부르고뉴의 클뤼니 수도원을 시작으로 교황 직할 수도원들이 생겨난다.

카타리파를 고문한 도미니크 수도회는 대대로 교황의 친위대 역할을 했다. 1506년 4월 19일 리스본에서 벌어진 유대인 대학살도 도미니크 수도회가 주도한 것이다. 이때도 이들은 약 7천 명의 유대인을 죽이고 그 시체를 불에 태웠다. 교황 그레고리 10세가 마르코 폴로 일행에 딸려 보낸 수도사도 도미니크 수도회 소속이다.

물론 도미니크 수도회처럼 교황과 밀접한 수도회만 있는 것은 아니다. 프란시스코 수도사 등은 교황과 거리를 유지했고 훗날 가톨릭 부흥 운동을 주도하게 된다. 물론 프란시스코 수도회도 이단 재판의 죄책에서 자유롭지는 못하다.

수도회도, 교부철학도 처음에는 겸허한 인본주의 움직임이었다. 도미니크 수도사라고 모두 잔인한 고문을 한 것은 아니다. 알베르투스 마그누스도, 토마스 아퀴나스도 모두 도미니크 수도사들이었다. 하지만 어떤 것도 결국 타락할 수 있다, 수도회처럼, 교부철학처럼. 결국 어떤 사람, 어떤 신분에 수사권을 맡기느냐는 중요하지 않다. 누구든 막강한 힘을 손에 쥐면 그것을 휘두르게 된다. 그걸 막는 것은 개인의 도덕성이 아니다. 오직 절차와 제도 뿐이다. 그래서 절차적 정의는 반드시 필요하다.

그럼 중세에만 고문이 있었을까? 그것은 아니다. 어느 시대에 나 고문은 있었다. 21세기 미국의 교도소에서는 '아기상어'를 온종일 틀어주는 신종 고문을 저질렀다고 한다. 로마제국에도 고문이 있었다. 운그라에나 에쿠레우스, 타브라리아와 같은 고문 도구도 있다. 하지만 로마에서는 고문을 제한적으로 사용했다. 극형에 해당하는 중범죄의 진상을 밝힐 수 없거나, 노예의 자백이 필요할 때 등에만 할 수 있었다. 실제로 고문은 황제가 정적이나 역모를 상대할 때 주로 사용되었다. 일반 범죄인에게는 자주 사용되지 않았다. 로마인들은 고문이 위험하다는 것을 잘 알고 있었다. 그래서 유도심문을 못 하게 하는 등 여러 가지 제한을 뒀다.

로마법이 놀라운 것은 고문을 자제시키는 방법이다. 로마법은 '고문으로 얻은 증거는 증거능력이 떨어진다'라고 규정했다. 고문의 증거능력을 떨어뜨려 고문을 줄이는 것이다. 현상이 아니라 원인을 제거하는 방식이다. 이렇게 증거능력을 담보로 적법절차를 보장하는 방식은 바로 로마법이 가장 먼저 시작한 것이다. 진정으로 시대를 초월하는 인류의 걸작품이다. 우리는 흔히 판테온이나 수도교와 같은 건축물을 로마제국의 유산으로 떠올린다. 하지만 현대사회까지 여전히 사용되는 로마제국의 걸작품은 로마법이다.

이게 왜 그렇게 놀라운 것인지 알고 싶으면 지금 우리를 떠올려보면 된다. 우리는 어떤 문제가 발생하면 늘 처벌을 강화하는 것으로 해결한다. 예를 들어 지금 대한민국 국회에 고문을 방지하는 방법을 찾으라고 하면 어떤 답을 내놓을까? 아마 '고문하는 사람을 가석방 없는 무기징역형'에 처하는 법안을 낼 것이다. 그리

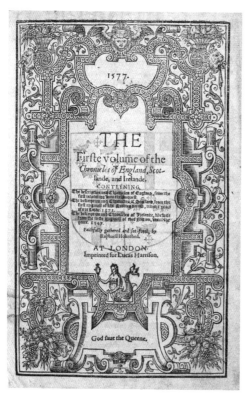

《연대기Chronicles》ⒸRaphael Holinshed

고 할 바를 다 했다고 생각한다. 하지만 그것은 해결책이 아니다. 처벌을 강화하여 모든 문제를 해결할 수 있었으면 수백만 명씩 처형했던 봉건시대에는 왜 범죄가 해결되지 않았을까?

영국도 가혹한 형벌로 악명이 높았다. 라파엘 홀린셰드의 《연대기Chronicles》를 보면 헨리 8세 시절에만 7,200명의 단순절도범을 교수형에 처했다고 한다. 놀랍게도 이때는 처벌이 비교적 온건했다는 평을 받는데도 말이다. 그럼 당시 영국에 절도사건이 사라졌을까? 전혀 그렇지 않다. 우리 속담에도 피 다 뽑은 논 없고, 도둑 다 잡은 나라 없다고 했다.

토머스 모어는 《유토피아》에서 이렇게 말한다.

"생계를 해결할 수 있는 유일한 방법이 절도나 강도라면, 아무리 가혹하게 처벌한다 해도 그것을 막지 못합니다. 누구에게나 다 먹고살 방도를 마련해주는 편이 훨씬 더 나은 일입니다. 그런데도 굶어 죽지 않으려면 남의 것을 훔칠 수밖에 없는 상황으로 먼저 사람들을 내몰고선 그런 후에는 절도죄를 범했다고 그들을 끝까지 추적해서 교수형이라는 가혹하고 끔찍한 형벌을 내려 죽이고 있으니 말입니다."

우리는 법이 엄격하지 않아서 범죄가 일어난다고 생각하나 그렇지는 않다. 법의 문제는 대부분 불공정함에 있지 온유함에 있지 않다. 우리 속담에도 '오이는 씨가 있어도 도둑은 씨가 없다'라는 말이 있다.

이런 문제를 가장 슬기롭게 해결한 것이 바로 로마법이다. 고문이 왜 일어나는지를 파악하고 그 맥을 끊는 것이다. 고문을 하는 이유는 자백을 받기 위해서이다. 그런데 고문으로 얻은 자백을 사용할 수 없게 만들면, 굳이 고문할 필요가 없다. 로마법이 얼마나 위대한지 새삼 깨닫는 대목이다. 토머스 모어가 '국가를 경영하는 일에 최고 전문가였던 로마인들'이라고 평할 만하다. 문명인은 결과에 분노하는 것보다 원인을 찾는 데 힘을 기울인다. 그런 면에서 대한민국 정치인은 대부분 야만인이다. 늘 문제에 대해 '친인공노'하기만 한다. 격노는 원초적이고 즉흥적이며 감정적이다. 그래서 아무런 문제도 해결하지 못한다.

현대의 모든 문명국가는 자백을 바로 유죄의 증거로 쓸 수 없다. 자백을 뒷받침하는 다른 증거가 있어야만 그 자백은 증거로 쓸 수 있다. 예를 들어 다른 사람을 죽였다고 자백했더라도 그 자백만으로는 유죄가 될 수 없다. 자백에 부합하는 다른 증거가 있어야 한다. 예를 들어 칼이나 사체 등 보강증거가 있어야 한다. 보강증거가 없으면 자백의 증거능력이 제한되기 때문에 이것을 '자백의 증거능력 제한'이라고 부른다.

이런 제한은 고문 때문에 생겨났다. 인간은 끊임없이 고문을 해왔고, 소수의 인간은 그 고문을 없애기 위해 노력해 왔다. 어느 시대이든 후자들은 실패했고 오히려 고문의 희생양이 되었다. 하지만 그 희생들이 쌓이고 쌓여 이제 고문이 사라진 세상이 도래한 것이다. 그 희생들이 만든 제도가 바로 '자백의 증거능력 제한'이다.

근대법이 '증거법정주의'가 아닌 '자유심증주의'를 채택한 것도 바로 고문을 없애기 위해서이다. '자유심증주의'란 어떤 증거가 증명력이 있는지를 법관의 자유로운 판단에 맡기는 것이다. 그에 반해 '증거법정주의'란 재판에서 어떤 사실을 인정하려면 반드시 증거에 의해야 한다는 것이다. 얼핏 증거법정주의가 타당한 것으로 보인다. 하지만 증거법정주의는 사실을 인정하기 위해서 반드시 증거를 요구한다. 그럼 결국 고문을 해야 한다.

　증거법정주의는 자백의 증거능력 제한과 양립할 수 없다. 증거가 있으면 반드시 그 사실을 인정해야 하기 때문이다. 고문에 의해 얻어진 자백도 증거이므로 반드시 그 자백한 내용을 인정해야 한다. 결국 증거법정주의는 고문으로 이어진다.

　조선 시대를 떠올리면 알 수 있다. 조선 시대는 증거법정주의였다. 판결을 위해서는 자백이 필요하고, 판결은 자백과 일치해야 한다고 믿었다. 대명률에는 '중죄를 범한 피고인이 장물과 죄증이 명백한데도 잡고(자백)하지 않으면 문안을 명백히 작성하고 신장訊杖으로 고신拷訊해야 한다'라고 규정하고 있다. 증거법정주의는 필연적으로 고문과 규문주의로 연결된다.

　우리나라에서 고문을 없애는 과정도 쉽지 않았다. 1898년 고종이 총애하던 한성판윤 김홍륙은 뇌물수수로 독립협회의 탄핵을 받아 유배를 가게 된다. 김홍륙은 이에 앙심을 품고 황실 요리사 등을 사주하여 고종의 커피에 아편을 넣도록 한다. 고종황제를 독살하려고 한 것이다. 이 암살 기도는 실패했으나 대신 커피를 마신 황태자가 피를 토하기도 했다.

김홍륙의 범행이 밝혀지자 수구파 대신들은 이를 기회로 반동을 시도한다. 법부대신 신기선 등이 나서 김홍륙의 효시와 노륙법拏戮法의 부활을 주장했다. 노륙법은 일종의 연좌제로 죄인의 배우자와 아들을 같이 처형하는 것이다. 이에 독립협회는 고문 폐지와 노륙법 부활을 반대하고 나선다. 이 사태는 급기야 대신들에 대한 탄핵으로 이어졌다. 독립협회는 관민공동회를 개최하고 '헌의6조'를 요구했다. 하지만 수구파는 고종을 부추겨 독립협회 간부들을 구속했다. 이에 독립협회는 만민공동회를 개최하여 노숙시위로 대항했다. 이 노숙시위는 결국 황국협회와 경찰의 유혈진압으로 끝난다. 같은 해 12월 12일 고종은 일체의 협회를 폐지하라는 조칙을 내린다. 결국, 고문과 연좌제를 반대하다 독립협회까지 문을 닫게 된 것이다.

증거라는 것이 결국은 자백이다. 사실 허위 자백을 받아내는 것은 그다지 어렵지 않다. 약촌 오거리 사건이나 화성 8차 살인사건에서 보듯 수사기관과 언론이 살인범으로 지목하면 죄가 없어도 자백하게 된다. 저지르지도 않은 살인을 인정한다는 게 상식적으로 이해되지 않겠지만, 그것은 그런 상황에 부닥쳐보지 않았기 때문이다. 수사기관과 언론의 공세 그리고 대중의 분노 속에서는 없는 죄도 만들어진다. 언론이 증거를 따지던가? 대중의 분노가 곧 증거이다. 자백이라는 절대적인 증거를 거부하는 것도 이런 역사적 경험 때문이다.

자백을 증거로 삼는 수사는 절대적으로 가혹해질 수밖에 없다. 수사기관이 통제받지 않으면 결국 고문을 하게 된다. 우리가 범죄 영화에서 가장 열광하는 장면을 떠올려보라. '정의로운 수사관이 절대악인 범죄자를 CCTV가 없는 곳에서 때리고 고문하는' 장면이다. 우리는 그런 장면을 보면서 통쾌함을 느끼지, 적법절차 위반이라고 눈살을 찌푸리지 않는다. 하지만 영화나 PD저널리즘이 말하는 정의가 진짜 정의일까? 노동법이 가장 지켜지지 않는 현장이 바로 영화제작과 방송이다. 정의롭지 않은 방식으로 표현되는 정의는 거짓이다. 수사도 마찬가지이다. 누가 정의인지 어떻게 아는가?

카타리파도 이단이라고 스스로 자백했다. 모진 고문을 겪느니 차라리 죽는 것이 나았기 때문이다. 직권주의 수사가 끝없는 고문이라면, 직권주의 재판의 결과는 화형식이다. 카타리파가 자백하면, 수도사들은 회개하라고 기도해 준 후 장작더미에 태워죽였다. 어른, 아이, 임산부, 노인 가리지 않고 산채로 태워죽였다.

모진 고문을 견디고 끝까지 부인해도 결과는 마찬가지였다. 부인하는 사람도 죽었다. 사람이라면 이런 잔악한 고문을 이겨낼 수 없기 때문이었다. 이런 고문을 이겨냈다는 것은 악마가 지켜준다는 증거라고 믿었다. 그래서 끝까지 자백하지 않는 사람들은 (이단이 아니라) 악마가 지켜준다는 이유로 화형에 처했다. 권력과 수사는 대부분 '답정너'이다.

이것을 보면 도미니크 수도사들도 자기들이 하는 고문이 얼마나 잔인하고 고통스러운 것인지 알고 있었다. 사람이면 견딜 수 없는 짓이라는 것을 분명히 알았다. 그런 고문을 신의 이름으로 저지른 것이다. 이것이 바로 '인간은 선량하다'라는 미신을 깨뜨리는 증거이다.

로마법 시대와 달리 도미니크 수도사들은 아무런 제한 없이 고문을 사용했다. 고문으로 얻은 자백을 그대로 증거로 받아들였기 때문이다. 무엇보다 자신들이 정의와 신을 대리한다고 믿었기 때문이다. 그래서 악마처럼 잔인해질 수 있었다. 인류가 저지른 대부분의 학살은 정의와 신의 이름으로 이뤄졌다. 종교는 사람들에게 정의를 알고 있다는 착각에 빠지게 한다. 게다가 자신들만이 정의이고, 자신들만이 신의 뜻을 대리한다고 믿게 만든다. 그래서 인류의 역사를 되짚어보면 악마들은 대부분 자신이 정의를 대리한다고 생각하는 사람들의 모습으로 나타났다. 지금도 마찬가지다.

혹시 그래도 인간을 선한 존재라고 믿는다면 이 당시의 고문 기구들을 살펴보시기 바란다. 인간보다 잔인한 존재는 없다. 미국의 역사학자 러셀 커크Russell Kirk는 "인간은 지상에 지옥을 만들어낼 수 있을지언정 천국은 만들지 못한다. 우리는 선과 악이 뒤섞인 피조물이나"라고 말했다. 루소도 "인간은 악하다. 슬프고 끊임없는 경험 때문에 따로 입증할 필요가 없다"라고 말했다. 미국 건국의 아버지인 제임스 매디슨도 인간성에 대한 무책임한 낙관을 경계하기 위해 이렇게 말했다.

"인간은 천사가 아니다."

인간은 천사가 아니고 선과 악이 뒤섞인 존재이기에 우리는 정의의 이름으로 타인을 단죄해서는 안 된다. 그리고 정의는 누구의 편도 아니다. 그래서 모든 절차에는 신중함과 절제가 필요하다.

카타리파는 터전을 잃고 피레네산맥으로 숨어 들어갔다. 알비 십자군은 거기까지 쫓아갔다. 1244년 3월 피레네산맥의 몽세귀르 요새가 함락되고 카타리파 215명은 모두 불에 태워졌다. 1245년 마지막 거점이던 케리부가 함락되면서 카타리파는 역사 속에서 영원히 사라졌다. 알비 십자군 전쟁으로 대략 100만 명이 죽었다고 한다. 카타리파는 살아남지 못했다. 놀랍게도 그들 대부분은 형사재판을 받고 죽었다. 정의 구현을 위해서라는 직권주의 형사재판의 시작은 이러했다.

법정에서의 진실은 종종 가장 설득력 있는 이야기일 뿐이다.

_ 클라렌스 대로우, Clarence Darrow

Chapter 8

영미법계의 당사자주의와 배심제

　유럽에서 영국은 독특한 존재였다. 로마 시대에도 브리태니아라고 부르면서 갈리아 지역과 구분했다. 물론 영국이라고 하지만 잉글랜드, 스코틀랜드, 웨일스 등은 별개의 나라였다. 심리적 거리감도 상당하다. 지금도 스코틀랜드인들은 유로파나 월드컵 경기 때 자국팀의 승리보다 잉글랜드의 패배를 간절히 원한다. 하지만 그들의 간절한 바람에도 불구하고, 법적으로 볼 때 그들은 영미법계로 한데 묶인다.

　영미법계 하면 흔히 '당사자주의'와 '배심제'를 떠올린다. 영미법계가 직권주의가 아니라 당사자주의인 이유는 단순하다. 교황의 힘이 도버해협을 넘지 못했기 때문이다. 대륙에서는 교황의 힘이 막강했다. 그래서 교황 이노센트 3세가 '직권주의로 바꿔!'라고 한마디 하자, 당사자주의가 직권주의로 바뀐 것이다.

하지만 영국은 호락호락하지 않다. 영국은 전통적으로 독립적이었다. 지금도 브렉시트라고 유럽연합을 뛰쳐나오는 것을 보라. 잉글랜드는 교황과도 늘 대립했다. 헨리 8세는 교황이 자신의 이혼을 인정해 주지 않자 국교회를 만들어버렸다. 게다가 교황의 독점 사업인 백반alum, 명반 사업에도 손을 댔다. 당시 백반은 섬유에 염색하는 데 필요한 원료였다. 따라서 영국이나 네덜란드 등 신흥 직물산업 국가에서는 매우 중요한 원자재였다. 하지만 제노바의 상인들이 소아시아의 백반을 손에 넣은 후 교황청이 이를 독점하여 주요 수입원으로 삼았다. 그걸 헨리 8세가 손을 댄 것이다. 댕댕이가 다른 개의 밥그릇에 주둥이를 들이민다면 그건 아직 서열이 정해지지 않았다는 뜻이다. 즉, 잉글랜드는 교황의 말을 고분고분 듣지 않았다. 그러니 교황이 직권주의로 바꾸라고 해도 잉글랜드는 콧등으로도 안 들은 것이다. 그래서 그냥 여전히 당사자주의로 남은 것이다.

당사자주의는 그렇다고 치고, 그럼 배심제는 어떻게 된 것일까? 당사자주의와 배심제는 원래 세트 메뉴가 아니다. 둘은 전혀 다른 것이고 논리적으로 연결된 것도 아니다. 원래 배심제는 프랑스, 정확히는 829년 프랑크 왕국에서 시작되었다. 재판에 마을 어른들을 불러 그 의견을 들은 것이 배심제의 시작이다. 로마 공화정에도 배심제와 유사한 제도가 있었다. 개인 간의 분쟁에 정무관이나 당사자들이 선정한 사람들이 심판인iudex이 되어 판결을 내렸다.

그럼, 배심제가 어떻게 영국까지 건너오게 되었는가? 이를 알려면 911년까지 거슬러 올라야 한다. 서프랑크 왕 샤를 3세는 프랑스 서북부 땅을 노르만 두목 롤로에게 내준다. 바로 생클레르 협정이다. 그 땅이 바로 양모, 몽생미셸 등으로 유명한 노르망디 Normandie이다. 노르망디란 노르만의 땅이란 뜻이다.

샤를 3세가 노르망디를 넘겨준 이유는 간단하다. 노르만의 침입이 잦아 사실상 노르만이 지배하고 있었다. 땅도 척박했다. 센강이 굽이쳤고 습지와 토탄 지대가 많아 농사가 어려웠다. 물이 빠지지 않아 포도나무도 자라지 않았다. 그래서 노르망디에서는 포도 대신 사과나무를 심고 그 사과로 술을 만든다. 노르망디의 특산품인 시드르cidre이다. 이 시드르가 영국을 거쳐 미국으로 건너가 설탕과 탄산이 가미되어 사이다가 되었다고 한다.

롤로는 노르만의 침략을 막겠다고 맹세하고 노르망디를 넘겨받았다. 하지만 얼마 지나지 않아 파리를 약탈했다. 방어진이 되어달라고 했더니 교두보로 사용한 것이다. 역시 사람은 고쳐 쓰는 게 아니고 난봉꾼은 마음잡아봐야 사흘이다.

롤로가 사망하고 130여 년이 지난 1066년, 롤로의 자손인 노르만공 윌리엄이 잉글랜드를 침공한다. 그 이유는 정략결혼을 많이 한 롤로 탓에 잉글랜드의 왕위계승 순위가 복잡해졌기 때문이다. 복잡하면 늘 자신에게 유리하게 해석하는 법이다. 윌리엄은 잉글랜드 왕좌에 앉은 해럴드 왕보다 자신이 우선순위라고 생각했다. 말로 해서 안 되자 윌리엄은 힘으로 그 자리를 빼앗기로 마음먹는다. 윌리엄은 5천~7천 명의 노르만 기사들을 이끌고 바다를 건너 잉글랜드를 침공한다. 윌리엄의 노르만 기사단과 헤럴드 왕의 보병대는 1066년 10월 헤이스팅스 전투에서 맞붙는다. 결국 노르만 기병대는 잉글랜드 보병대를 격파하고 윌리엄은 잉글랜드의 왕위에 오른다. 이것이 노르만 왕조의 시작이다.

정복은 했지만 노르만 왕조는 소수였다. 잉글랜드에서는 낯선 이방인이었다. 《이상한 나라의 앨리스》에서도 앨리스가 자신의 말을 못 알아듣는 쥐를 보고 '영어를 못 알아듣는 것을 보니 정복왕 윌리엄을 따라온 프랑스 쥐인가 보다'라고 혼잣말하는 장면이 나온다. 이렇듯 소수이자 이방인인 노르만 왕조는 당연히 잉글랜드를 완전히 장악하지 못했다. 게다가 잉글랜드는 원래 지방 토호들이 강했다. 교황권은 미치지 못했어도 교회의 힘은 강했다. 그래서 노르만 왕조는 교회와 지방세력을 누르기 위해 여러 정책을 펼친다.

노르만 왕조는 우선 교회를 누르기로 한다. 윌리엄은 교황에 대한 복종과 공납을 거부한다. 로마네스크 양식을 대표하는 더럼 대성당을 세워 왕조의 권위를 세운다. 교회의 힘을 빼기 위해 신판을 금지했다. 그럼 교회는 교회 재판이라는 사법권을 잃게 된다. 신판을 금지하자 이를 대신할 재판 제도가 없었다. 그래서 다시 결투재판을 허용했다.

결투 재판은 주로 개인 간의 고발appeal 사건에 활용되었다. 일단 고발인이 1명 이상의 검시관coroner을 찾아가 피해 사실을 말한다.

1409년 아우크스부르크 법정 결투 ⓒJörg Breu der Jüngere, Paulus Hector Mair

범죄 시간, 장소, 내용을 고발하는 것인데, 엄격한 형식에 맞춰 진술해야 했다. 그래서 아무나 고발할 수 있는 것이 아니었다. 일단 고발되면 고발된 사람은 매우 곤란해졌다. 이때는 무죄추정이 아니라 유죄 추정이었기 때문이다. 고발이 있으면 5개의 카운티 법원county court이 고발된 사실을 공표했다. 피고발인은 그 전에 판사 앞에 출석해야 했다. 5번째 법원에서 공표했을 때까지 출석하지 않으면 피고발인은 '무법자outlaw'로 선언되었다.

이때 무법자라는 것은 클린트 이스트우드처럼 낭만적인 황야의 무법자가 아니다. 파문된 자, 추방된 자, 법적으로 죽은 자라는 뜻이다. 이 제도는 로마제국의 '호모 사케르Homo sacer'에서 유래한다. 호모 사케르는 추방당한 자인데, 누구나 죽일 수 있었다. 마찬가지로 무법자로 공표되면 누구든지 그를 죽이거나 공격할 수 있었다. 초기 게르만 왕국에서는 사형이 일반적이지 않아서 그 대신 무법자 제도를 활용했다. 무법자로 선포되면 알아서 죽였다. 〈존 윅〉이라는 영화에서 나오는 파문과 같은 것이다.

그래서 피고발인들은 대부분 판사 앞에 자진 출석했다. 피고발인은 판사 앞에서 고발 내용에 대해 반박할 수 있었다. 하지만 피고발인이 고발을 부인하면 결투재판이 벌어졌다. 물론 혐의가 명백한 사건은 결투재판까지 가지 않았다.

잉글랜드의 결투 재판은 쉽게 말해, 싸워서 이기는 사람이 승소하는 것이다. 결투 재판날이 되면 정오 이전에 각자 무기를 들고 일정한 공간 안에서 결투를 했다. 피고발인이 별이 뜨기 전에 지면 그는 교수형에 처했다. 반대로 피고발인이 별이 뜰 때까지 버티거나 그 전에 이기면 무죄였다. 고발인이 'craven'이라고 외치면 피고발인이 이기는 것으로 간주했다. 이때는 고발인은 자유인의 지위를 박탈당하고 피고발인에게 손해배상을 해줘야 했다. 결투 재판이 야만적으로 보이기도 하나, 돈 많으면 이기는 현대 재판도 못지않게 야만적이다. 어차피 힘 있는 자가 이기는 것은 지금이나 결투 재판이나 마찬가지다. 이 결투 재판은 점차 배심재판으로 대체된다.

노르만 왕조는 왕권 강화에도 나선다. 이를 위해 새로운 형사 사법제도와 기구들을 부지런히 만들었다. 크누트 왕 이후 무분별하게 이뤄지던 사형을 막았다. 온정적이고 통일된 법을 반포했다.

영미법계 국가에만 있는 검시관coroner 제도도 노르만 왕조 때 이때 도입되었다. 검시관은 사법작용을 하던 왕실 관리인데 각 지역의 보안관이나 집행관을 억누르기 위해 만들었다.

가장 중요한 변화는 왕정청과 순회법원의 설치다. 이것들 역시 국왕의 행정권, 사법권을 잉글랜드 전역에 미치기 위해 만든 것들이다.

왕정청王政廳; King's Court, Curia Regis은 주교들과 노르만 왕조의 관료들로 이뤄진 상설회의였다. 왕정청은 교황의 자문 기관이자 대법원 역할을 했다. 그래서 잉글랜드에서는 대주교가 대법관을 겸직하는 경우가 많다.

노르만 왕조 초기에 입법, 행정, 사법, 외교 기능은 모두 왕정청에 때려 넣었다. 왕정청은 점차 확대되어 주교와 수상, 재무관을 물론 보안관까지 포함됐고 사교의 공간으로도 활용되었다. 일본의 산킨코타이參勤交代는 지방의 다이묘들을 수도로 오게 하는 방식으로 지방세력을 견제했다. 잉글랜드의 왕정청은 그와 반대로 계속 지방을 순회하며 지방 토호를 견제했다. 지방귀족들의 본거지에 수상, 장관, 대법관 등이 우르르 몰려오면 지방귀족이 힘을 쓰기 어렵다. 그러다 보니 한 가지 문제가 생겼다. 왕정청이 재판을 담당하는데, 왕정청이 계속 이동하는 것이다. 그래서 재판을 받으려면 왕정청을 따라 여러 곳을 전전해야 했다. 그게 얼마나 힘들었던지, 1215년 대헌장大憲章; Magna Charta에 '민사소송 법정은 이동하지 않는다'라는 내용을 포함했다.

순회법원the Courts of Assizes은 1176년 헨리 2세의 클래런던 조례Assize of Clarendon에 의해 설치되었다. 클래런던 조례는 신판ordeal이나 결투 재판에서 벗어나 증거 재판을 만들기 위해 반포했다. 클래런던 조례는 국왕 재판소를 만들어 전국을 돌아다니며 재판하도록 했다. 그게 바로 순회법원이다. 전국을 6개로 나누고 18명의 순회판사를 임명했다. 물론 그 이전에도 순회재판소Eyre는 존재했다. 헨리 2세의 순회법원이 순회재판소와 다른 점은 재판뿐만 아니라 행정 업무도 담당한 점이다. 순회법원은 세금징수, 혼인 사무, 성직 수여, 상속, 도량형 통일, 포도주 주조, 시민권 발행, 고리대금업, 화폐주조, 시장 관리 등의 업무를 수행했다. 그러니까 법원이라기보다는 우리의 원님이나 관찰사에 해당한다. 이렇게 순회법원이 지방 토호들이 하던 행정 업무를 대체하면서 지방세력이 위축된다. 이러한 모습은 고려 광종의 개혁정책과 유사하다. 광종도 호족 세력을 견제하기 위해 지방관을 파견하였다. 사계법원[2]도 같은 목적으로 만들어진 것이다.

배심제는 이 순회법원 때문에 생겼다. 순회법원이 만들어졌지만, 지방에서는 지방법원local court이 우세했다. 토호들이 장악한 지방법원을 견제하기 위해 순회법원은 지역주민들과 손을 잡았다. 힘이 부족하면 합치년 된다. 바로 재판에 주민들을 참여시키는 것이다. '왕의 법관Justice In Eyre'이나 순회법원은 재판할 때 보안관sheriff에게 지역민 12명 혹은 4명을 데려오게 했다. 그리고 그들에게 강도, 살인, 절도, 장물죄에 대한 사실 심리를 하게 했다. 이들은 재판에 앞서 진실하게 판단하겠다고 선서했기에 'jūrātōrēs'라고 불렸다. '선서한 사람들'이라는 뜻이다. 라틴어로 'juro'는 맹세를 의미한다. 이 말이 변형되어 배심원jury이 된 것이다. 결국 배심제는 소수 정복왕조가 사법권을 행사하기 위해 지역주민들과 타협한 결과물이다.

영미법에만 있는 코먼 로commom law; 보통법도 그 과정에서 생겨났다. 순회법원은 전국적으로 통일된 판결을 내리고 싶었다. 그래야 권위가 생기는 것이다. 하지만 그러기 위해서는 통일된 법이 필요했다. 그래서 지방 순회재판을 통해 축적된 지방 관습법local customary law을 모아 하나의 법으로 만들어냈다. 그것이 바로 코먼 로이다. 이 코먼 로를 모든 지역에 관철시키기 위해 만든 것이 바로 '선례구속stare decisis의 원칙'이다. 앞서 재판한 결과가 선례로서 이후 판결에 영향을 미치게 하는 것이다.

코먼 로는 같은 영토에 같은 법을 적용하는 것이다. 이는 법의 속인화를 무너뜨린다. 로마제국이 무너지고 사라진 로마법의 속지주의를 다시 세우는 것이다. '이 사람, 또 로마법 타령이네'라고 지청구 놓을 수도 있지만, '로마 이후 새로운 것은 없다'라는 말도 있듯 로마는 모든 제도에 그 흔적을 남겼다. 그래서인지 12세기 이후 잉글랜드는 로마법에 많은 영향을 받기 시작한다. 코먼 로의 완성자라고 불리는 브랙튼Henry de Bracton도 이탈리아 볼로냐 대학에서 로마법을 연구했다. 로마법은 절차법보다는 실체법에 많은 영향을 미쳤다. 실제 코먼 로에 따른 소송절차와 로마제국의 소송절차는 놀랄 만큼 닮았다. 소송 개시 서류가 있어야 재판이 시작되는 점, 국가기관이 법정을 결정하는 점, 사실인정을 배심원과 같은 일반 시민에게 맡긴 점 등이 같다.

참고로 영미법계의 특이한 법원法源으로는 코먼 로common law와 형평법equity law이 있다. 그다지 재미있는 주제는 아니지만, 코먼 로가 나왔으니 형평법을 설명하지 않을 수 없다. 잠깐 설명하자면, 이 두 법의 긴장관계는 영국의 정치사를 대변한다. '형평법'은 관습이 아니라 형평과 정의를 근거로 하기에 그리 부른다. 코먼 로는 보통법원에서 일반 사건을 다룰 때 적용했고, 지방 영주 지배하에 있었다. 반면 형평법은 왕이 지배하는 재판부에서 예외적인 특수 사건을 다룰 때 적용했다. 따라서 형평법원이 존재한다는 것은 왕의 사법권이 미치는 증거로 볼 수 있다. 미국 식민지에도 초기부터 형평법원이 존재했다.

흥미로운 것은, 애당초 왕권 강화를 위해 만든 코먼 로가 시간이 흐르면서 지방세력을 대변한 점이다. 반대로 왕권은 형평법을 내세운다. 코먼 로는 내용이 복잡했기에 전문적인 법조인이 아니면 그 내용을 알 수 없었다. 당연히 법관을 장악한 귀족들이 재판을 주도했고 왕권 견제에 적합했다. 따라서 지방 영주들이 왕으로부터 사법권을 빼앗아 오기 위해 내세운 것이 코먼 로였다. 코먼 로는 일반적으로 배심제, 당사자주의와 결합한다.

참고로 미국에서 '코먼 로'라는 용어는 대륙법계의 반대말로 종종 사용된다. 즉, 대륙법 체계를 '시빌 로 시스템civil law system, 혹은 European continental law'라고 부르고, 영미법 체계는 '코먼 로 시스템 common law system'이라고 부른다. 형평법이 들으면 섭섭할 노릇이다.

영국에서 판례법judge-made law과 코먼 로가 살아남은 것은 두 가지 원인 때문이라고 한다. 첫째, 16~17세기 왕당파와 의회파 간의 격돌에서 의회파가 승리했기 때문이다. 왕당파는 중앙집권에 유리한 직권주의 성향의 형평법을 선호했으나, 의회파는 코먼 로를 선호했다. 왕당파가 이겼다면 코먼 로를 없앴을 것이나 의회파가 승리하면서 코먼 로가 살아남았다.

둘째, 프랑스 혁명에 대한 두려움 때문이다. 프랑스 혁명 이후 프랑스는 입법부에서만 법률을 만들 수 있게 했다. 영국은 혁명의 여파를 막기 위해서 그 반대로 갔다. 입법부가 만든 성문법이 아니라 관습법인 코먼 로와 판례법에 힘을 실어줬다.

이렇듯 법과 제도는 정치 상황과 매우 밀접하다. 따라서 당파적인 특성을 지닐 수밖에 없다. 우리는 법과 제도가 공정하고 객관적이라고 생각하나 대부분 착각이다.

다시 배심제로 돌아가서, 잉글랜드의 초기 배심제는 대배심이었다. 대배심은 기소起訴 배심이다. 이것은 기소할 것인지를 배심으로 결정한다는 뜻이다. 트럼프 대통령에 대한 기소도 대배심이 했다. 이에 비해 대륙법계 국가들은 대부분 검사가 기소를 결정한다. 그 이유는 검사가 직접 수사를 하지 않기 때문이다. 우리나라처럼 검사가 직접 수사하면 직접 기소할 수 없게 하는 것이 맞다.

원래 기소장Indictment도 대배심이 제출하는 고발장을 뜻했다. 대배심이라고 부른 이유는 배심원 숫자가 대개 16~23인으로 많았기 때문이다. 문재인 정부 때 어떤 법무부장관은 대배심을 재판 절차라고 주장하였는데, 무식의 소치다. 대배심은 재판 절차가 아니라 기소 절차이다. 그래서 대배심을 기소배심이라고 부른다. 아동용 도서에서도 나와 있다. 아동도서라도 읽고 말하면 좋겠다. 과감한 무식은 사람들을 괴롭힌다.

이에 비해 소배심은 사실인정을 담당한다. 피고인이 죄를 지었는지 아닌지를 결정한다. 소배심은 13세기 이후에 나타난다. 1215년 4차 라테란공의회에서 신판을 폐지했다. 그건 좋은데, 그럼 죄를 지었는지 아닌지를 판단할 방법이 사라진다. 그래서 잠시 사실인정을 대배심에게 맡긴다. 하지만 기소한 대배심이 재판까지 하는 것은 불합리하다는 비판이 대두된다. 그래서 소배심이 만들어졌다. 12명으로 구성되기에 소배심이라고 불린다.

영국에서 소배심의 유래는 좀 특이하다. 결투 재판을 대신하기 위해 만들어졌다. 결투 재판은 주로 토지 분쟁에 사용되었다. 토지 분쟁은 주로 이웃 간의 분쟁이다. 게다가 토지대장도 없는 때라 분쟁이 잦은 것은 당연했다. 그럴 때마다 결투 재판을 하면 이웃들이 모두 원수가 되는 것이다. 그래서 헨리 2세는 '그랜드 아사이즈Grand Assize'라는 제도를 만들었다. 분쟁을 겪는 사람이 이 제도를 요청하면 결투 재판 대신 그랜드 아사이즈가 열렸다. 그럼 12명의 기사knight를 소집해 누가 토지 소유주인지를 증언하도록 했다. 이게 점차 발전해서 소배심이 되었다. 처음에 증인에 가까웠던 배심은 점차 사실을 인정하는 지위로 올라간다.

배심제라고 하면 뭔가 온화한 제도일 것 같으나 큰 차이는 없다. 물론 신판에 비하면 그나마 나은 편이라 특권으로 여겨졌다. 그래서 배심재판을 받으려면 국왕에게 그 대가를 지급하기도 했다. 하지만 인권침해는 여전했다. 그중 하나가 '페이네 포르테 에 듀레peine forte et dure' 제도이다. 도저히 우리말로 해석할 수 없어서 원어 그대로 사용하는 점을 양해 바란다. 우리는 '레오나르도 디카프리오'와 같이 어려운 이름도 원어 그대로 사용하지 않는가, '한때 미남자'라고 해석하지 않고.

배심재판에 넘겨지면 피고인은 세 가지 답변 중 하나를 해야 했다. 무죄 주장, 유죄 인정, 또는 이미 유무죄 판결을 받았다는 답변, 이 세 가지 중 하나였다. 그럼 그에 따라 재판이 진행됐고, 배심이 유죄인정conviction하거나 무죄로 결정했다. 만약 유죄 인정이면 피고인의 재산을 몰수했다.

하지만 피고인이 이 세 가지 중 어느 답변도 하지 않는 경우가 문제였다. 배심재판은 피고인이 동의해야 할 수 있었기 때문이다. 아무런 답변도 하지 않는 상황에 대비한 규정이 없었다. 그래서 일부 피고인들은 아무 답변도 하지 않고 입을 다물었다. 그럼 유죄 선고가 되더라도 재산을 몰수할 수 없었다. 비록 유죄가 되어 피고인이 처형되더라도 그 재산은 가족들에게 상속되었다. 역시 법을 잘 알면 이런 상황에서도 재산을 지킬 수 있다.

이런 법꾸라지들을 막기 위해 신기한 고문 절차를 만든다.

'peine forte et dure'라는 제도이다. 굳이 해석하면 '단단하고 강력한 처벌' 정도 되시겠다. 이 제도는 답변을 하지 않는 피고인을 엎드리게 한 후 그 위에 무거운 돌을 올려놓는다. 그러고는 위의 세 가지 답변 중 어느 하나를 할 때까지 계속 탑처럼 돌을 올렸다. 그게 아니면 썩은 음식을 먹이는 등 답변할 때까지 괴롭혔다. 결국, 견디지 못하고 유죄 답변을 했다고 한다. 공든 탑이 무너지지 않는 법이다.

1772년에는 세 가지 답변을 하지 않으면 '유죄 인정'으로 간주하는 규정을 만들었다. 'peine forte et dure'라는 가혹행위를 없애기 위해서였다. 어차피 유죄답변을 할 때까지 고문할 건데 굳이 그런 절차를 할 필요가 없었다. 답변을 거부하는 것이 무죄 주장으로 받아들이는 것은 1827년이 되어서야 입법화되었다. 묵비권은 이런 가혹행위들에 대한 반성으로 만들어진 것이다. 진술거부권이나 묵비권은 이런 많은 희생의 결과이다. 그러니 함부로 욕할 것이 아니다.

영국에서 배심제는 신분제 유지에 중요한 역할을 했다. 영국에서는 신분에 따른 재판이 매우 중요했다. 배심제는 같은 신분의 동료들에게 심판을 받게 해줬다. 그래서 영국은 1972년까지 배심원 자격을 제한했다. 대헌장大憲章: Magna Carta에도 "동료에 의한 적법한 판결^{legale judicium parium suorum}"원칙이 있다. 이 뜻은 배심제보다는 '같은 신분에 의해 재판을 받을 귀족의 권리'를 의미한다. 이 권리는 1341년에 법률로 만들어진다. 그 후 의회에서 재판받는 사권박탈법이 사라지면서 배심제는 이를 대체한다. 이런 신분제 성향으로 인해 미국 남부에서는 20세기 초까지 흑인은 배심원이 될 수 없었다. 흑인이 백인을 심판할 수 없다는 뜻이다.

배심제도의 장점은 많다. 국민에 의한 사실 발견, 자유의 수호, 민주주의 발현, 재판부 구성에 대한 견제와 균형, 민주주의와 법치주의 교육 등을 흔히 배심제도의 좋은 점이라고 한다. 우리나라처럼 법원의 민주적 정당성이 부족한 경우 배심제가 그 문제점을 메워줄 수 있다. 또한, 배심제는 자유심증주의의 단점을 보완해 준다. 자유심증주의는 고문을 금지하기 위해 채택했으나 자칫 판사들의 자의와 독선의 도구로 악용될 수 있다. 공직선거 토론회에서 거짓말하는 것도 토론 활성화를 위해 용납할 수 있다고 하거나, 국가가 불법적으로 개인의 출국을 금지한 것도 정의를 실현하기 위해 불가피했다고 판결하거나, 자동차전용도로를 고속도로라고 말했다고 피선거권을 박탈하는 판결 같은 것은 명백하게 사법권 남용이다. 그 폐해를 막을 수 있는 것이 바로 배심제이다. 일본도 19세기 말 사법개혁을 시도하면서 자백조서를 폐지하기 위해 배심제를 도입하려고 한 적이 있다.

우리나라에서 배심제 도입이 가능할까? 대부분 학자는 가능하다고 주장하고 내 생각도 마찬가지다. 배심제는 당사자주의에서만 사용할 수 있는 것이 아니다. 하지만 헌법재판소는 배심제를 위헌이라고 했다. 헌법재판소는 배심제가 우리 헌법상 '법관에 의해 재판받을 권리'를 침해한다고 한다. 얼토당토않은 이야기다. 재판이란 '사실관계 확정'과 '법률관계 확정' 두 가지를 하는 것이다. 예를 들어 '놀부가 제비 다리를 부러뜨렸는지'를 밝히는 것은 사실관계 확정이고, 그것이 '상해죄인지 손괴죄인지'를 밝히는 것은 법률관계의 확정이다. 헌법재판소는 배심에 의한 사실인정은 법관에 의해 사실관계를 확정받을 권리를 침해받는 것이라는 것이다. 하지만 그 논리대로면 미국의 형사재판은 법관에 의한 재판이 아니라는 뜻이다. 미국의 형사재판은 배심제가 원칙이다. 재판관이 배심들을 지도하고 이끄는 방식으로 사실인정을 하는 것이다. 꼭 재판관이 자기 생각대로만 해야 법관에 의한 사실관계 확정은 아니다. 마치 검사가 수사지휘를 통해 수사를 주도하는 것과 마찬가지다.

물론 헌법재판소의 결정은 존중되어야 한다. 하지만 내 기준에 이런 결론은 해괴하다. 이런 해괴한 결론이 나오는 것은 헌법재판관들이 대부분 법관 출신으로 충원되기 때문이다. 헌법재판관이 법관 출신으로 채워지는 것이야말로 독립적인 헌법재판을 받을 권리를 침해낭하는 것이다. 헌법은 법률가가 아니라 역사와 국민이 만들었다. 그래서 다른 법률과 달리 헌법은 법문으로 해석하는 것이 아니라 공동체에 대한 책임감과 불편부당한 신중함으로 해석해야 한다. 그걸 꼭 판사 출신들만이 할 수 있을까?

영국이나 미국의 형사소송 절차는 우리와 매우 다르다. 그런 차이점은 대부분 당사자주의에서 비롯된다. 범죄를 바라보는 관점이 다른 것도 당사자주의 때문이다. 직권주의에서는 범죄를 '국가 법질서 위반과 피해자에 대한 가해'라고 본다. 그래서 국가가 나서서 수사하고 기소하는 것이다. 이에 반해 당사자주의 국가는 범죄를 개인 간의 문제로 본다. 따라서 개인이 다른 개인을 소추하는 것도 가능한 것이다. 이것을 사인소추라고 부른다. 개인 간의 문제이기 때문에 영미법계 수사기관은 소극적으로 수사한다. 수사는 자료를 수집하는 정도에 불과하다. 이렇게 수사기관이 소극적으로 수사하기 때문에 기본권을 침해할 가능성이 작다. 따라서 수사에 대한 통제 필요성도 낮다. 영미법계 검사가 대륙계와 달리 수사지휘를 하지 않는 이유이다. 영국 검찰은 수사지휘를 하지 않는다는 주장에는 이러한 함정이 숨겨져 있다.

당사자주의는 범죄를 당사자 간의 문제로 보기 때문에 플리바게닝plea bargaining; 유죄협상제도 가능하다. 플리바게닝은 협상을 통해 형량을 줄여주는 제도인데 범죄를 당사자 간의 문제로 보기 때문에 가능한 것이다. 따라서 직권주의 성향이 강한 우리나라에서는 플리바게닝에 대한 심리적 거부감이 심하다. 형사소송제도를 정의를 실현하는 수단이라고 믿는 미신 때문이다. 형사소송제도는 범죄로 깨어진 평화를 신속하게 회복하는 절차가 되어야 한다. 그게 미래다.

법이 없을 때는 격언이 이를 대신한다.

_ 프랜시스 베이컨, Francis Bacon

Chapter 9

신의 뜻을 찾는 잔 다르크 재판

다시 대륙으로 돌아가 보자. 12~13세기 유럽의 인구는 크게 늘었다. 1150년 약 5천만 명이던 인구는 1300년이 되자 7,300만 명으로 늘었다. 이렇게 인구가 늘어나면 곡물이 많이 필요하게 된다. 하지만 당시 유럽의 농업 생산성은 형편없었다. 겨우 7,300만 명인데도 그 인구를 먹여 살리기 어려울 정도로 유럽의 생산력은 뒤떨어졌다. 농촌에서 수용할 수 없는 인구는 농촌을 떠나 도시로 이동했다.

당시 관습법에 따르면 농노가 도시에서 1년하고 하루를 더 살면 자유인으로 인정되었다. 그래서 "도시의 공기가 자유를 만든다 Stadtluft macht frei"라는 말이 나왔다.《브레멘 음악대》이야기를 떠올려 보자. 노예로 살던 말, 돼지, 닭 등이 자유를 찾아 도시인 브레멘으로 향하는 이야기이다. 여기에서 말 등은 농노를 의미한다. 도시는 성장했고, 도시는 농노를 해방했다. 도시의 성장은 훗날 시민혁명의 밑거름이 된다. 물론 이 당시 '자유'라는 것은 지금의 자유 개념과는 매우 다르다.

하지만 인구가 계속 증가한 것은 아니다. 주식과 같다. 마냥 오를 것 같은 내 주식이 맥없이 무너지듯 유럽의 인구도 무너졌다. 14세기에 들어 유럽의 인구는 급하게 줄어든다. 1350년이 되면 무려 1/3가량이 줄어 5,100만 명이 된다. 1400년에는 4,500만 명으로 더욱 줄어든다. 악천후와 질병 때문이었다. 1302년 9월의 큰 가뭄과 1314년의 극심한 한파로 인해 대기근이 발생했다. 하지만 무엇보다 흑사병(페스트)의 창궐이 주범이었다. 유럽에서 흑사병의 충격은 그 어떤 것보다 심각했고 사회구조 전체를 뒤흔들었다.

과거의 큰 역병은 철새나 전쟁이 원인이었다고 한다. 특히 대규모 원정은 풍토병을 다른 지역으로 옮겨 큰 재앙을 낳았다. 166년 로마의 대역병도 파르티아 원정에서 돌아온 군대가 가져온 것으로 추정된다. 알렉산더 대왕도 원정 중에 풍토병으로 사망했다. 한센병과 천연두도 십자군을 따라 유럽으로 들어갔다. 그 유명한 스페인 독감도 제1차 세계대전 중에 발병했다.

흑사병 역시 마찬가지다. 흑사병은 몽골군이 가져왔다. 흑사병은 키르기스스탄 북부에서 발병하여 유럽 원정 중이던 몽골군을 전염시켰다. 1346년 흑해 연안 카파Kaffa, 현재 페오도시야를 공격하던 몽골군은 흑사병에 걸린 사체를 성안으로 쏘아 던졌다. 생물학전의 시조이다. 카파는 현재 크름반도에 있는 페오도시야이다. 원래 베네치아가 개척한 도시였으나, 라틴왕국이 무너진 후에는 제노바 수중에 들어갔다. 괴질이 퍼지자, 겁을 먹은 시민들이 배를 타고 제노바, 시칠리아 등으로 도주했다. 그렇게 흑사병은 당시 유럽의 허브였던 제노바를 통해 삽시간에 전 유럽으로 확산했다.

당시에는 전염의 원인도 몰랐다. 유대인이 독을 풀었다는 괴소문이 돌아 유대인에 대한 학살이 벌어지기도 했다. 인류 최초로 세균의 존재를 알아차린 것은 1840년대 헝가리의 의사 이그나츠 제멜바이스Ignaz Semmelweis이다. 그는 손을 씻고 분만을 받으면 유아의 사망률이 급격히 낮아진다는 사실을 발견했다. 그는 보이지 않는 아주 작은 존재가 치명적이라는 사실을 알렸다. 하지만 당시 사람들에게 '보이지 않는 치명적인 존재'란 악령뿐이었다. 사람들은 제멜바이스를 미친 사람으로 몰아 정신병원에 가뒀다. 제멜바이스는 정신병원에서 두들겨 맞아 결국 장독이 올라 죽었다고 한다. 그의 억울함은 파스퇴르가 등장할 때까지 풀리지 않았다.

모든 소수의견이 진리인 것은 아니지만 모든 과학 진리는 소수 의견에서 시작했다. 제멜바이스를 가장 심하게 공격했던 사람들은 바로 같은 의사들이었다. 전문가일수록 변화에 완고할 수 있다. 그래서 막스 플랑크는 이렇게 말했다. "새로운 과학적 진리는 반대자를 설득하고 깨닫게 한다고 입증되는 것이 아니라 반대자들이 결국 사망하기 때문에 입증된다."

제멜바이스도 패 죽이는 사회이니 흑사병은 당연히 치명적이었다. 선페스트는 사망률이 80%였고 폐페스트에 걸리면 100% 사망했다. 괴질을 신앙으로 이기겠다고 교회당에 모여 기도하다 마을 전체가 전염되기도 했다. 물론 이 당시 유럽인들도 흑사병이 사체나 감염자를 통해 전염된다는 사실을 알고 있었다. 그래서 이 탈리아 항구들은 전염을 막기 위해 승객을 40일간 배에서 내리지 못하도록 했다. 이탈리아어로 40일간을 과란띠나quarantina라고 하는데 이것이 바로 검역quarantine의 어원이다.

하지만 인류는 늘 분별력보다는 종교와 미신을 택했다. 그래서 한 건물에 모여 기도와 찬송을 하며 흑사병을 공유했다. 이러한 공유 전염은 하느님의 품으로의 로켓배송을 낳았다. 1347년부터 1351년까지 유럽 인구의 1/3이 흑사병으로 사라졌다. 타노스의 핑거스냅인 것이다.

홍수 나면 사태도 난다고, 14세기에는 반란도 빈발했다. 도시로 인구가 집중했고 빈부격차가 심해지면서 사회적 갈등이 커졌기 때문이다. 이때 봉기는 동양의 민란과는 성격이 다르다고 한다. 동양의 민란은 대부분 학정과 수탈에 견디지 못해 터져 나오는 것이었다. 이에 반해 중세 유럽의 반란은 부농들이 세금에 항의하면서 벌어졌다. 자크리의 반란이 그 예이다. 자크리는 농민이 입는 옷 자크jacque에서 유래한다. 도시 지역의 봉기도 상인 등 부유한 계층이 주도했다. 이러한 현상은 훗날 중산층을 기반으로 한 시민혁명의 토양이 된다. 기득권을 대체할 잠재력이 있는 세력이 난을 일으키면 혁명으로 이어질 수 있다.

이런 어려움 속에서도 상공업은 느리지만, 꾸준히 발달한다. 1356년 뤼베크에서 한자동맹이 결성되고 이를 중심으로 무역이 발달했다. 무역의 발달은 자연스럽게 환전업을 성장시켰다. 14세기에는 환어음이 유통되었다. 메디치, 스트로치, 푸거, 벨저, 자크 쾨르 가문 등은 환어음 거래로 큰 부를 쌓았다. 이들이 축적한 자본은 은행업으로 발전했다. 은행이 만들어지면서 대규모 자본 동원이 가능해지자 광산 개발도 본격화된다. 14세기 유럽의 식단은 곡물에서 고기, 채소로 변화했다. 고기를 먹으려면 소금이 절실해진다. 그에 따라 소금 수요가 폭등했고 자연스럽게 광산업이 발달한다. 소금을 만드는 방법은 해수 증발, 광염법, 염전 발전법, 화학 제조법 등이 있으나 소금광 채굴이 일반적이다.

한편, 대기근, 흑사병 등으로 농촌이 버려지자, 농지가 목양지로 바뀌었다. 너른 목양지는 풍부한 양모를 제공해줬다. 이는 모직물 산업을 이끌었다. 13세기에 모직물 제조는 가장 중요한 산업이었다. 주로 플랑드르와 북부 프랑스 지역에서 성행했고 14세기 초에는 브라반트(메헬렌, 브뤼셀, 루뱅) 지역이 모직물 산업의 중심지로 이동한다.

이렇게 세상은 빠르게 변했으나 형사사법제도는 별다른 변화가 없었다. 형사사법제도는 종교에서 강한 영향을 받기 때문이다.

죄와 벌, 그 자체가 종교적인 기준에서 출발했고, 법의 정당성도 신에게서 가져왔기 때문이다. 따라서 이때 재판도 여전히 신의 뜻이 무엇인지를 알아내는 절차였다.

이 시기 재판을 가장 잘 보여주는 인물이 바로 잔 다르크Jeanne d'Arc이다. 1412년 동레미에서 양치기의 딸로 태어나, 1431년 5월 30일 노르망디 루앙에서 불에 타 죽을 때까지 그녀보다 더 극적인 삶을 산 소녀는 없다.

당시 프랑스와 잉글랜드는 백년전쟁 중이었다. 1328년 프랑스 샤를 4세가 사망한 후 프랑스의 왕위 계승을 두고 두 나라가 다툰다. 또한, 플랑드르의 소유권을 두고 심한 갈등을 빚었다. 플랑드르는 모직물 산업의 중심지였고 유럽에서 가장 부유한 곳으로 급부상하고 있었다. 결국, 잉글랜드의 에드워드 3세는 1337년 11월 도버해협을 넘어 프랑스를 침공한다. 백년전쟁의 시작이다. 실제로는 117년간 싸웠다.

당시 잉글랜드군은 막강했다. 1346년 8월 크레시 전투에서 잉글랜드 흑태자 에드워드의 장궁대는 3배 이상의 병력을 가진 프랑스군을 격파했다. 원래 장궁은 웨일스 지방 농민들이 사냥에 사용하던 것이었다. 활 길이가 거의 2m이고 화살도 1m에 달했다. 우리나라의 각궁은 소뿔, 목재 등을 사용해 짧아도 탄성이 높았다. 하지만, 목재로 만든 장궁은 그렇지 못했다. 탄성을 높이기 위해 길이를 늘여야 했다. 게다가 장궁을 자유자재로 다루기 위해서는 매우 강한 힘과 오랜 훈련이 필요했다. 농민병이 다루기에는 어렵고 반면 전문 용병이 사용하기에는 단순했다. 하지만 나무로 만든 장궁은 만들기 쉽고 발사 속도도 석궁에 비해 5배 이상 빨랐다.

프랑스군은 스위스와 이탈리아 용병이 주력이었다. 프랑스는 전통적으로 용병을 선호한다. 직업군인인 용병은 농민병 서너 배의 전투력을 지니고 있기 때문이다. 우리가 조기축구를 해봐도 알 수 있다. 아마추어가 아무리 잘해도 선출은 못 당한다. 프랑스군은 궁수로 석궁을 사용하는 제노바 용병을 배치했다. 석궁은 장궁에 비해 명중률, 관통력이 뛰어나다. 하지만 비싸고 고장이 잦으며 사격 속도도 느렸다. 게다가 무겁고 사거리도 짧다. 어떤 학자는 크레시 전투에서 잉글랜드의 장궁대가 승리한 것은 전날 비가 왔을 때 활줄을 풀어놓았기 때문이라고 분석하기도 한다. 하지만 비와 상관없이 잉글랜드 장궁대는 막강했다. 1415년 아쟁쿠르 전투 때도 수적 열세를 뚫고 프랑스 기병대를 참교육한 것도 장궁대였다.

장궁대의 위력을 보여주는 사례는 또 있다. 포르투갈이 카스티야의 침공을 막아낸 1385년 8월 14일 알주바호타Aljubarrota 전투이다. 포르투갈은 불과 6천여 명의 병력으로 3만 명의 카스티야군을 대파했다. 이때 카스티야군의 중무장 기병대를 박살 낸 것은 소수의 잉글랜드 장궁대였다고 한다. 이 전투에서 졌다면 포르투갈은 사라졌을 것이고 대항해시대는 아마 100년쯤 늦춰졌을 것이다. 아무튼, 잉글랜드군은 전통적으로 강하다. 셰익스피어의 〈리어왕

〉을 보더라도 프랑스 왕비가 된 셋째딸 코델리아가 아버지 원수 갚는다고 브리튼 왕국에 선전포고했다가 대패하고 포로로 잡히는 장면이 나온다.

이렇게 막강한 잉글랜드군에 밀려 프랑스는 영토 대부분을 잃고 있었다. 설상가상 프랑스는 정통성에서도 잉글랜드 플랜태저넷 가문에 밀리고 있었다. 잉글랜드 왕은 프랑스 카트린 공주의 아들로 직계에 해당한다. 반면 프랑스의 왕세자 샤를은 샤를 4세의 방계이다. 게다가 샤를의 어머니는 음란한 것으로 유명한 이자보 드 바비에르Isabeau de Bavière 왕비였다. 샤를은 이자비의 사통私通으로 낳은 혼외자라는 소문이 파다했다. 그것이 사실인지 가짜뉴스인지 알 수 없으나, 문제는 당시 대중이 그렇게 믿었다는 점이다.

외교적으로도 프랑스는 고립된 상황이었다. 평소 프랑스에 괴롭힘을 당하던 남부의 아키텐 공국과 저지대의 부르고뉴 공국은 열렬히 잉글랜드를 도왔다. 프랑스는 아키텐을 무력으로 점령하고 있었고, 부유한 부르고뉴를 호시탐탐 노리고 있었다. 그러니 아키텐과 부르고뉴는 잉글랜드 편을 들 수밖에 없었다. 아무리 용이라도 개울에 빠지면 자가사리들이 덤비는 법이다.

파리와 북서부 지방은 이미 잉글랜드에 점령되었다. 프랑스의 마지막 보루는 오를레앙이었지만 역시 함락 직전이었다. 우리로 치면 6·25전쟁 때 낙동강 전선과 같은 것이다. 거기가 뚫리면 프랑스는 사라진다. 잔 다르크는 바로 이때 등장한다. 원래 영웅은 백척간두의 위기에 나타난다.

잔다르크의 화형ⒸJules-Eugène Lenepveu

어느 날 양치기의 딸인 시골 소녀가 경비대장을 찾아와 이렇게 말하기 시작했다.

"대천사 미카엘과 성 마르가리타가 저에게 프랑스를 구하라고 명령했어요."

당연히 어린애의 망상이라고 생각하고 무시했다. 그런데 소녀는 멈출 줄 몰랐다. 게다가 시골 소녀는 여러 가지 시험을 통과한다. 가장 극적인 장면은 시농성에서 왕세자 샤를을 알현하던 순간이다. 잔 다르크는 300여 명의 기사와 귀족들 사이에서 시종의 옷을 입고 숨어 있던 왕세자 샤를을 바로 알아맞혔다고 한다.

아마 샤를과 미리 짰을 것이다. 결과적으로 이 이벤트의 효과는 엄청났다. 혼외자 논란에 시달리던 샤를은 신의 선택을 받은 적통으로 완벽하게 이미지를 세탁한다. 그녀의 나이가 겨우 17세였다는 것을 생각해 보면 진정 대담하고 혁명적이다. 그녀는 당시 상황과 대중의 수준에 정확하게 맞춘 정치적 선전을 한 것이다.

잔 다르크는 기적을 일으키는 구세주라는 소문을 등에 업고 오를레앙으로 달려간다. 1429년 5월 잔 다르크는 잉글랜드군을 물리치고 오를레앙을 구원한다. 그 후 잔 다르크는 기적과 같은 승리를 거듭한다. 잇단 승전보에 고무된 샤를은 왕좌에 등극하기를 원한다. 하지만 당시 왕권의 정당성을 인정받기 위해서는 랭스Reims에서 대관식을 치러야 했다. 정당성이 부족한 샤를로서는 더욱 중요한 의식이었다. 그런데 랭스는 프랑스와 적대적인 부르고뉴의 영역이었다. 이에 잔 다르크는 샤를을 위해 부르고뉴 왕국 깊숙이 원정에 나선다. 누가 봐도 무모한 원정이었다. 하지만 잔 다르크가 신의 가호를 받는다는 소문에 지레 겁을 먹은 부르고뉴 성주들은 자진해서 항복한다. 결국 잔 다르크는 파죽지세로 랭스를 정복하고 샤를은 랭스에서 대관식을 올린다. 아무도 무사히 프랑스 왕이 될 것이라고 예상하지 못한 샤를 7세이다.

하지만 왕이 된 샤를 7세는 본색을 드러낸다. 잔 다르크를 경쟁자로 의식하고 견제한다. 샤를 7세는 잔 다르크가 '프랑스는 왕이 아닌 주님의 것'이라고 한 말에 감정 상했다고 한다. 그때나 지금이나 자기 귀에 거슬리는 말을 했다고 해서 공신을 내치는 일은 버젓이 일어난다. 전란이 끝나면 왕에게 가장 위협적인 존재는 가장 큰 전공을 세운 자이다. 그래서 소인배가 권력을 잡으면 늘 토사구팽이 일어난다.

궁지에 몰린 잔 다르크는 뭔가 더 극적인 승리가 필요했다. 잔 다르크는 대범하게 파리 탈환에 나선다. 금적금왕擒賊擒王 전술이다. 하지만 잔 다르크가 신의 계시를 받았다는 심리전은 이미 약발이 떨어진 상태였다. 잉글랜드군은 '잔 다르크는 마녀'라는 소문을 퍼뜨렸다. '잔 다르크는 천사의 계시를 받은 소녀'라는 선전이 먹힌다면 '잔 다르크는 마녀'라는 가짜뉴스도 통한다. 엘프를 믿는다면 오크의 존재도 믿지 않겠는가. 그래서인지 파리 시민들은 오를레앙과 달리 필사적으로 항전했다. 무엇보다 샤를 7세의 지원 거절이 컸다. 천사의 선택을 받은 소녀에서 마녀로 전락한 데다 국왕의 지원이 끊긴 잔 다르크는 날 샌 올빼미 꼴이었다.

교착 상태에 빠진 잔 다르크에게 부르고뉴 공국이 콩피에뉴를 공격한다는 소식이 들려온다. 잔 다르크는 이미 전력을 소진한 상태였으나 샤를 7세가 버린 콩피에뉴를 돕기 위해 나선다. 의로운 행동이었지만 전략적으로는 치명적인 실패였다. 콩피에뉴 성 밖에서 싸우다 후퇴하던 중 무슨 이유인지 성으로 연결된 도개교가 올라간다. 적진에 고립된 잔 다르크는 결국 생포된다. 원래 뒤에서 날아오는 돌에 뒤통수 맞는 법이다. 정치판에서도 치명타는 대개 같은 당에서 나온다.

그녀를 생포한 리니 백작은 잔 다르크를 죽일 생각이 없었다. 당시에는 적장의 명예를 지켜준 후 몸값을 받고 돌려주는 것이 관례였다. 리니 백작도 그렇게 하려고 했다. 게다가 리니 백작의 엄마는 잔 다르크의 사생팬이었다. 하지만 샤를 7세는 몸값 지급을 거부했다. 오히려 오를레앙 시민들이 모금한 잔 다르크의 몸값을 몰수해 버렸다. 거기서 죽으라는 뜻이다.

이렇게까지 한 것은 샤를 7세의 정통성이 부족했기 때문이다. 이 당시 왕권의 정당성은 아담의 지배권에서 나왔다. 신이 아담에게 세상을 다스릴 권한을 주었는데, 그 권능이 왕에게 대대로 전수되었다는 것이다. 이른바 왕권신수설王權神授設이다. 그런데 잔 다르크는 신의 계시를 직접 받았다. 간접적으로 권능을 상속받은 왕에 비해 훨씬 신성한 존재이다. 그러니까 그녀는 왕 중의 왕인 것이다. 비유하자면 병행 수입 시장에 본사 직영점이 들어서는 셈이다. 사생아라는 비판에서 벗어날 수 없었던 샤를 7세로서는 잉글랜드보다 잔 다르크가 더 두려웠을 것이다. 선조가 왜적보다 이순신을 더 경계하고, 김덕령, 곽재우와 같은 의병장들을 핍박한 것도 같은 맥락이다.

이에 리니 백작은 거액을 받고 잔 다르크를 잉글랜드에 넘겼나. 잉글랜드는 1431년 2월 파리에서 그녀에 대한 이단재판을 시작한다. 보베의 피에르 교황 교구장이 재판관이었고 잉글랜드와 부르고뉴의 이단심문관 70여 명이 나섰다. 시골 소녀 하나 상대하려고 당대 최고 수사관들이 총출동한 것이다. 다이아 하나 잡자고

T1, 젠지를 동원한 셈이다.

심문관이 소녀에게 물었다.

"당신은 신의 은총을 입었는가?"

함정이다. 은총을 입었다고 답하면 신의 뜻을 참칭하는 것이고, 입지 않았다고 답하면 불신자인 것이다. 이른바 가드 불가 기술 즉, '가불기'를 건 것이다. 하지만 잔 다르크는 슬기롭게 빠져나간다.

"은총을 입었다면 앞으로도 계속되길 바라고, 그렇지 않다면 은총을 받기 원합니다."

질문에 질문으로 답하는 것인데, 이런 역공은 어지간히 담대하지 않고서는 불가능하다. 이렇게 잔 다르크가 예상치 못하게 잘 대응하자 재판관들이 당황한다. 그래서 다음 공판부터는 비공개로 바꿔버린다. 그뿐 아니라 교회법에서 정해놓은 재판규칙조차 모조리 어기고 일방적으로 재판을 진행한다. 당시 재판에서는 절차나 규칙이 지켜지는지 감시하는 역할이 없었다. 이런 문제점은 검사 제도가 생겨나기 전까지 계속된다. 이에 잔 다르크는 교황청에 항소를 요청했다. 하지만 그 요청도 일방적으로 무시했다. 처음부터 불공정한 재판이었고 결론이 정해진 재판이었다. 날 잡은 놈이 자루 잡은 놈을 당할 수 없는 법이다.

잔 다르크 재판의 쟁점은 '그녀가 신의 목소리를 들었는가 아니면 사탄의 목소리를 들었는가'였다. 잔 다르크는 '신의 목소리'를 들었다고 주장하고, 심문관들은 '사탄의 목소리'를 들은 것이라고 주장했다. 양측 모두 그녀가 뭔가의 목소리를 들었다고 인정하는 것이 '킬포'다. 하지만 이 당시 재판이 신의 뜻을 무엇인지 밝히는 절차였다는 점을 떠올려보면 해괴한 것은 아니다.

그래서 심문관들은 '잔 다르크가 천사 미카엘과 성 카테리나, 성 마르가리타를 진짜 만났는지'를 확인하려고 했다. 그 방법이 좀 유치한데, '천사와 성인들이 영어로 이야기했느냐'부터 '성 카테리나는 알몸이었나' 등등의 질문이었다. 이에 대해 잔 다르크는 "천사는 옷을 걸치지 않는다고 생각하느냐?"고 반문하여 심문관들의 입을 다물게 했다고 한다.

나도 궁금한데, 밀턴의 《실낙원》을 보면 천사나 타락천사 모두 금강석 등으로 치장한 강철 갑옷을 입고 있다. 반면, 구약에 나오는 천사의 모습은 전혀 다르다. 여러 개의 날개와 겹겹이 돌아가는 바퀴와 수십 개의 눈을 가진 존재로, 옷이 필요 없는 매우 기괴한 형상이다. 그래서인지 천사들은 인간에게 나타나자마자 가장 먼저 하는 말이 '놀라지 말라'였다. 우리의 상상처럼 아름다운 모습이라면 그런 말을 할 리 없다. 그러니 '천사 같다'라는 찬사는 사실 매우 모욕적인 표현이라고 할 수 있다.

잔 다르크의 죄 중 마녀 부분은 간단하게 혐의를 벗었다. 당시 사람들은 마녀가 사탄과 성교한다고 믿었다. 하지만 그녀는 성 경험이 없었다. 즉, 마녀가 아니다. 그래서 마녀 부분에 대해서는 일종의 공소 취소를 한다. 잉글랜드가 주장한 가장 주된 범죄가 무죄로 밝혀진 것이다.

그래서 잔 다르크는 마녀가 아니라 남장을 한 죄, 이단의 신앙, 우상 숭배, 악마 환기 등의 애매한 죄로 유죄를 선고받는다. 주된 범죄인 마녀가 아니라면 풀어줘야 마땅한데, 다른 죄로 처벌한 것이다. 즉, 잔 다르크 재판은 애초부터 범죄를 밝히려는 것이 아니라 잔 다르크라는 적을 없애기 위해 시작한 것이다.

지금도 마찬가지다. 처음 수사의 대상이었던 범죄가 밝혀지지 않으면 수사를 중단해야 한다. 하지만 뇌물죄를 밝히지 못하면 배임죄로 수사하고, 그것도 안 되면 그 사람의 사생활을 탈탈 털어 기소한다. 그것은 잔 다르크 재판과 다를 바 없다. 그런 수사는 권투경기가 끝난 후 돌아가는 상대 선수를 목검으로 내리치는 것과 같다. 비열하고 비신사적이다.

1431년 5월 30일 노르망디의 루앙, 비유 마쉐 광장에서 그녀는 산채로 불태워졌다. 모네가 빛의 아름다움을 표현하기 위해 자주 그렸던 루앙 대성당에서 멀지 않은 곳이다. 화형 도중 옷이 다 타자 잠시 불을 끄고 군중들에게 그녀의 성기를 보여주었다. 그녀가 성녀나 천사가 아니라는 것을 확인시켜 주기 위해서였다. 그녀의 시신은 세 번이나 태워졌고, 뼛가루는 센강에 버려졌다. 사람들이 그녀를 추앙할 것을 두려워해서다. 브레시아의 성자 아놀드Arnold of Blescia도 불에 태워지고 그 재는 테베레강에 버려졌다. 그 재가 성물로 받들어질 것을 막기 위해서였다. 하지만 그 때문에 사람들은 테베레강을 볼 때마다 아놀드를 떠올렸다. 마찬가지로 프랑스 국민들은 센강을 볼 때마다 잔 다르크를 떠올리게 된다.

프로메테우스가 사람에게 불을 줬을 때 그것으로 사람을 태워 죽일 것으로 생각하지 못했을 것이다. 예수께서 십자가에 매달렸을 때, 그는 자신을 믿는 기독교도들이 수십만 명의 사람을 불에 태워죽일 것으로 생각하지 못했을 것이다. 하지만 사람을 가장 많이 불에 태워죽인 사람들은 기독교도이다.

원래 화형火刑은 로마제국에서 기독교도를 처형하던 수단이었다. 애당초 화형은 방화범(자살과 독살에 관한 코넬리아〈Cornelia〉법)이나 근친살해범(근친살해에 관한 폼페이아〈Pompeia〉법)에만 적용되었다. 예외적으로 이집트는 나일강의 둑을 훼손하는 행위도 화형에 처했다. 그러다 기독교에 대한 박해가 심해지면서 화형은 신앙범에까지 확대된다. 성 로렌스, 성 폴리카르포스 등이 화형당한 순교자이다. 로마제국에서 기독교도들을 죽이는 데 활용되었던 화형이 역설적으로 기독교도가 가장 애용하는 처형 수단이 된 것이다. 사람과 종교가 얼마나 잔혹하고 이율배반적인지 알 수 있다.

교회는 화형이라는 끔찍한 죄악에 대해 아무런 죄책감도 느끼지 않았다. 베르나르 뒤 부슈롱의 소설《짧은 뱀》을 보면 그들의 심리 상태가 잘 나와 있다. 북쪽의 얼음땅에 이단재판관이 파견된다. 이단재판관은 그곳 사제가 어린 소녀와 간음했다는 이유로 그들을 화형에 처한다. 마을 주민들이 어린 소녀에 대해 화형만은 면해달라고 간청한다. 그러자 이단재판관은 이렇게 말한다.

"죄인을 불로 다스리는 처사가 얼마나 인간적이고 온화한 것인가?"

이것이 바로 악의 통속성이다. 우리는 잔혹함과 악을 매우 무덤덤하게 받아들인다.

도미니크 수도사 소속인 그는 또 이렇게 주장한다.

"세상에 화형대 없는 재판이나 형리 없는 군주한테 어떻게 분쟁의 해결을 맡길 수 있겠습니까?"

소설에서 그 이단재판관은 살육과 식인, 간음 등 온갖 악행을 저지른다. 이단재판관이 자신의 아이를 낳은 여자를 죽게 내버려둔 채 그 얼음 땅을 벗어나면서 소설은 끝이 난다.

잔 다르크를 불에 태워죽인 이단재판은 인류의 어두운 유산이다. 이단이라는 것은 권력자에게 거스른다는 뜻 정도이다. 프란시스코 수도회도 처음에는 이단으로 박해받았다. 그들이 실제로 청빈한 삶을 살았다는 이유에서였다. 그러다 교황이 자신에게 유리할 것 같으니 정식 교단으로 받아들였다. 프란시스코 이후 그 수도회는 청빈과는 거리가 멀었다. 프란시스코의 후계자인 엘리야스 형제Brother Elias는 사치로 악명이 높았다. 반대로 프란시스코의 청빈 계율을 지킨 소수의 프란시스코 수도사들은 이단으로 몰려 1323년 화형당했다. 그리고 프란시스코 수도사들도 이단심판관으로 활약했다.

이단재판은 무엇보다 인류의 진보를 가로막았다. 이단재판은 지식과 문화와 교양을 억압했다. 해부학과 외과의학의 선구자인 안드레아스 베살리우스Andreas Vesalius도 종교재판소에 끌려가 심문을 받았다. 시체를 해부했다는 이유에서였다. 매너리즘의 대가인 파올로 베로네세Paolo Veronese도 종교재판소에 끌려갈 뻔했다. 그가 수도원 식당 벽에 그린 〈최후의 만찬〉이 지나치게 활기차 보인다는 이유에서였다. 결국 예수의 레위 가문 환대 장면으로 수정하여 간신히 이단재판을 피한다.

태양중심설을 주장한 부르노Giordano Bruno도 종교재판소에서 화형을 선고받았다. 무지몽매한 대중과 교회에 의해 유죄가 선고된 부르노는 "무지는 아무런 노동이나 수고 없이 습득할 수 있고 성신에 우울함을 스며들지 않게 해준다"고 비웃으면서 최후를 맞이했다고 한다.

르네상스를 이끌었고 유럽 모직물 산업과 금융산업의 선두주자였던 피렌체가 몰락하게 된 것도 종교재판 때문이다. 메디치 가문의 코시모 3세가 가톨릭교회에 심취하여 종교재판을 벌이고 유대인을 축출하면서 피렌체가 몰락했다. 포르투갈도, 스페인도 종교재판소를 만들어 학문과 사상을 탄압하고 이교도와 유대인을 몰아내면서 몰락의 길로 갔다. 종교가 학문을 탄압하면 제국은 반드시 몰락한다. 동로마제국의 최전성기를 맞이했던 유스티니아누스 황제가 그 실례이다. 그는 기독교 이전의 사상들을 모두 금지해야 한다는 성직자들의 집요한 요구에 못 이겨 플라톤 때부터 시작된 아카데메이아를 폐쇄했다. 그리고 그의 사망 이후 3년 만에 제국은 다시 분열됐고 제국은 영원한 몰락의 길을 걸었다. 숯불은 재를 털어야 빛나지만, 우리 삶은 사람을 털어낼수록 어둡고 무거워진다.

모든 재판은 그 시대의 감정과 논리에 영향을 받는다. 잔 다르크 재판 당시에는 그 재판이 얼마나 야만스러운지 몰랐을 것이다. 지금의 재판도 마찬가지다. 먼 훗날에는 미개하고 야만적인 폭력으로 느껴질 것이다. 우리나라의 재판과 수사는 우연이 좌우한다. 재판도 판사 개인의 편견과 대중의 감정에 강하게 영향받는다. 그런 뽑기운에 따라 개인과 그 가족의 인생이 바뀌는 지금의 재판제도가 결코 합리적이라고 할 수 없다.

뉴턴의 역학과 하비의 혈액순환론, 다윈의 진화론 등 자연과학은 종교재판으로부터 해방을 낳았다. 마찬가지로 뇌과학과 유전자학 등의 발달은 인간성에 대한 불편한 진실을 까발릴 것이다. 그것은 법관에 의한 재판은 공정할 것이라는 미신을 깨뜨리는 역할을 할 것이다. 그래서, 비록 지금은 법조인들의 굳건한 이익공동체가 방어하고 있지만, 지금의 재판은 곧 인공지능이 대체할 것이다. 그것은 마치 프로야구에 자동 투구 판정 시스템ABS, Automatic Ball-Strike System을 도입하는 것과 같다. 훨씬 공정해지고 예측 가능해질 것이다.

법은 공정해야 하며, 공정하지 않은 법은 법이 아니다.

_ 존 롤스, John Rawls

Chapter 10

마녀재판과 대중의 본능

　잔 다르크 재판은 이단재판이자 마녀재판이다. 이 시대는 마녀 재판의 시대이다. 14세기부터 17세기까지 유럽과 신대륙에서 벌어진 마녀재판으로 수십만 명이 죽었다. 어떤 학자는 마녀재판의 피해자가 900만 명에 달한다고 말한다.

　마녀재판은 전적으로 로마 가톨릭의 책임이다. 마녀재판의 시초는 13세기 교황 그레고리우스 9세가 도입한 이단 심문제도이다. 교회는 십자군 원정 실패, 교회의 부패, 간음, 살인 등 자신들의 실정과 죄악을 덮기 위해 마녀재판을 조장했다. 마녀재판을 광란 수준으로 몰고 간 것도 로마 가톨릭이다. 교황 요한 22세는 1318년 2월 27일 마녀재판 칙령을 내린다.

　"언제, 어디서든 마녀재판을 시작해서 지속할 수 있는 완전한

《마녀를 심판하는 망치》 초판본 표지

권한을 이단재판관에게 부여한다."

　이 지시에 따라 도미니크 수도회를 중심으로 마녀재판이라는 대학살이 시작되었다.

　1486년 인류 역사상 가장 악마다운 책이 세상에 등장한다. 도미니크 수도회의 야콥 슈프랭커Jacob Sprenger와 하인리히 크라머 Heinrich Kramer가 쓴 《마녀를 심판하는 망치Mallues Maleficarum》라는 책이다. 마녀재판의 교과서인 이 책은 인간이 저술한 모든 책 중 가장 위험하고, 추악하며 악마적이다.

　이 책의 앞부분에는 마녀가 실존한다는 망상이 정성껏 실려있다. 그 뒤는 더욱 끔찍해지는데, 마녀를 판별하는 법, 검문하고 체포하여 고문하는 법, 최대한 고통스럽게 죽이는 법 등이 실려있다. 이 책에 따르면 마녀는 인간의 모든 고통과 악운의 원인이다. 마녀는 아이들을 잡아먹거나 악마에게 바치고, 폭풍과 악천후를 부르며 사람과 가축을 불임에 빠지게 한다고 한다. 이 책의 맹점은 마녀에게 이런 초능력이 있는데 어떻게 사람들에게 잡히는가이다. 마녀에게 진짜 이런 능력이 있었다면 고작 수도사들의 체포나 고문을 피하지 못할 리 없다.

이 책을 보면 마녀재판에는 교회의 성도착증이 숨겨져 있음을 확인할 수 있다. 마녀의 죄목은 바로 악마와 동침했다는 것이다. 또한, 마녀는 남성을 성불구자로 만든다고 적혀 있다. 심지어 마녀들이 남자들의 성기를 훔쳐서 서른 개씩 새 둥지에 숨겨둔다고 한다. 마녀는 저장 강박이 있나 보다. 하지만 찾으러 가는 남자들에게 무작위로 돌려준다고 하니 그 정도는 아닌가 보다. 누군가는 더 나은 것을 받기도 했다고 한다. 우리나라 미루나무에는 뭉게구름이 걸리나, 중세 유럽의 미루나무에는 남근이 걸려있는 것이다. 괴테의 《파우스트》에서도 마녀들의 잔칫날인 발푸르기스의 밤은 온통 성교에 대한 이야기뿐이다.

형사사법적으로 볼 때 이 책은 적법절차에 대한 핵폭탄이다. 그때까지 인류가 쌓아 올린 모든 적법절차를 한꺼번에 쓸어버렸다. 마녀로 지목되면 모든 법적 보호를 박탈했다. 마녀라는 소문이 돌면 그것만으로 즉시 체포할 수 있었다. 변호인을 선임할 수는 있으나 변호인이 마녀를 열심히 변호하면 그 변호인 역시 체포하여 처벌할 수 있었다. 이 책에 의하면 마녀는 판사나 심문관을 홀리게 하고 체포하는 자들을 마비시킬 수 있으며 고문을 견딜 수 있다고 한다. 그래서 모든 적법절차를 무시할 수 있도록 한 것이다.

하지만 마녀가 그런 능력이 있다면 체포될 리 없다. 순순히 고문을 받을 리도 없다. 고문 따위도 우습게 이겨낼 수 있는 마녀를 왜 굳이 고문해야 하는지도 설명하지 못한다. 이렇게 자기 모순적인 책이지만 그 허무맹랑한 주장들은 다 받아들여졌다. 물론 교황청은 이 책 내용에 대해 사실이 아니라고 밝힌 적은 있다. 하지만 교황 인노센티우스 8세의 후원 아래 전 유럽으로 퍼졌다. 악마가 존재하는지 모르겠지만, 혹시 존재한다면 아마 이 책을 만들고 퍼뜨린 사람들일 것이다.

마녀를 심문하는 방법은 참 기괴하고 성도착적이었다. 마녀는 가축으로 변신한 시종에게 자기 피를 나눠준다고 믿었다. 이 믿음은 그리스 신화에서 유래한 것이다. 마녀의 모델은 태양신 헬리오스의 딸인 키르케이다. 키르케는 인간을 동물로 둔갑시키는 마법을 사용했다. 그래서 마녀는 사람을 가축과 같은 동물로 변신시킨다고 믿었다.

마녀심문관들은 마녀의 몸 어딘가에 시종에게 피를 준 흔적이 남아 있다고 믿었다. 그 흔적을 찾으면 마녀라는 것이 밝혀지는 것이다. 그래서 온몸을 벗기고 모든 털을 밀어버린 후 바늘로 온몸을 찔렀다. 종기자국이 아니라면 당연히 그런 흔적이 나올 리 없다. 그러면 심문관들은 숨겨진 흔적을 찾는다면서 성기와 눈, 혀 등을 찔렀다. 그래도 흔적이 나오지 않으면 결국 차가운 물의 신판이나 심한 고문을 했다. 물의 신판에 처했던 이유는 이 책에서 마녀는 뜨거운 쇠를 쥐어도 화상을 입지 않았다고 믿었기 때문이다. 화상도 입지 않고 폭풍우도 마음대로 부리는 마녀가 물에만 취약할 리 없지만, 아무튼 그렇게 믿었다. 오즈의 마법사에서도 서쪽 마녀는 물에 녹았으니까. 결국, 마녀는 수용성인 것이다.

마녀재판은 교회와 지역 토호들이 주도했다. 이들이 마녀재판에 혈안이 된 것은 탐욕 때문이다. 마녀의 재산은 몰수할 수 있었다. 그 돈으로 마녀재판에 필요한 모든 비용을 충당했다. 심지어 화형에 필요한 장작값, 간수와 화형집행인의 보수와 술값까지 마녀의 재산으로 지급했다. 그 말은 마녀로 몰린 사람들은 자기 돈으로 산 장작에 타 죽었다는 뜻이다. 남는 재산은 교회 아니면 영주가 가졌다. 한창때 마녀재판으로 몰수한 재산이 1년에만 50만 플로린이었다고 한다. 그래서 교회와 심문관, 영주들은 재산을 노리고 멀쩡한 사람들을 마녀로 몰았다. 이는 통계적으로도 입증된다. 마녀재판은 재산몰수를 인정하는 지역에서, 그렇지 않은 지역에 비해, 압도적으로 많이 발생했다.

하지만 탐욕만으로는 마녀재판을 설명할 수 없다. 몰수할 재산이 없는 가난뱅이나 부랑자까지 마녀로 몰아 죽였기 때문이다. 집단적 광기와 사회에 만연한 불안이 주요 원인이지만 마녀재판의 구조에서 기인한 탓도 있다. 마녀재판은 마녀를 기하급수적으로 양산할 수밖에 없었다. 바로 마녀를 적발하는 도구, '밀고'이다.

누구나 마녀를 밀고해야 하는 의무를 지고 있었다. 마녀라는 것이 밝혀지면 그 주변 사람들은 미리 밀고하지 않았다는 이유로 처벌받았다. 그 두려움 때문에 너나 할 것 없이 마구잡이로 밀고

했다. 무기명 신고나 밀고, 정보경찰에 의해 수집된 정보에 의한 수사를 절대적으로 막아야 하는 이유가 바로 여기에 있다. 그것은 마녀재판과 본질에서 같기 때문이다.

밀고를 조장한 가장 큰 이유는 역시 《마녀를 심판하는 망치》 때문이었다. 이 책은 잡힌 마녀가 다른 마녀를 밀고할 때까지 계속해 고문하라고 지시했다. 이것은 자백하는 범죄자들에게 밀고를 요구하는 전통 때문이다. 과거 범죄자가 자신의 죄를 인정하면 대부분 신체절단형에 처했다. 다만, 전쟁에서 적군을 죽이거나 적군 포로를 잡아 오는 경우 등에는 왕이 신체절단형을 면해줬다. 이것이 변해 절도범이나 강도범에게 공범이나 다른 죄인을 밀고하면 신체절단형을 면해줬다. 따라서 마녀라고 자백한 경우에도 당연히 다른 마녀를 밀고해야 한다고 생각한 것이다.

모든 수사절차를 끝내기 위해서는 누군가를 마녀로 지목해야 했다. 지독한 고문을 끝내는 방법은 오직 처형당하는 것뿐이었다. 하지만 처형당하기 위해서는 누군가를 마녀로 지목해야만 했다. 누군가를 마녀로 지목하지 않으면 계속 고통스러운 고문을 받아야 했다. 그래서 아무나 마녀라고 지목했다. 자신이 지목한 사람이 마녀가 아니라는 것을 누구보다 잘 알고 있었지만, 죽음보다 고통스러운 고문을 끝내고 죽으려면 누군가를 마녀로 지목해야만 했다.

실제 마녀재판 사례를 보면 더욱 끔찍하다. 바이에른에 안나 파펜하이머라는 가정주부가 마녀로 지목된다. 남편과 세 명의 아들이 있는 평범한 가정주부가 마녀로 지목된 이유는 남편이 변소 청소부였고 가족들이 루터파이기 때문이다. 즉, 대중이 싫어했기 때문이다.

안나는 마녀재판소에 끌려가 고문당했다. 고문을 견디지 못한 그녀는 마녀라고 자백한다. '자신과 남편이 아이들을 살해해 그 뼈로 살인 가루를 만들었다'라고 인정한 것이다. 하지만 유골 가루는 대부분 인산칼슘과 탄산칼슘이다. 그것으로 살상용 무기를 만들 수 있다면, 안나는 상온 핵융합도 가능하다.

아무튼, 자백했으므로 그녀는 마녀로 밝혀졌다. 의기양양한 이단심문관들에 의해 그녀와 가족들은 광장으로 끌려 나왔다. 군중들 앞에서 그녀의 옷을 벗기고 그녀의 유방을 칼로 잘랐다. 피가 뚝뚝 떨어지는 그녀의 유방을 그녀의 아이들에게 강제로 먹였다. 그녀가 쓰러지자 이단심문관들은 남편을 데리고 나와 돌바닥에 눕혔다. 그리고 무거운 쇠바퀴를 수차례 떨어뜨려 그의 가슴뼈를 모두 부러뜨렸다. 그 후 쇠꼬챙이를 남편의 항문으로 찔러 산채로 꼬챙이를 만들었다. 그리고 나서야 안나와 남편을 장작불에 태워 죽였다. 그녀의 두 아들도 부모와 함께 태워죽였다. 막내아들만은 불에 태우지 않았다. 대신 엄마와 아빠 그리고 형들이 불타 죽어가는 모습을 지켜보게 했다. 3개월 후 마녀재판소는 그 막내아들마저 태워죽였다.

이 모든 것이 예수 그리스도와 하느님의 이름으로 이뤄졌다. 군중들은 이러한 끔찍한 살육을 지켜보면서 하느님에게 영광을 돌리는 찬송가를 불러댔다. 이것이 바로 형사재판의 역사다. 우리가 별생각 없이 남발하는 '마녀재판'이라는 단어에는 이렇게 끔찍한 역사가 담겨있다.

인간이 정의를 알 수 있다면 미란다 원칙이니 적법절차니 하는 것도 불필요하다. 하지만 인간은 정의를 알 수 없다. 트라시마코스도 '정의라는 것은 강한 자의 이익을 의미한다'라고 했다. 우리가 겨우 알 수 있는 것은, 무엇이 정의가 아닌가 정도이다. 그래서 형사사법제도를 만들었다. 형사사법제도는 '인간은 부조리하고 감정적이며 부정확하다'라는 깨달음 위에 세워진 것이다. 우리는 진실을 알 수 없고, 감정과 분노에 따라 잘못된 판단을 할 수 있기에 섣부른 결론을 내리지 말도록 여러 가지 견제 장치를 둬야 한다. 그 견제 장치가 바로 적법절차이다. 그래서 검사가 지키는 정의는 실체적 정의가 아니라 절차적 정의이다.

스티븐 핑커는 《빈 서판》에서 그 점에 대해 명확히 설명한다.

"만약 우리가 평화와 평등 또는 과학과 진리에 대한 헌신과 같은 소중한 가치들을 지키려고 한다면, 우리는 그 가치들을 인간의 심리학적 특성에 대한 엉성하고 박약한 주장들로부터 되도록 멀리 떼어 놓아야 한다."

하지만 종교와 도그마에 빠지면 늘 자신들이 정의에 부합하고, 자신들이 정의를 알고 있다고 생각한다. 그래서 그들에게는 적법절차가 불필요하다.

종교의 문제점에 대해 버트런드 러셀은 이렇게 말했다.

"모든 명확한 지식은 과학에 속하고 명확한 지식을 초월한 것에 대한 모든 도그마는 신학에 속하는 것이다. 과학은 우리에게, 우리가 무엇을 알 수 있는가에 대해서는 알려주지만, 우리가 알 수 있는 것이 적은 부분이라는 점에 대해서는 가르쳐주지 않는다. 한편, 신학은 우리로서는 실제로 알 수 없는 영역에까지 지식을 가질 수 있다는 독단적인 믿음을 불어 넣어 우주에 대한 일종의 건방진 무례함을 갖게 한다."

자연에 대한 지식은 사람들을 온갖 종교적, 초자연적 미신에서 벗어나게 해준다. 우리가 과학을 배우는 목적은 이러한 미신과 종교적 속박에서 벗어나기 위함이다. 우리를 야만으로부터 자유롭게 하기 위함이다. 반면 종교는 자신이 뭐든 알고 있고, 자신이 아는 것만이 진리라고 착각하게 만든다. 그것이 형사소송제도에 끼어들면 이런 비극을 낳는 것이다. 직권주의 종교재판소에서 600년 동안 대략 5천만 명이 재판을 받았다. 일부는 화형을 당하고 일부는 억울하게 죄인이 되었을 것이다.

1590년 9월 뇌르틀링겐에서 마녀로 몰려 처형당한 회계사의 부인이 가족에게 보낸 편지가 남아 있다. 그녀는 독약을 보내 달라고 남편에게 애원했다. 고문을 도저히 견딜 수 없다면서 그녀는 이런 글을 남겼다.

"하느님은 어떻게 이런 일을 용서해 주시는 것일까요?"

법은 국민의 정의 감정에 기반하지 않으면 생명력을 잃는다.

_ 한스 켈젠, Hans Kelsen

Chapter 11

마녀재판은 진행형

마녀재판은 페스트, 경제난, 종교개혁, 전쟁 등 사회적 불안 때문에 발생한 것이라고 한다. 그런데 사회적 불안은 꼭 이렇게 극악한 방법으로 해소해야 할까? 인간과 같은 영장류인 보노보는 집단 내 스트레스를, 난교를 통해 해결한다. 마찬가지로 스포츠를 하거나 광란의 파티를 해도 되는데, 왜 사람들은 가장 잔인한 방법으로 해소했을까?

그것은 대중이 좋아했기 때문이다. 남의 집 불구경하지 않는 군자 없다고 했다. 마녀재판과 화형식은 모두가 환호하는 축제였다. 마녀 화형식을 구경하기 위해 엄청난 인파가 몰렸다. 수십 킬로미터씩 걸어온 군중을 위해 여관과 식당이 만들어졌다. 자연스럽게 화형식장을 중심으로 시장이 형성되었다.

사람들이 처형을 즐긴다는 것은 수많은 기록으로 입증된다. 에 펠탑으로 유명한 1889년 파리 만국박람회 때 가장 많은 인파가 몰린 곳은 기요틴 처형 현장이었다. 그다음으로 인기를 끈 것은 파타고니아 원주민들로 채운 인간동물원이었다. 1939년 와이트 만이라는 살인범을 기요틴(단두대)으로 처형할 때는 프랑스 전체 에 광기에 가까운 소동이 벌어졌다고 한다. 이때의 경험 때문에 그 이후 더 이상 공개처형은 이뤄지지 않는다.

1904년 미국 미시시피주에서는 루터 홀버트Luther Holbert와 흑인 여성이 백인을 살해했다는 이유로 군중에 의해 불에 태워졌다. 군 중은 그들에게 모진 매질을 가하고 심지어 코르크 따개를 몸통에 비틀어 넣어 살점을 뜯기도 했다. 그들은 홀버트와 흑인여성의 손 가락과 귀를 잘라 전리품처럼 가져갔고 살아있는 채로 불에 태워 죽였다. 그때 이 모습을 구경하기 위해 천여 명의 인파가 몰렸고, 위스키와 레모네이드를 마시는 등 마치 축제장과 같았다고 한다. 이 끔찍한 파티와 관련해서 누구도 처벌받지 않았다.

마녀재판은 로마 가톨릭에서 시작했으나 신교도들이라고 다르 지는 않았다. 특히 신교도들은 가톨릭의 각종 제의, 의례를 비판 하면서 그것들을 사탄이 벌이는 주술행위라고 공격했다. 그 때문 에 특이한 행동을 하면 매우 공격적으로 나왔다. 그래서 신교도들 이 세운 신대륙에서도 마녀재판이 벌어졌다. 아서 밀러가 쓴《크 루서블The Crucible》에서 1692년에 벌어진 세일럼 마녀재판이 잘 표현되어 있다.

우리는 마녀재판이 고리짝 같은 낡은 유물이라고 생각하지만 아쉽게도 현재진행형이다. 240번 버스 사건을 떠올려보자. 어린아이가 잘못 내린 것을 뒤늦게 깨닫고 차를 멈춰달라는 엄마의 애원을 무시하고 달려갔다는 240번 버스 이야기 말이다. 이 가짜뉴스는 증거도 없고 개연성도 희박했다. 인터넷 커뮤니티에 올라오는 수많은 괴담 중의 하나였다.

하지만, 이 괴담이 언론을 만나자 살상무기로 변했다. 머니투데이, jtbc, 오마이뉴스 등이 확인도 없이 마치 사실처럼 보도했다. 운전기사를 악마처럼 묘사한 그 기사들을 보고 대중은 기다렸다는 듯 혐오와 분노를 쏟아냈다. 곧 정의구현이라는 명목으로 운전기사 신상털이가 시작되었고, 운전기사와 그 가족에 대한 무자비한 공격이 이어졌다. 가족만으로는 분이 안 풀렸는지 버스회사에 전화를 걸어 욕설과 협박을 해댔다. 대중이 한 가족을 죽이려고 들자 언론은 그 분노를 이용해서 또 운전기사와 그 가족을 공격하는 기사를 쏟아냈다.

당시 서울시는 진상 조사를 했다. 그리고 이것이 가짜뉴스라는 것을 확인했다. 하지만 서울시는 필라투스 총독과 똑같이 행동했다. 사실을 밝히는 대신 죄 없는 운전기사에게 사과를 요구했다. 진실보다는 한 명을 희생시키는 것이 정치적으로 훨씬 유리하기 때문이다. 그렇게 마녀사냥에 동참한 서울시장은 대중의 지지를 받았다.

진실을 밝힌 것은 CBS 노컷뉴스였다. 이 소문이 거짓이라는 것을 밝혔고 그 증거도 제시했다. 하지만 대중의 반응은 뜻밖이었다. 오히려 CBS 기사를 공격했다. 대중은 함께 증오했던 그 짜릿한 경험을 방해받고 싶지 않았다. 그 쾌감을 깨뜨린다면 설사 그것이 사실이라도 공격한다. 그래서 언론은 다시 대중의 구미에 맞춰 폭주했다. 대부분 언론은 '아이 엄마가 거짓말을 했더라도 이를 공격하는 것은 혐오'라는 프레이밍을 대중에게 선사했다. 오마이뉴스는 신속하게 태세전환을 해서 '엄마에 대한 무분별한 마녀사냥을 중단하사'라는 기사를 냈다.

하지만 진짜 마녀사냥은 따로 있었다. 버스 기사와 그 가족들에게 했던 짓들이 바로 마녀사냥이었다. 버스 기사의 딸은 제발 아빠에 대한 공격을 멈춰달라고 호소했었다. 그 호소에는 전혀 작동되지 않던 이성이 왜 갑자기 작동했을까? 진짜 마녀사냥에는 침묵하거나 오히려 조장해 놓고서 갑자기 왜 이성을 찾자고 태세전환을 했을까? 그것은 우리가 공범이기 때문이다. 우리는 우리가 가해자였던 것은 늘 잊는다. 그래서 마녀사냥의 피해자는 수도 없이 많지만, 마녀사냥의 가해자는 어디에도 없다.

너무 지나치고 극단적인 단정이라고 생각할 수도 있다. 하지만 우리를 되돌아보자. 우리는 그 누구보다 감정적이고 편파적이다. 성매매와 학대를 당했다고 거짓말한 세모자 사건, 임신 중인 여성의 배를 걷어찼다는 샤브샤브 식당 사건 등 수많은 선동에 우리는 너무 쉽게 휩싸였다. 그 허무맹랑한 거짓말에도 우리는 쉽게 선동되었다. 흥분을 가라앉히고 잠깐만 생각해 보면 말도 안 되는 거짓이라는 사실을 알 수 있었으나 대부분은 분노와 흥분을 택했다. 우리는 금세 그 가해 사실을 잊지만, 마녀사냥의 피해자와 그 가족들의 삶은 완전히 무너져 버렸다. 하지만 마녀사냥을 선동했던 언론과 정치인, 인플루언서들은 잘 먹고 잘산다.

《이성의 잠은 괴물을 낳는다》 ©Francisco Goya

그렇다고 마녀재판의 앞잡이들을 처단하자는 것은 아니다. 우리에게는 소소하지만 상대방에게는 치명적인, 마녀사냥에서 우리가 진짜 따져야 할 것은 누가 죄인이냐가 아니다. 이 소동 속에서 우리가 깨달아야 할 것은, '우리는 선택적 정의에 빠져 누군가의 몰락을 탐닉하는 존재'라는 자각이다. 우리 안에는 남을 혐오하고 파괴하고자 하는 본능이 있다. 그것을 인정해야 한다. 그렇지 않으면 이러한 마녀사냥과 선동은 언제나 반복된다.

인간들은 왜 이렇게 다른 사람들이 고통스럽게 죽는 것을 좋아할까? 그것은 인간의 한편에 그런 욕망이 존재하기 때문이다. 우리는 감정적이고 충동적인 존재이다. 우리는 스스로 매우 합리적이라고 생각하나 사실은 분노나 혐오에 매우 약하다. 철학과 변술에 능한 아테네 시민들도 '정의'라는 탈을 쓴 분노에는 취약했었다. 분노와 혐오에 사로잡힌 우리는 다른 이를 징벌하는 것을 좋아한다. 내 억측이 아니라 과학적으로 입증된 것이다.

'공헌게임contribution game'이라는 실험이 있다. 우선 참가자들을 모아 그들에게 각 10달러씩 준다. 그 후 참가자들이 자유롭게 기부하게 했다. 그럼 주최 측이 기부금만큼 돈을 보탠 후 모두에게 나눠줬다. 예를 들어 4명의 참가자에게 10달러씩을 주고, 이 중 갑돌이가 1달러를 기부한다. 그럼 주최 측이 1달러를 더 보태 2달러를 만들어 4명 모두에게 나눠줬다. 모두 50센트씩을 받게 된다. 그럼 1달러를 기부한 갑돌이는 50센트만 받게 되어 50센트를 손해 보게 된다. 그래서 실험이 반복되면 기부자가 점점 줄어들고 결국 모두가 기부를 거부하게 된다.

실험을 조금 변형해 봤다. 처벌을 도입하는 것이다. 즉, 참가자들에게 기부를 약속하게 하고 만약 그 약속을 어기면 처벌을 하는 것이다. 단, 함부로 처벌하는 것을 막기 위해 처벌을 원하면 자기도 돈을 내도록 했다. 기부 약속을 어긴 사람에게 3달러 벌금을 내게 하려면 자신도 1달러를 내야 한다.

이 변형된 실험의 결과는 전혀 달랐다. 모두가 기부에 동참했다. 실험 결과 기부에 참여하지 않으면 바로 처벌이 뒤따랐기 때문이다. 즉, 참가자들은 자기의 돈을 내면서까지 다른 참가자의 불공정을 징벌하고자 했다. 기부하는 데는 50센트도 아까워하던 사람들이 어떻게 다른 사람을 처벌하기 위해서는 그 두 배인 1달러의 손해를 받아들이는 것일까?

과학자들은 그 이유를 알기 위해 참가자들 뇌를 촬영했다. 그 결과 타인을 처벌하기 위해 자신을 희생할 경우 배후 선조체dorsal striatum라는 뇌의 특정 부위가 활성화된다는 사실을 알게 되었다. 이 배후 선조체는 금연하는 사람이 흡연 사진을 볼 때 격렬히 반응해서 금연을 좌절시키는 매우 강력한 놈이다. 그러니까 금연에 실패하면 당신 탓이 아니라 이 이름도 어려운 배후 선조체 탓이다.

그러니까, 사람들은 타인이 처벌받는 것을 좋아한다. 인정하기 싫겠지만, 사람은 누군가를 처벌함으로써 기쁨을 얻는다. 사람들은 누군가가 재판이나 심판의 대상이 되면 일단 강렬한 처벌 욕망을 공유한다. 개인으로서 우리는 간혹 자비로울 수 있으나, 대중으로서 우리는 매우 무자비하고 집탈懲한 존재이다.

그뿐 아니라 우리는 증오와 분노를 공유하고자 한다. 그래서 분노의 동조 현상을 일으키고, 그것을 방해하는 이성적 흐름에는 크게 분노한다. 대중은 유죄추정을 하고 또 처벌하려고 하는 경향이 있다.

애덤 스미스도《도덕감정론》에서 이렇게 말했다.

"우리가 친구들의 동감으로부터 더 큰 만족을 얻는 것은 유쾌한 감정에 대한 친구들의 동감이 아니라 우리의 불쾌한 감정에 대한 친구들의 동감이라는 것이다. 우리의 분개에 동감하지 않는 데 대해 우리가 느끼는 분노의 정도는 그들이 우리의 감사하는 마음에 공감하지 않는 데 대해 느끼는 분노의 정도보다 배가 넘는다."

그 욕망들을 가로막기 위해 만든 것이 형사소송제도이다. 무죄추정의 원칙, 미란다 원칙, 영장주의, 공개재판, 기소독점주의 등은 바로 대중의 분노, 권력의 욕망과 싸우기 위한 무기이다.

이러한 원칙에는 소크라테스와 안나 같은 수많은 사법피해자의 희생이 숨겨져 있다. 결국, 형사소송법에는 인간의 본성과 인류의 역사, 공동체의 실패 등이 담겨있는 것이다. 형사사법제도와 형사소송법에는 인류의 처절한 역사가 담겨있다. 거기에는 우리 모두 숨기고 싶은 인간의 악한 본성이 담겨있다. 그래서 진정한 빅데이터이다. 빅데이터는 4차 산업에만 가능한 것처럼 보이나 우리 주변에는 엄청나게 많은 빅데이터가 있다. 우리가 일반적으로 받아들이는 관습, 종교, 의식, 그리고 각종 법률 등은 수천 년간 인간의 본능과 공동체 사이의 갈등, 그리고 그 해소방법이 담긴 것들이다. 더러는 낡고 시대에 뒤처지는 내용도 있지만, 그 속에는 수백 년의 성찰이 담긴 교훈도 적지 않다. 이러한 규범과 아키텍처들 사이에서 유의미한 정보를 추출할 수 있는 능력, 그것이 바로 인문학의 힘이다.

법정은 감정의 투쟁장이 아니라, 이성의 성소여야 한다.

_ 루스 베이더 긴즈버그, Ruth Bader Ginsburg

Chapter 12

종교개혁과 인문주의 부흥

14세기부터 17세기까지 유럽은 두 가지 큰 변화를 마주한다. 바로 종교개혁과 대항해시대이다. 이 거대한 흐름은 유럽에 엄청난 변화와 발전을 가져왔다.

1500년 상황을 보자. 당시 유럽은 소왕국, 공국, 영주국, 도시국가 등으로 분열되어 있었다. 생산력은 형편없었고 인구수도 적었다. 문화, 학문, 과학, 기술 수준 등에서 아시아나 중동의 제국들에 비교할 바가 아니었다.

명나라 인구는 15세기에 이미 1억 명을 넘겼다. 같은 시기 유럽의 인구는 불과 5,500만 명이다. 유럽이 분열된 것에 반해 명나라는 그 넓은 영토에 완벽한 중앙집권체제를 갖추었다. 관료제는 이미 천 년 전에 완성되었고, 촘촘한 도로망과 운하시설이 거미줄처럼 얽혀있었다. 11세기 후반부터 활자 인쇄술을 사용했고 지폐가 무리 없이 통용되었다. 1023년 송나라는 익주교자무益州敎子務라는 조폐창을 설립하여 교자敎子라는 지폐를 발행했다. 유럽의 경우는 17세기가 되어서야 스웨덴이 최초로 지폐를 발행했다. 물론 실패했다. 18세기에 시도한 프랑스도 실패했다. 유럽에서 지폐가 통용된 것은 19세기 영국 중앙은행이 발행한 이후이다.

　11세기 중국의 제철 생산량은 18세기 초반 영국의 그것보다 많았다. 명나라는 해군력도 막강했다. 1420년 정크선 전함만 1,350척에 달했다. 환관 정화는 그 함대를 이끌고 1405년부터 1433년까지 대원정에 나서 홍해까지 진출했다. 이때 정화의 기함은 길이가 120m이고 무게만도 1,500톤이었다고 한다. 콜럼버스의 산타마리아호는 그 길이가 23m였다. 산타 마리아가 벌처라면 정화의 기함은 배틀크루저다. 정화의 원정대가 아메리카에까지 항해했다는 주장도 있으나 지구평면설만큼 허무맹랑한 것이다. 다만, 정화의 원정은 서구의 대항해시대와 달리 평화로웠다. 큰 원정에도 불구하고 약탈이나 살인은 벌어지지 않았다. 하지만 명나라는 정치적인 이유로 갑자기 1436년 원정을 금지하고 많은 선박을 폐기해버린다. 이는 명나라 해군의 쇠퇴를 낳았고 왜구들의 침략에 시달리는 원인이 된다.

　이슬람 제국들의 위세도 대단했다. 16세기 지구 최강은 역시 오토만 제국, 오스만 튀르크다. 오스만 튀르크는 동방무역의 루트인 실크로드를 장악하고 그 경제력을 바탕으로 사방으로 팽창

한다. 중동지역뿐 아니라 크림반도, 에게해, 레반트는 물론, 서아프리카까지 정복했다. 1453년에는 콘스탄티노플의 삼중벽을 뚫고 동로마제국을 무너뜨렸고, 내쳐 불가리아, 세르비아, 왈라키아까지 복속시킨다. 1516년 8월에는 오리엔트 최강자였던 이집트의 맘루크와 맞붙는다. 시리아 북부에서 일어난 마르지 다비크 전투에서 오스만 튀르크는 대포와 예니체리를 활용하여 맘루크의 최강 기병대를 격파한다. 1517년 1월에는 이집트, 1526년에는 헝가리를 정복한다. 1529년에는 합스부르크 왕조의 심장인 빈을 포위하기도 했다. 이때 도로 사정이 나빠 우르반 대포를 끌고 가지 못한 탓도 있지만, 서쪽의 사파비왕조가 배후에 도사리고 있어 결국 회군하게 된다. 당시 유럽은 오스만 튀르크는 프랑스와, 합스부르크-스페인왕조는 사파비왕조와 한편이었다. 물론 오스만 튀르크는 그 뒤로도 계속 빈을 공략한다, 무려 1683년까지.

오스만 튀르크는 명실상부한 해양제국이었다. 지중해, 흑해뿐만 아니라 나일강, 홍해 그리고 인도양까지 진출한다. 오스만 튀르크는 9세기부터 이미 중국 광저우에 무역거점을 마련하고 있었다. 879년 황소의 난이 터졌을 때 광저우의 아랍인, 페르시아인들을 공격했다는 기록이 남아 있다.

오스만 튀르크는 넓은 정복지의 종교, 언어, 문화를 통일했다. 하지만 문화적으로, 종교적으로 관용정책을 펼쳤다. 과학자와 학자, 상인을 우대했고 그리스인과 유대인을 포용했다. 오스만 제국은 도서관과 하수 시설, 등대 등을 갖추고 있었고 수학, 지도술,

약학, 총포, 제분 분야에서 눈부신 발전을 이뤘다.

하지만 예니체리를 중심으로 한 오스만 튀르크의 관료제는 점차 경직되고 퇴보한다. 예니체리는 기독교도 고아들을 거두어 이슬람식 교육으로 키워낸 황제의 친위대이다. 예니체리는 이슬람 관용주의와 자신감의 상징과도 같다. 오스만 튀르크는 예니체리의 활약으로 눈부신 성장을 했다. 하지만 오스만 튀르크를 쇠락하게 한 것도 예니체리이다. 마치 청나라 건국의 주역이나 기득권 집단으로 퇴보하면서 제국 몰락의 주범이 된 팔기八旗와 같다. 일례로 1580년 예니체리는 국립천문대를 파괴했다. 천문대가 전염병을 확산시킨다고 믿었기 때문이다. 문명과 지성이 늘 발전하는 게 아니다.

제국이 커지면서 세금이 늘어나고 무역량이 감소하고 도시와 농촌이 함께 몰락했다. 이슬람은 원래 종교적으로도 관용적이었다. 이교도라는 이유로 박해하지 않았고 특히 불에 태워죽이지는 않았다. 하지만 시아파가 성장하면서 위협을 느끼게 되고 종교적으로도 점차 편협해졌다. 사상과 학문의 자유는 쇠퇴하고 각종 인쇄물을 금지했다. 인쇄물을 금지하자 당시 최첨단 산업이었던 인쇄술도 쇠퇴한다. 청신했던 오스만의 군대도 보수화되고 군의 근대화에 지향했다.

반면 유럽은 뒤처졌지만, 천천히 전진했다. 중동에서 10세기부터 사용한 포크를 유럽이 사용하기 시작한 것은 16세기라고 한다. 하지만 포크 사용이 일반화된 것은 유럽이 더 빠르다. 마찬가지로 유럽은 뒤늦게 봉건제를 극복했지만 더 빨리 근대국가로 나아갔다.

근대국가를 만드는데 가장 큰 영향을 미친 것은 종교개혁이다. 법학과 법률의 발전도 종교개혁으로부터 시작된다. 모든 신정국가는 근대적인 법률을 인정하지 않는다. 신의 뜻을 인간의 질서가 간섭할 수 없기 때문이다. 따라서 로마법의 전통은 이탈리아 볼로냐 등지에서 조용히 숨죽이고 있었다, 역사의 전면에 다시 나설 때까지. 그리고 로마법은 종교개혁 이후 다시 주인공으로 복귀한다.

종교개혁은 가톨릭교회의 부패와 모순 때문에 발생했다. 가톨릭교회는 15세기 이후 최전성기를 맞이한다. 이때 엄청난 기근이 발생했고, 끊임없이 전쟁이 터졌다. 흑사병으로 수천만 명이 죽어갔다. 당연히 죽음에 대한 공포와 불안이 극심했다. 사람들은 죽음과 면죄에, 강박에 가까운 집착을 보였다. 이는 미신과 광신으로 이어졌다. 공포심과 불안감에 내몰린 군중은 성모나 성인을 광적으로 숭배했고, 성물과 면죄부에 집착했다. 그것들이 사후를 보장해 줄 것이라고 믿은 것이다. 그 광기를 자양분으로 가톨릭교회는 어마어마한 부와 무서운 권력을 쌓았다. 역시 칠 년 대흉이 들어도 무당만은 안 굶어 죽는다는 옛말이 틀리지 않는다.

하지만 교황청의 권위는 땅에 떨어진 지 오래였다. 무슬림이 이탈리아를 침공한 이후 로마는 공백상태였다. 그 공백을 이용해 테오필락트와 그의 딸 마로치아는 9세기 교황 자리를 쥐락펴락했다. 마로치아는 여러 명의 남자첩을 거느렸는데 그중 가장 총애하던 애인을 교황으로 삼았다. 바로 세르기우스 3세이다. 교황 존 11세는 세르기우스 3세와 마로치아 사이에 태어난 사생아라는 기록도 있다. 마로치아의 손자가 교황 존 12세이다. 존 12세는 유부녀와 밀애를 즐기다 그 남편에게 맞아 죽었다. 교황이 보여줄 수 있는 가장 극적인 죽음이라고 할 수 있다.

1294년 교황 첼레스티누스 5세는 프랑스의 조종을 받는 추기경들에 의해 쫓겨났고, 프랑스 왕은 교황을 아비뇽에 가두었다. 1378~1409년간 두 명의 교황이 존재했고, 1409~1418년에는 세 명의 교황이 난립했다. 1418년에 끝난 콘스탄츠 공의회로 세 교황 시대는 막을 내렸으나 이미 교회의 신성함은 사라졌다.

가톨릭교회는 교황을 중심으로 움직인다. 그래서 교황무류성 敎皇無謬性: Papal infallibility까지 내세운다. 교황이 내린 결정은 하느님의 은총을 받는 선택이므로 절대 틀릴 수 없다는 것이었다. 그런데 그 교황이 세 명이니 무류성이라는 것은 그 자체로 모순이 되는 것이다. 정답이 세 개면 그건 출제 오류다. 7세기부터 15세기까지 교황과 황제들은 사제서임권 등을 두고 그야말로 미친 듯이 싸웠다. 권력투쟁이자 이권 다툼이었다.

그런 혼란과 광신 속에서도 가톨릭교회의 부패는 멈추지 않았다. 대들보가 무너지면 서까래도 처지는 법이다. 교황청과 교회,

수도회의 부패와 타락은 상상을 초월했다. 성직자들은 돈이 되는 사업을 위해서라면 살인도 서슴지 않았다. 교황이 매춘사업 허가를 내주고 그 수익금에 대해 세금을 걷기도 했다. 교황 알렉산더 6세는 면죄부 판매 사업에 뛰어난 사업수완을 보여줬고 공개적으로 윤락업소도 운영했다. '투잡'의 선구자인 셈이다.

그래서 교황청이 있는 로마는 매춘의 천국이었다. 한창때는 로마 납세자의 30%가 윤락업 종사자였다고 한다. 좋게 보자면 서비스업이 발달한 사랑의 도시였던 것이다. 로마 교황청이 있는 바티칸시티 자체가 협잡의 산물이다. 반란을 눈감아준 조건으로 받은 땅이다. 프랑크 왕국이 카를 마르텔은 왕이 아니라 궁재(宮宰, maior domus였다. 궁재는 삼국지의 조조曹操와 같은 승상과 유사하다. 카를 마르텔의 아들 피핀은 궁재가 아니라 왕이 되고 싶었다. 하지만 당시 왕은 신이 점지해 주는 것이고 그 권위는 지상의 누구로부터 도전받을 수 없다는 왕권신수설이 대세였다. 정통성이 없으면 왕이 될 수 없었다. 하지만 이를 뒤집고 피핀을 왕으로 인정해 준 것이 교황 스테파노 3세였다. 그 대가로 피핀은 756년 교황에게 지금의 바티칸시티 땅을 넘겨준다. 그 불법적인 거래를 숨기기 위해 이들은 가짜문서를 만들기도 한다. 로마제국의 콘스탄티누스 황제가 과거에 그 땅을 교황에게 하사했었다는 허위공문서를 만든 것이다. 원래 부동산 사기도 크게 하는 놈들은 토지조사부와 임야대장부터 위조한다. 그 가짜문서는 1439년 로렌조 발라Lorenzo Valla에 의해 들통나기 전까지 사실로 믿어졌다. 즉, 바티칸시티 자체가 반역에 동조한 대가이자 공문서위조의 결과물이다. 그러니 바티칸시티 안에서 도덕을 찾는 것은 어울리지 않을 수도 있다. 매춘이 불법인지는 각 나라의 입법정책에 따라 다르겠지만, 교리로 매춘을 금지한 교회가 매춘사업을 하는 것은 분명 부조리하다.

가톨릭 신부들은 매관매직으로도 큰돈을 벌었다. 단테가 추앙했던 페트루스 다미아누스Petrus Damianus, peter damian에 따르면 1059년 밀라노의 모든 성직자는 성직을 사고팔았다고 한다. 살인, 강간, 동성연애 등으로 유명한 베네딕트 9세는 심지어 교황직도 그레고리 6세에게 팔았다.

신부들은 대부분 정부情婦를 두고 사생아를 낳았다. 고위 신부들의 사생아는 워낙 흔해 굳이 감추려 하지도 않았다. 오히려 대중의 관심을 받는 소위 '셀럽'이었다. 교황 알렉산더 6세도 사생아만 최소 8명을 두었다. 그중 한 명이 마키아벨리가《군주론》을 써서 바친 체사레 보자르이다.

곰팡이에서 누룩 난다고, 당연히 교회의 타락에 저항하는 선각자들이 등장했다. 12세기 프랑스 리옹 출신의 상인 발도Petrus Valdes, 발데스 혹은 왈도는 모든 재산을 가난한 사람들에게 나눠준 후 설교에 나섰다. '부처님 공양 말고 배고픈 사람 밥 먹이라'는 우리 속담과 같다. '리옹의 가난한 사람들'이라는 단체를 조직한 그는 청빈하고 도덕적인 삶을 실천했다. 처음에는 교황도 발도의 단체를 칭송했다. 하지만 발도는 교회에 현혹되지 말고 직접 성경을 읽고 구원을 얻으라고 가르쳤다. 또한, 신부가 아니라도 성경을 해석하거나 설교할 수 있다고 주장했다.

발도는 '연옥', '연미사', '보속' 등을 부인했는데, 이는 모두 가톨릭교회의 가장 중요한 돈벌이 수단이었다. 가톨릭교회로서는 이만저만한 영업방해도 아니다. 넥슨이나 엔씨소프트에게 확률형 아이템을 금지하라고 말하는 것과 같다. 교회를 통하지 않고 성경을 읽고 신과 직거래하라는 발도의 주장은 교회의 밥줄을 끊는 것이다. 이에 가톨릭교회는 1184년 베로나 회의에서 발도파를 이단으로 규정하였다. 또한, 평신도에게 성경을 읽지 못하게 했다. 성경을 읽다 잡히면 처벌받고 심지어 사형에 처했다. 그래서 문맹률이 올라간다. 인류의 문맹률이 눈에 띄게 올라간 것은 이 시기와 문화대혁명 때이다.

영국에서는 존 위클리프John Wycliffe가 나타났다. 그 역시 오직 성서만이 유일한 가르침이고 성찬의식, 교회 제도, 성인 숭배 등은 모두 거짓이라고 설파했다. 특히 성직자와 수도원의 부는 강탈한 것이라고 강하게 비판하면서 교황의 징수권을 부정했다. 존 위클리프를 따르는 사람들은 탄압을 피해 보헤미아로 이주한다. 그래서 존 위클리프의 사상은 보헤미아의 얀 후스Jan Hus에게 많은 영향을 미쳤다. 1415년 콘스탄츠 공의회에서는 그를 이단으로 판정했다. 그의 책은 모두 불태워지고 사체는 꺼내어져 불태워졌다. 그 재는 스위프트 강에 버려졌다.

얀 후스는 보헤미아의 아버지와 같은 사람이다. 그는 대략 1370년대에 태어났다고 한다. 출생연도도 모르고 가족도 알려지지 않았다. 알려진 것은 그가 매우 궁핍하게 살았다는 점이다. 프라하 카렐대학을 다닐 때는 구걸로 생계를 연명하기도 했다고 한다. 하지만 워낙 똑똑하고 능력이 뛰어나 카렐대학의 신학 교수가 되었다. 1402년에는 카렐대학의 총장으로 선출되었다.

이때부터 얀 후스는 보헤미아 국민을 상대로 강연을 했다. 당시로는 파격적으로 라틴어가 아니라 모국어인 보헤미아어로 강연했다. 그뿐 아니라 보헤미아어로 성경을 번역하고 보헤미아어 찬송가를 보급했다. 또한, 독일 패권주의에 대항하여 민족의 독립을 강조했다. 성체성사에서 일반 신도도 포도주를 마실 수 있게 한 것도 그였다. 물론 가톨릭 미사에서는 여전히 신부만 성혈(포도주)을 영한다. 순천시 저전동 성당의 학생회장이었던 내가 가장 분개했던 부분이다.

얀 후스가 이런 개혁 혹은 도발을 할 수 있었던 것은 당시 교황들이 두 명, 세 명 난립했기 때문이다. 변방의 얀 후스까지 신경 쓸 여력이 없었다. 안방이 불타는데 뒷간까지 신경 쓰겠는가. 하지만 콘스탄츠 공의회가 열리면서 상황이 변했다. 교회가 통일되자 바로 응징에 나섰다. 교황 요한 23세는 얀 후스를 파문한 데 이어 1414년 콘스탄츠 공의회에 출석하도록 요구했다. 얀 후스는 그것이 자신을 죽이려는 교황청의 음모라는 것을 알았다. 하지만 신성로마제국 황제 지그문트가 한 신변보장 약속을 믿고 콘스탄츠 공의회에 출석한다. 그 똑똑한 얀 후스가 설마 그 약속을 믿었겠는가. 죽음에 꿀리지 않는 기개를 보여주고 싶었을 것이다.

그해 11월 3일 콘스탄츠에 도착한 얀 후스는 같은 달 28일 체포된다. 체포 이유는 무단으로 대중에게 강연했다는 것이었다. 그이후 후스는 아무런 도움이나 적법절차를 보장받지 못한 상태에서 재판을 받았다. 이미 유죄가 결정된 재판이었다. 가톨릭교회는 목숨을 미끼로 여러 차례 얀 후스를 회유했다. 주장을 철회하면 사형을 면해주겠다고 했다. 하지만 얀 후스는 자신의 소신을 지키고 사형을 받아들인다. 교회는 얀 후스를 이단으로 선언하고 화형을 담당하는 황제에게 넘긴다.

지그문트 황제는 얀 후스를 풀어주는 대신 지역 영주인 루트비히 백작에게 넘겼다. 자신이 신분 보장한 얀 후스를 자기 손으로 죽일 수 없었을 것이다. 그렇다고 풀어주면 교황청과 대립해야 한다. 그래서 가장 비겁한 선택을 한 것이다. 루트비히 백작도 얀 후스를 콘스탄츠 시장에게 넘긴다. 그렇게 얀 후스는 콘스탄츠 성 외곽에서 화형에 처해 졌다.

화형대 위에 선 얀 후스의 눈에 어느 농부가 보였다. 그 농부는 이단자 얀 후스를 태워죽이기 위해 장작을 가져오고 있었다. 이를 보고 얀 후스는 '상타 심플리키타스sancta simplicitas'라고 탄식했다고 한다. '성스러운 단순함'이라는 뜻인데, 고지식하고 순진한 민중의 무지몽매함을 한탄하는 말이다. 그 농부는 얀 후스가 이단자라고 생각하고 자신들의 구원자를 죽이는 데 동참한 것이다. 그후 니체는 지배적인 가치체계에 순응하는 노예 상태를 언급할 때 후스의 이 말을 인용했다. '상타 심플리키타스'의 실례가 바로 우리나라 정치이다. 진정 유능하고 청렴한 정치인은 배신자라고 박해하고, 무식한 조폭이나 사악한 양아치, 혐오 조장 정치기술자에 맹종하는 대중을 볼 때마다 얀 후스의 심정이 이해된다.

고지식하고 순수했던 보헤미안들도 얀 후스의 죽음에는 분노했다. 그리고 봉기했다. 교황과 황제는 또다시 십자군을 결성해 그들을 강경 진압했다. 보헤미안들은 이에 맞서 4차례나 십자군을 물리쳤다. 하지만 온건파calixtians와 강경파taborites로 분열되면서 무너졌다. 온건파는 십자군과 손을 잡고 강경파를 학살한다. 물론 온건파도 30년 전쟁 이후 같은 운명을 걸었다. 하지만 이 후스 전쟁을 통해 보헤미아인들은 국민의식을 갖게 되었고 이후 체코라는 국가를 만들었다. 향나무는 그 향 때문에 불에 태워진다. 하지만 향나무는 사라져도 향기를 남긴다.

얀 후스 재판에서는 소크라테스 재판과 예수 재판이 겹쳐 보인다. 얀 후스는 신념을 지키기 위해 스스로 사형을 받아들이는 소크라테스와 같고, 지그문트 황제는 재판관의 직무를 저버리고 무고한 예수를 대중에게 넘긴 본 폰티우스 필라투스와 같다. 우리나라 정치판에서 확인하듯, 사실을 말하는 것은 매우 위험하고 권력자의 약속은 믿을 게 못 된다.

얀 후스가 중요한 것은 종교개혁가이자 민족운동가라는 점이다. 종교개혁은 민족주의를 일깨웠고 이는 중세적인 통일된 기독교 세계의 붕괴를 낳았다. 또한 얀 후스 이후 종교개혁은 종교전쟁으로 격화된다.

종교개혁의 게임체인저는 네덜란드에서 출현했다. 지금까지 종교개혁 운동이 가톨릭교회의 불의에 대한 반발이라면, 그가 나타난 이후 종교개혁은 가톨릭교회를 완전히 탈피하여 새 세상으로 나가는 움직임이다. 바로 《우신예찬Encomium Moriae》을 쓴 로테르담의 에라스뮈스Desiderius Erasmus이다.

그는 가톨릭 신부와 의원의 딸 사이에 태어난 사생아다. 출신부터 넷플렉스 드라마 첫 화에 나올 법한 극적인 전개이다. 흑사병으로 부모를 잃고 수도원에서 신부들의 학대를 받으며 자랐다. 수도사가 된 이후 프랑스, 이탈리아, 잉글랜드 등을 돌아다니며 공부했다. 파리에서 수학한 이후 에라스뮈스는 수도사를 그만두고 학문에 전념한다. 에라스뮈스도 구원과 신앙은 교회가 아니라 성경에서 나온다고 주장했다. 이른바 종교행위의 내면화이다.

에라스뮈스는 옛날 문헌으로 기독교를 연구하고 교리를 검토했다. 그러다 보니 가톨릭교회에서 금과옥조처럼 여기는 교리들이 성경과는 아무 관련이 없다는 것을 알게 되었다. 에라스뮈스는 신의 뜻을 이해하는 수단이 결국 인간이라는 것을 깨달았다. 창세기에서도 하느님이 자신의 형상과 모양으로 인간을 만들었다고 나온다. 따라서 인간에 신의 뜻을 이해할 DNA가 들어있는 것이다.

이제 스콜라 철학에 종지부를 찍을 시간이 도래한 것이다. 스콜라 철학은 모든 것을 신의 섭리로 해석했다. 인간의 인지와 인식은 결국 신앙에 종속되는 것이고, 신의 전지전능에 따라 인간을 이해해야 한다. 인간은 해석의 대상이고 그 척도는 오직 신의 섭리였다. 하지만 에라스뮈스는 반대로 인간을 해석의 주체로 올려놨다.

에라스뮈스가 설파한 '인간의 존재와 인간의 이성을 통해 진리에 다가갈 수 있다는 믿음', 그것이 바로 인문주의이다. 플라톤은 인문주의를 '우주에 기울인 냉철하고 선입견 없는 탐구를 인간의 문제나 열망에 투영한 것'이라고 설명한다. 에라스뮈스는 인문주의를 내세워 종교개혁이 가야 할 궁극적인 목표를 제시한 것이다. 그 과정에서 에라스뮈스는 고전을 도구로 활용했다. 고전은 그리스와 로마의 빛나는 유산을 담고 있었고 이는 그리스 철학과 로마법이 되살아나는 신호탄이 되었다. 고전은 인간을 완전성으로 이끄는 별빛과도 같다.

고전의 중요성에 대해 조남현 교수는 이렇게 말했다.

"고전은 시공을 초월하여 읽히면서 의미를 생산하는 개념으로 볼 수 있다. 고전이란 개념은 후대가 선대를 맹목적으로 부정하고 습관적으로 극복하는 것이 무위로 돌아가기 쉬운 것임을 일깨워 준다."

역설적이게 네덜란드는 원래 가톨릭의 중심지였다. 작은 어촌에 불과했던 암스테르담은 1345년 종교적 기적으로 인해 크게 발달했다. 1489년에는 이곳을 방문한 막시밀리안 황태자가 병을 나았다는 이야기가 돌았고, 불과 한 세기 만에 수녀원과 수도원이 19개나 생겨났다. 명실상부한 서유럽 가톨릭의 중심지가 된 것이다.

그런 네덜란드가 신교의 핵심 기지로 탈바꿈한 것은 에라스뮈스와 첨단 산업 때문이다. 당시 네덜란드는 최첨단 산업인 인쇄술의 본거지였다. 영국의 청교도들이 박해를 피해 도피한 곳이 네덜란드였는데, 그들은 거기에서 인쇄업에 종사했다. 청교도들은 수많은 종교개혁 문건을 인쇄하여 영국으로 보냈다. 마치 북한인권단체가 대북전단을 보내는 것과 유사하다. 그 중 '크리스마스는 원래 이교도의 태양절 축제이다'라는 내용이 잉글랜드 왕의 분노를 샀다. 그 분노가 네덜란드에까지 미치자 청교도 일부가 부랴부랴 신대륙으로 도주했는데, 그들이 탄 배가 메이플라워호이다.

이렇듯 인쇄술은 종교개혁과 밀접하다. 대부분 종교개혁가는 교회의 지도에서 벗어나 직접 성경을 읽으라고 가르쳤다. 하지만 일반인이 성경을 읽기는 어려웠다. 문맹률도 높았지만, 무엇보다 책값이 지나치게 비쌌다. 책 한 권이 현재의 중형차 한 대 값이었다. 그래서 보통사람들이 성서를 구하는 것은 현실적으로 불가능했다.

원래 인류는 약 4,500년 전부터 파피루스라는 식물을 이용해서 두루마기를 만들어 문자를 남겼다. 'paper'의 어원도 이 파피루스에서 비롯된다. 파피루스는 셀룰로스 성분으로 인해 부패에 강했다. 하지만 파피루스 두루마기는 그 길이에 따라 글자 수가 제한되었고 돌돌 말려 있어 필요한 부분을 찾아보기 어려웠다. 그래서

4~5세기부터는 양이나 소의 가죽을 이용해 양피지로 만든 책이 대체하게 된다.

우리가 흔히 사용하는 종이는 중국 후한 때 채륜이 105년에 발명했다. 당시에는 최첨단이었던 제지 기술은 751년 탈라스 전투 때 이슬람으로 넘어가게 된다. 그래서 서방세계 최초의 종이는 사마르칸트에서 만들어진다. 제지법은 무슬림이 지배하던 이베리아반도를 통해 프랑스로, 투르크족을 통해 베네치아로 전래한다. 1440년 독일의 구텐베르크가 금속활자법과 인쇄기를 발명하면서 우리가 흔히 아는 책이 일상화된 것이다.

구텐베르크가 인쇄술을 발명한 후 천지개벽이 일어났다. 책값이 1/20이 되었다. 300만 원 하던 유럽 왕복 비행기표가 15만 원이 되었다고 생각해 보시라. 이제 누구든 책을 접할 수 있게 된 것이다.

인류의 발명 중 인간의 사고에 가장 큰 영향을 미친 것은 인쇄술이다. 인쇄술은 인류에게 존엄성을 일깨워줬고, 인간을 투쟁의 주체로 세웠고, 결국 자유를 선사해 줬다. 인류를 미신과 무지몽매로부터 구원한 것은 바로 문자이다. 중국 고사에도 그런 내용이 나온다. 문자는 황제의 신하 창힐蒼頡이 만들었다고 한다. 창힐은 용의 얼굴에 네 개의 눈을 가졌다. 뱀상에 안경을 썼나 보다. 창힐이 문자를 만들자 하늘에서 곡식 비가 내리고 땅에서는 귀신들이 한밤중에 통곡하고 용이 모습을 감췄다고 한다. 문자로 인해 농업 기술을 전수할 수 있게 되고, 교육을 통해 미신과 주술을 몰아냈다는 뜻이다. 그 문자를 모든 사람이 누릴 수 있게 해준 것이 인쇄술이다.

인쇄술이 발명된 이후 가장 많이 출간된 책이 성경이다. 성경을 직접 읽는 것이 종교개혁의 핵심이었다. 화형당한 얀 후스도 성경을 보헤미아 말로 번역해서 출간했다. 네덜란드는 당시 최첨단 산업인 인쇄술이 발달했다. 게다가 인쇄업자들은 대부분 신교도들이었다. 암스테르담의 인쇄업자 요하너스 펠트와 둔 피테르손이 네덜란드어로 번역한 신약성경을 발간했다. 무역에 종사하며 자유로운 문화 전통을 지닌 네덜란드인들이 성서를 접하게 되자 그 어느 곳보다 빠르게 종교개혁에 반응했다. 네덜란드는 곧 종교개혁의 중심지로 급변한다. 무섭게 확산되는 신교를 막기 위해 합스부르크 왕조와 교황청이 택한 수단은 성경을 불태우는 것이었다. 성경을 못 읽게 해야 자신들의 말을 따를 것이었다. 그래서 성경을 가장 많이 불태운 것은 이슬람이 아니라 가톨릭이다.

종교개혁은 상업의 발달과 중산층 형성이 중요한 원인이라고한다. 네덜란드가 그 예이다. 물론 반론도 가능하다. 인쇄술은 베네치아에서도 발달했다. 베네치아도 대표적인 무역도시이고 매우 부유했다. 게다가 그리스와 로마의 전통이 보존된 곳이기도 하다. 네덜란드에 에라스뮈스가 있었다면, 피렌체에는 단테와 보카치오가 있었다. 그런데도 이탈리아에서는 종교개혁이 일어나지 않았다. 모든 일이 그렇듯 종교개혁도 많은 원인이 복잡하게 작용했다. 규소와 게르마늄이 있다고 다 반도체를 만드는 것은 아니다.

유럽 전 지역에서 종교개혁가가 나타났으나 대부분 실패했다. 식민지 네덜란드의 본국인 스페인도 마찬가지다. 스페인에도 미카엘 세르베투스Michael Servetus라는 천재 학자이자 종교개혁가가 있었다. 그는 1500년대 초반 스페인의 아라곤 지방에서 태어났다. 어려서부터 영민했던 그는 프랑스 툴루즈 대학에서 법학과 의학을 공부했다.

세르베투스는 라틴어, 그리스어, 히브리어에 정통했고 지리학과 약리학에도 일가견이 있었다. 그야말로 공부왕 찐천재다. 비타민 효능을 처음으로 말한 것도, 혈액순환설을 처음으로 주장한 것도 세르베투스이다. 그가 혈액순환을 이야기하기 전까지 히포크라테스의 4체액설이 정설이었다. 히포크라테스는 인간의 신체가 혈액, 점액, 검은 담즙, 노란 담즙으로 구성되고 이 4가지 액체의 균형이 무너지면 병에 걸린다고 주장했다. 수천 년 동안 지속된 그 주장을 깨뜨린 것이 바로 세르베투스다.

그는 툴루즈 대학에서 처음으로 종교개혁에 관한 책을 읽었다. 그 후 유럽 전역을 돌아다니며 여러 곳의 종교개혁 사상을 접하게 된다. 의구심에 빠진 세르베투스는 성경과 옛 문헌들을 중심으로 교리를 파헤친다. 세르베투스는 그 연구를 바탕으로 허점투성이 교리들을 비판하는 책을 썼다. 이 책은 구교, 신교 가릴 것 없이 엄청난 분노를 샀다. 이 책에서 그는 삼위일체설과 유아 세례를 부인했기 때문이다. 사람들은 진실을 알고자 하지 않는다. 대부분 무지몽매함 속에 절여지기를 바라고, 그 어리석음을 감춰주는 가면을 좋아한다. 그뿐 아니라 진실과 그것을 찾는 사람들을 공격한다. 당연히 세르베투스는 전 기독교인들의 공적公敵이 되었다.

하지만 삼위일체설은 성서에 나오지 않는다. 예수나 베드로 역시 삼위일체를 주장한 적이 없다. 비록 삼위일체설이 325년 니케아 공의회에서 공인되고 451년 칼케돈공의회에서 추인되었지만, 그전에는 정식 교의도 아니었다. 원래 삼위일체를 부인한 아리우스파가 대세였다. 하지만 아리우스파가 다수인 반달족과 고트족이 프랑크족에게 밀리면서 삼위일체설이 정설이 된 것이다. 결국 삼위일체설은 정치적인 이유에서 정설이 된 것이다. 그래서 괴테도 도그마의 대표적인 사례로 삼위일체설을 꼽았다.

하지만 모두가 삼위일체를 믿었다. 로마 교회나 신교 모두 삼위일체를 의심치 않았다. 그래서 세르베투스는 이단으로 몰린다. 진실이 다수결로 결정되는 것은 아니지만 사람을 죽이고 살리는 것은 다수결로 결정된다. 교회와 대중의 살기를 느낀 세르베투스는 신분을 숨기고 프랑스에서 잠적했다. 이단재판을 받으면 당연히 화형이기 때문이다. 한참 동안 숨어지내며 학문에 열중하던 세르베투스는 어느 신교도의 밀고로 체포된다. 죽음의 위기에서 그는 간신히 탈옥에 성공한다. 그리고 목숨을 건지기 위해 스위스로 도주한다.

스위스의 관문은 제네바이다. 당시 제네바는 칼뱅이 장악하고 있었다. 칼뱅은 세르베투스에게 앙심을 품고 있었다. 그가 자신의 책《기독교 강요》를 비판했기 때문이다. 칼뱅은 제네바로 들어온 세르베투스를 즉시 체포해 이단으로 기소했다. 명백한 정치보복이다. 칼뱅은 가톨릭교회에 대해 누구보다 신랄하게 비판했으면서도, 자신에 대한 비판은 받아들이지 못했다. 결국 가톨릭교회나 칼뱅이나 똑같았다. 자신의 허점을 들추는 자는 이단이고 마녀인 것이다.

세르베투스는 제네바 시민이 아니었기에 재판관할권이 없었다. 추방이 가장 적절한 처분이었다. 하지만 칼뱅과 추종자들은 세르베투스를 반드시 죽이고 싶었다. 그의 주장을 논리적으로 반박하기 어렵기 때문이다. 그래서 스위스 깡통들의 힘을 빌려 세르베투스를 화형에 처했다. 1553년 10월 27일 제네바 샹펠Champel에서 세르베투스는 불태워졌다. 그의 책도 함께 불태워졌다. 2024년 어느 새벽, 나는 세르베투스를 보러 레만호를 따라 샹펠까지 달려갔다. 대로변에 세르베투스의 동상이 세워져 있었다. 고뇌에 가득 찬 얼굴이었지만 찬란한 모습이었다.

책을 불태우는 자들은 문명의 적이자 인류의 적이다. 진왕정, 마녀심판관, 교회 그리고 홍위병이 책을 불태웠다. 우리나라에서도 한 작가의 책을 불태운 적이 있다. 홍위병이나 그들이나 결국은 같다. 세르베투스는 불길이 타오르기 전까지도 예수께 기도했다고 한다. 예수에게 신실했던 대천재 종교개혁가는 그렇게 종교개혁가에 의해 살해되었다, 재판을 통해서.

세르베투스를 불태운 것은 가톨릭교회가 아니라 칼뱅이었다. 가명을 쓰고 숨어지내던 세르베투스를 밀고한 것도 칼뱅의 신도였다. 형사 절차로 정적을 죽이고 화형을 자행하는 것을 가톨릭교도만 한 것이 아니다. 그것들은 모두 사람이 한 짓이다. 재판장이 우리 편이 된다고 달라지는 것은 없다. 수사와 형사재판은 대부분 권력에 부역했다.

천재 세르베투스는 이렇게 죽었다. 하지만 그의 죽음이 마냥 헛된 것은 아니다. 그의 죽음은 많은 지식인에게 큰 충격을 줬다. 그리고 인권 의식을 깨우쳤다. 이제 지식인들은 화형이 야만적이라는 것을 알게 되었다. 그 반성이 결국 화형제 폐지를 이끌었다. 결국 화형제 폐지는 대천재의 목숨값이다. 형사사법제도 하나하나는 모두 이런 죽음과 희생 위에 만들어진 것이다. 그러니 미친 소 쟁기질하듯 갈아엎을 것이 아니다.

그의 죽음을 보고 프랑스의 인문주의자 세바스티안 카스텔리오Sebastian Castellio는 이렇게 탄식했다.

"사람을 죽인다고 교리가 지켜지는 것은 아니다, 그냥 사람 하나 죽는 것이다. hominem occidere non est doctrinam tueri sed hominem occidere."

법은 사회가 스스로를 비추는 거울이다. 법의 왜곡은 곧 우리의 왜곡이다.

_ 로널드 드워킨, Ronald Dworkin

Chapter 13

종교전쟁과 근대국가의 형성

종교개혁이라는 도전에 직면한 로마 가톨릭은 반동으로 대처한다. 1512년 5차 라테란 공의회에서 교회는 반성과 자성 대신 탄압을 결의한다. 금서목록을 만들어 사상을 탄압했다. 트리엔트 공의회에서는 가톨릭 교리를 재확인했다. 이때 교황 바오로 3세는 예수회를 공인하고 반 신교의 선봉에 내세웠다.

그뿐 아니라 가톨릭은 형사사법제도를 동원했다. 1524년 카라파 추기경은 로마에 종교재판소를 다시 세웠다. 권력이 사용하는 가장 손쉬운 무기가 바로 수사와 형사재판이다. 카타리파처럼 모두 잡아 태워죽이면 해결될 것이라 믿었다.

신교에 대항하면서 새로운 예술 사조도 만들어졌다. 문맹인 대중을 상대로 감정과 신앙심에 호소하기 위해 쉽고 간단한 미술을 내세웠다. 이렇게 하여 세련됐고 감각적이던 매너리즘 미술은 사라진다. 신교가 이성과 책을 내세웠다면, 가톨릭은 신앙과 미술로 대응했다.

마르틴 루터의 초상화 ©Lucas Cranach

하지만 세상은 바뀌었다. 더 이상 무지몽매한 민중이 아니었다. 종교전쟁은 필연적이었다. 수탈과 학정에 시달리던 독일과 동유럽에서 기장 먼지 민중의 분노가 터져 나왔다. 불을 댕긴 것은 마르틴 루터이다. 1517년 10월 31일 그는 비텐베르크 대학에 95조를 게시한다. 산 피에트로 성당 건축비 마련을 위해 면죄부를 판매한 교황 레오 10세를 정면으로 비판하는 내용이었다.

마르틴 루터는 성서만이 신앙의 유일한 원천이라고 주장했다. 또한, 성서에 나오지 않은 것들, 예를 들어 성모 숭배, 성인 숭배, 독신 사제, 수도회 등을 폐지해야 한다고 주장했다. 연옥煉獄도 부정했다.

　연옥은 가톨릭교회의 중요한 돈벌이 수단이었다. 가톨릭교회는 사람이 죽으면 바로 천당으로 가는 것이 아니라 일단 연옥에서 기다려야 한다고 설명한다. 그래서 죽은 자는 연옥에서 재림의 날까지 고통을 겪으며 기다려야 한다. 그러니까 천국도 핫한 식당처럼 웨이팅리스트가 있는 셈이다. 그 고통받는 시간을 줄이기 위해서는 미사를 올리고 교회에 헌금을 내야 한다고 속였다. 줄을 서지 않고 입장할 수 있는 롯데월드 매직패스와 같은 것이다. 그렇게 부모와 가족의 죽음으로 비탄에 빠진 사람들로부터 돈을 뜯어냈다. 그런데 마르틴 루터는 연옥이 없다고 까발렸다. 교회 입장에서는 가장 확실한 캐시카우가 사라질 수도 있는 위기 상황이었다. 그래서 가톨릭교회는 마르틴 루터를 '내부총질러'로 규정하고 파문했다. 원래 사실을 말하는 것이 가장 위험하다. 거짓을 말했다고 죽임을 당하는 경우는 거의 없지만 사실을 말하다 죽은 사람은 셀 수 없이 많다.

　그래서 종교개혁가 대부분은 화형대에서 생을 마감했다. 하지만 마르틴 루터만은 살아남았다. 새로운 기득권과 손을 잡았기 때문이다. 마르틴 루터는 토지를 잃고 쇠락하는 기사들과 귀족층의 지지를 얻었다. 작센 선제후, 헤센 방백, 브란덴부르크, 튜턴 기사단장 등이 마르틴 루터를 지지했다.

마키아벨리는 《군주론》에서 이렇게 말했다.

"무장한 예언자는 모두 성공한 반면, 무장하지 않은 많은 예언자들은 실패했다."

이들이 마르틴 루터를 지지한 이면에는 정치적, 경제적 동기가 있었다. 가톨릭을 수호하는 신성로마제국으로부터 독립을 유지할 수 있었고, 몰수한 가톨릭교회의 재산을 차지할 수 있었다.

프로이센을 건국한 '알브레히트 폰 호엔촐레른'이 그 예이다. 그는 원래 폴란드와 치고받던 튜튼 기사단장이었다. 전황이 불리해지자 합스부르크-스페인 제국의 황제 카를 5세에게 지원을 요청했다. 하지만 카를 5세의 무관심에 실망하게 되고 귀국하던 중 뉘른베르크에서 신교도 회의에 참석하게 된다. 그 후 비텐베르크에서 마르틴 루터를 만나 신교로 개종한다. 쾨니히스베르크로 돌아온 그는 37대째 이어오던 튜튼 기사단을 해체하고 프로이센을 건국한다. 카를 5세가 알브레히트를 잘 대해줬다면 적으로 맞이하지는 않았을 것이다. 그래서 우리 속담에 '명산대천에 불공 말고 타관 객지에 나선 사람 괄시를 마라'라고 했다.

하지만 루터는 민중의 편은 아니었다. 1524년 농민전쟁 때 그는 귀족 편을 들어 농민 신압을 지지한다. 수십만 명의 농민들이 루터를 원망하여 죽어갔다.

1529년 카를 5세는 제국회의를 소집하여 타협을 시도했다. 루터파 제후들의 영지 내 신앙을 인정하되 그 이외 어떠한 개종 권유도 금지하자고 제안했다. 하지만 제후들은 이를 거부했다. 1531년 폰 작센 선거후 프리드리히 1세와 폰 헤센 방백 필리프 1세가 슈말칼덴에서 만나 슈말칼덴 동맹을 결성한다. 이들은 카를 5세가 군대를 모으기 전에 퓌센의 주교령을 선제공격한다. 이렇게 1차 슈말칼덴 전쟁이 시작된다. 이 전쟁에서 루터파 제후들의 지리멸렬함이 그대로 드러난다. 결국 프리드리히 1세의 사촌 모리츠의 배신으로 인해 1차 슈말칼덴 전쟁은 패배한다. 선빵 날린다고 다 이기는 것은 아니다.

1552년 슈말칼덴 동맹은 프랑스의 앙리 2세와 손을 잡고 2차 봉기에 나선다. 이때 모리츠는 반대로 카를 5세를 배신한다. 원래 배신은 처음이 어렵다. 결국, 카를 5세는 1555년 아우크스부르크 조약을 체결하고 신교를 인정할 수밖에 없었다. 평생 종교개혁과 싸우던 카를 5세는 아들과 동생에게 왕위 넘기고 퇴위한다. 세 개 대륙을 장악했던 합스부르크-스페인 제국은 그렇게 양분된다.

스위스에서도 플라톤과 에라스뮈스 영향을 받은 츠빙글리가 무장봉기를 일으킨다. 그는 1531년 카펠 전투에서 전사하지만, 스위스를 가톨릭의 지배에서 벗어나게 했다. 프랑스에서는 장 칼뱅이 등장한다. 그는 《기독교 강요》를 편찬하여 성경만이 신앙의 근원이라고 설파한다. 세례와 성찬식만이 유효한 성사였고, 예배에서는 설교와 기도 그리고 찬송만 허용했다.

장 칼뱅은 그 유명한 예정설을 주장하는데, 이는 면죄부나 성사를 부인하기 위한 교리였다. 예정설이 막연하게 나온 것은 아니다. 요한계시록에 천국의 주민들 이름을 기록해 놓은 '생명책'이란 것이 나온다. 그 생명책에 등재되어 있지 않으면 나중에 천국의 주민이 될 수 없다는 것이다.

칼뱅의 예정설은 성 아우구스티누스의 《신국론》에도 뿌리를 두고 있다. 아우구스티누스는 어떤 사람이 천국에 들어가는 것은 그가 선하기 때문이 아니라 신의 특별한 선택을 받았기 때문이라고 말했다. 인간은 완전히 부패된 상태라 설사 유아라고 하더라도 죄에서 벗어날 수 없다고 했다. 그래서 오직 신의 은총으로만 구원이 가능한데, 은총을 받는 것은 인간의 노력과는 아무런 상관이 없고 오직 신의 자유로운 선택에 의한다는 것이다. 다소 자의적으로 보이나, 멸망하는 사람은 신의 의로움을, 구원은 신의 자비를 나타내는 것으로 어느 경우나 신은 정의롭고 선하다는 것이다. 기적의 논리 같아 보이지만 학식이 짧은 내가 평가할 주제는 아니다. 예정설은 9세기경 고트샬크와 힝크마르 대주교 간의 논쟁에도 등장할 정도로 오래되었기 때문이다.

칼뱅주의 교회는 민주적으로 운용되었기 때문에 많은 지지를 받는다. 하지만 예정설은 필연적으로 독재를 낳을 수밖에 없다. 그가 제네바에서 패권을 잡은 후 세운 신정국가는 매우 잔인했다. 예배에 두 번 빠지면 사형에 처할 정도로 엄한 통치를 펼쳤다. 또한, 가톨릭과 마찬가지로 다른 교파를 박해했다.

신대륙으로 간 청교도들도 마찬가지였다. 구대륙에서 종교적 박해를 피해 신앙의 자유를 찾아 신대륙으로 갔지만, 자신들이 주도권을 잡자 바로 다른 종파들을 탄압했다. 가톨릭교도나 퀘이커 교도들은 구금되었고 무자비하게 두들겨 맞거나 학살당했다. 종교와 정치를 분리하는 것은 이러한 경험 때문이다.

종교개혁은 곧 종교전쟁을 불러왔다. 1524~1648년까지 독일 농민전쟁, 슈말칼덴 전쟁, 네덜란드 독립전쟁, 30년 전쟁, 위그노 전쟁, 아일랜드 전쟁, 스코틀랜드 시민전쟁 등이 쉼 없이 터졌다. 종교전쟁이라 유례없이 잔인했다. 30년 전쟁만 해도 독일 전체 인구의 1/3이 사망했다. 종교전쟁은 단순한 종교 문제뿐 아니라 16세기 유럽의 지배권을 둘러싼 국제전이다. 가톨릭교회를 지지하는 합스부르크 동맹(오스트리아, 스페인, 나폴리, 사르데냐, 시칠리아)과 신교를 지지하는 프랑스, 네덜란드, 영국, 스칸디나비아 왕국들이 대립하는 형국이었다. 그래서 종교전쟁은 기독교 세계의 분열을 낳았다. 그 틈 사이로 종교적 압박에 숨죽이고 있던 인문주의가 빠져나왔다. 그 속에는 로마법도 있었다.

근대법은 대부분 로마법에서 유래한다. 고대에는 우주만물에 불변의 진리가 지배한다고 믿었다. 인간은 그 불변의 진리를 탐구하기 위해 노력해야 하고, 인간의 이성은 그 진리에 도달할 수 있다고 믿었다. 로마법은 이런 생각을 기초로 세워졌다.

이에 반해 중세에는 신의 섭리가 만물을 지배한다고 믿었다. 따라서 인간의 이성보다는 신에 다가갈 수 있는 은총이 중요하다. 따라서 인간의 이성에 근거한 로마법이나 인간의 질서인 법률은, 기독교 세계에서는 이교도적인 것이다. 종교는 본질에서 인간의 이성을 부인한다. 그래서 중세와 근대를 나누는 기준이 바로 인간의 이성에 대한 태도이다. 탈형이상학의 근대에서 법의 근원은 인간 이성의 실천 능력과 독자성이다.

이러한 근대 사상을 이끈 것은 베네딕투스 데 스피노자Benedictus de Spinoza이다. 우리나라에서는 사과 심는 사람으로 알려졌지만, 그는 중세인에게는 '가장 위험하고 불경스러운 자'이고, 근대인에게는 백마 타고 온 초인이다. 스피노자의 사상을 범신론이라고 부른다. 유일한 실체인 신이 변화한 것이 자연 만물이므로 결국 자연 만물이 신이라는 것이다. 그래서 그는 '신은 자연이다Deus sive Natura'라고 외쳤다. 이 말은 자연의 법칙을 탐구하는 것이 신의 뜻을 찾는 것이고, 인간의 이성과 추론에 의해 신을 알 수 있다는 뜻이다. 신을 존중하는 것 같으면서도 사실은 인간의 오성에 방점을 찍은 것이다.

스피노자는 성 아우구스티누스가 만든 기독교적 창조론을 무너뜨리고 그리스 철학을 다시 되살렸다. 그리스인들은 무에서 창조가 일어날 수 없다고 믿었다. 그래서 본질적인 질료는 이미 존재했고, 신은 다만 그것에 형상을 부여했다고 믿었다. 플라톤이 말하는 '이데아'나, 아리스토텔레스의 '본질적인 질료'는 신보다 우선하는 것이나. 이에 반해 성 아우구스티누스는 본질적인 질료도 신이 창조했다고 말했다. 시간도 우주도 모두 신이 창조했다는 것이다. 빅뱅이론에 따르면 빅뱅이 일어나고 비로소 시간과 공간이 생겼다고 하니 성 아우구스티누스에 가깝다.

범신론은 이러한 그리스 철학을 다시 되살리는 것이다. 이러한 시도는 스피노자 이전에도 있었다. 9세기경 아일랜드의 종교학자 요하네스 스코투스 에리우게나Johannes Scotus Eriugena도 범신론과 인간의 이성을 주장하다 이단으로 몰렸다. 하지만 스피노자의 범신론은 살아남았다. 그뿐 아니라 자연과학과 인간의 이성을 해방했다. 스피노자는 자유주의적 세계관의 선구자이자 근대성의 진원지라고 한다.

수많은 전쟁은 근대국가를 낳았다. 전쟁에 대비하기 위해 국가의 역할이 늘어나고 행정기구도 조밀해졌다. 근대국가의 특징인 상비군 제도와 관료제가 속속 자리를 잡았다. 프랑스나 영국, 스페인이 앞섰고, 뒤이어 유럽 변방이 뒤따랐다. 북유럽에는 칼마르 동맹이 결성된다. 1307년 노르웨이 여왕 마르그레테 지도하에 덴마크, 스웨덴, 노르웨이가 뭉친다. 동유럽에서는 타타르의 위협과 게르만의 식민 운동에 저항하면서 슬라브인들이 뭉치기 시작한다. 중유럽에서도 많은 근대국가가 태동했다. 1241년 몽골 침략으로 거의 사라진 헝가리는 이주민들이 대거 유입으로 서서히 회복했다. 보헤미아 지방에서는 얀 후스의 죽음에 분노한 후스파가 체코를 건설한다. 1386년 리투아니아 왕 야기에우오는 폴란드 공주 야드비가와 결혼하여 폴란드 왕위를 계승한다. 1410년 야기에우

오는 가톨릭으로 개종하였고, 타넨베르크 전투에서 튜턴 기사단을 격퇴하여 폴란드를 지켰다.

13세기까지 몽골 킵차크 한국의 식민지였던 러시아는 14세기 이후 몽골 세력이 시들어지자 서서히 세력을 넓혔다. 모스크바 공과 키이우 공이 주도권을 두고 대립하다 1327년 모스크바의 이반이 우세하여 수도를 모스크바로 이전한다. 1380년 대공 드미트리가 타타르를 축출하는 데 성공하고 러시아는 독립한다.

새로 탄생한 근대국가들은 급격히 몸집을 불린다. 새로운 산업, 새로운 계급, 새로운 경제체제가 시작되었다. 이제 종교나 부족법으로는 국가를 유지할 수 없었다. 새로운 규범, 새로운 질서가 필요했다. 바로 법령과 행정이었다.

법은 인간을 위해 존재하지, 인간이 법을 위해 존재하는 것이 아니다.

_ 한스 벨첼, Hans Welzel

Chapter 14

대항해시대와 자연법

종교개혁과 함께 유럽을 가장 크게 변화시킨 것이 지리상의 발견, 즉 대항해시대이다. 이제 유럽은 세상을 마주할 준비가 끝났다. 그리고 대항해시대는 자연법사상을 되살렸다.

대항해시대가 열리게 된 원인도 여러 가지이다. 가장 중요한 것은 레반트 무역의 몰락이다. 9세기부터 15세기까지 유럽의 해상무역은 대부분 레반트 무역이었다. '레반트Levant'는 동방이라는 뜻인데, 지중해 동쪽에서 동방세계의 상품을 거래했기 때문이다. 실크로드를 통해 건너온 동양의 향신료, 차, 면직물, 도자기 등은 소아시아, 알렉산드리아, 흑해 연안으로 모였다. 베네치아, 제노바 등 이탈리아 도시국가들은 그 상품들을 서유럽에 팔아 엄청난 부를 쌓았다. 물론 비잔틴 제국³⁾은 적대국인 이슬람과의 교역을 금지했다. 하지만 무기력한 비잔틴의 명령이 먹힐 리 없었다. 오히려 쇠락한 비잔틴 제국은 1082년 베네치아에 해군 역할을 맡기기도 한다.

하지만 재미난 골에 범 나온다고, 레반트 무역도 결국 막을 내린다. 범은 바로 오토만 제국, 오스만 튀르크였다. 1453년 콘스탄티노플[4]이 메메드 2세에게 함락되면서 지중해의 제해권은 오스만 튀르크로 넘어간다. 1432년 술탄 무라드 2세와 하렘의 노예 사이에서 태어난 메메드 2세는 콘스탄티노플 정복이 평생의 숙원이었다. 천생賤生을 극복할 업적이 필요했을 것이다. 하지만 콘스탄티노플은 테오도시우스 2세 때 만든 3중 성벽이 감싸고 있다. 이 성벽은 뚫린 적이 없었다. 1204년 4차 십자군이 콘스탄티노플을 점령한 것도 성벽이 아니라 바다를 통해서였다.

그래서 메메드 2세는 콘스탄티노플을 서서히 말려 죽이기로 한다. 먼저 레반트 무역을 중개하면서 얻는 수익을 차단하기로 한다. 이를 위해 보스포루스 해협 양측에 요새를 설치하고 오가는 선박을 검문했다. 원래 아시아 쪽 해안에 아나돌루 히사르라는 요새가 있었으나 유럽 쪽에도 루멜리 히사르라는 요새를 추가로 만들었다. 오스만은 이 요새들에 대포를 설치하고 지나가는 선박을 검문했다. 불응하고 도주하는 선장은 밀뚝에 찔러 죽이고 선원들도 모두 참수했다. 크림반도나 오데사, 바르나, 트라브존 등 흑해의 모든 무역항은 보스포루스 해협을 거치지 않으면 갈 수 없다. 보스포루스 해협은 매우 좁기에 양 요새를 피해서 항해하는 것은 거의 불가능하다. 이로 인해 흑해 무역이 극도로 곤란해졌다.

1453년 3월 메메드 2세는 함대를 동원하여 콘스탄티노플을 봉쇄하고 같은 해 4월 10만 육군으로 공격을 개시했다. 콘스탄티노플은 주스티니아니Giovanni Guistiniani라는 전설적인 제노바 용병의 활약과 금각만 해협을 쇠사슬로 막는 혼신의 방어로 간신히 버텼지만, 1453년 5월 29일 결국 함락된다. 일설에는 야간 순찰병이 성벽의 쪽문을 실수로 열어뒀기 때문에 함락되었다는 설도 있다. 황소 60마리가 끌었다는 우르반 대포나 금각만에 들어가기 위해 함선을 끌어 갈라타 뒷산을 넘어간 무지막지한 전술이 아니라 사소한 실수가 천년 왕국을 무너뜨린 것이다. 대한, 소한 다 이겨내고 꽃샘추위에 김칫독 깨진 셈이다.

아무튼, 콘스탄티노플이 무너진 후 오스만 튀르크는 세르비아, 왈라키아, 보스니아, 알바니아 등을 함락하고 발칸반도를 장악한다. 그 후 크림반도까지 정복하고 아드리아해까지 진출했다. 1499년 해전에서 베네치아 전함들을 격파하고, 1522년에는 기독교도의 해상거점이자 사실상 해적기지인 로도스섬을 정복한다. 이로써 동 지중해의 제해권을 완전히 오스만 튀르크로 넘어간다.

그에 따라 동방무역은 극도로 어려워졌다. 하지만 서유럽은 여전히 향신료와 설탕이 필요했다. 아니 그 수요는 폭발적으로 증가하고 있었다. 15세기 후반 흑사병에서 벗어난 유럽 인구는 급증했다. 16세기 초에는 1억 명을 넘어가게 된다. 이 많은 인구가 고기에 후추를 뿌려야 하고, 차에 설탕을 타서 마셔야만 했다. 또한,

영국과 네덜란드, 프랑스 등의 직물공업이 발달하면서 모직물을 팔 시장이 필요했다. 시장은 커지는데 무역로는 봉쇄되니 새로운 길이 필요하게 된 것이다. 정치적으로는 오스만 튀르크의 위협에 대항하기 위해 전설로만 내려오던 프레스턴 존 기독교 왕국을 찾고자 했다. 종교적으로는 세상 끝까지 선교하겠다는 프란시스코 수도회의 열망이 불타올랐다.

게다가 이제 유럽은 먼바다를 항해할 수 있게 되었다. 12세기 아시아로부터 나침판이 전해지고, 이슬람의 천문 관측술도 유럽에 전수되었다. 노르만족의 항해 경험에 이슬람의 지리적 지식과 항해술이 쌓였다. 그뿐 아니라 사분의와 쾌속범선이 발명된다. 캐러벨이라고 불리는 이 작은 범선은 길이 30m에 폭 8m, 흘수는 3m 정도였다. 하지만 작은 제비가 강남 간다고, 캐러벨은 사각형 돛, 삼각돛을 달고서 대양을 민첩하게 움직였다.

범선은 공학이 시대를 바꾼 대표적인 사례이다. 배는 수레나 마차보다 훨씬 많은 화물을 옮길 수 있다. 하지만 동력이 문제였다. 전기도 내연기관도 없는 과거에는 사람이나 동물이 배를 움직였다. 고대 바다를 주름잡던 갤리선은 노잡이 수백 명의 뼈를 가는 노동으로 움직였다. 하지만 노잡이가 가득 찬 선창에는 짐을 실을 수 없었다. 강이나 운하에서는 말이 배를 끌었다. 운하 옆 도로를 따라 말이 배를 끄는 방식이었다. 하지만 바다에서는 사용할 수 없었다. 말이 먼바다에서 수영할 수는 없기 때문이다.

범선은 이 두 가지 문제점을 한꺼번에 해결해 줬다. 범선은 바람으로 움직이고 또 엄청난 양의 화물을 옮길 수 있다. 무엇보다 범선은 역풍이 불어도 전진할 수 있다. 베르누이의 정리에 따라 돛 좌우간의 기압 차로 인해 양력이 생기게 된다. 베르누이의 정리는 18세기 발표된 것인데, 범선 제작자들은 이미 그 원리를 알고 있었다. 이때 다양한 돛이 개발된다. 《모비딕》을 보면 돛의 종류와 기능에 대해 상세하게 설명하는 구절이 나온다. 대강 매우 복잡하고 기능적이었다고 생각하면 된다. 모비딕은 '겁나 큰 거시기'란 뜻이다. 제목만 보면 19금이다.

물론 범선은 강과 호수에서는 거의 움직일 수 없다. 그래서 대항해시대 이후 내륙 운수는 몰락하고 범선이 주도하는 해양운송이 주력이 된다. 내륙 수운이 다시 빛을 본 것은 증기선 덕분이다. 초기 증기선은 강과 운하를 운항하기 위해 만들어진 것이다. 증기선 내의 이야기를 다룬 애거사 크리스티의 《나일강의 죽음》이나 가브리엘 마르케스의 《콜레라 시대의 사랑》이 모두 강을 배경으로 하는 이유이다.

대항해시대를 시작한 것은 포르투갈이다. 하지만 포르투갈이 처음부터 해양강국은 아니었다. 포르투갈은 원래 농업 국가였다. 바다로 먼저 진출한 것은 스페인의 카탈루냐와 아라곤이었다. 13~14세기에 카탈루냐는 이미 지중해 무역의 한 축을 담당했다. 아라곤 역시 상업과 무역이 발달했다. 아라곤은 13세기부터 코르테스라는 대의기관이 존재했는데, 상공인들이 많이 참여하고 있어 상업에 유리한 정책을 수립할 수 있었다. 상업국가인 아라곤은

'통치는 계약'이라는 근대적 사상이 가장 먼저 시작된 곳이기도 하다. 게다가 선진적인 제노바의 금융업자와 선원들도 아라곤에 자리를 잡고 있었다.

그런 스페인을 제치고 포르투갈이 대항해시대의 선두주자가 된 것은 세우타 점령과 해양왕자 엔히크Henrique, o Navegador 덕분이다. 1385년 포르투갈의 주앙 1세는 스페인의 침략을 물리치고 염원하던 독립을 이룬다. 하지만 서자 출신이라는 한계를 극복하고 정통성을 확보하기 위해서는 업적이 필요했다. 그래서 주앙 1세는 그라나다 정복을 꿈꾼다. 그라나다는 이베리아반도에 남은 마지막 이슬람 왕국이었다. 그라나다를 무너뜨리면 전체 기독교 왕국의 인정을 받을 수 있었다. 하야시 패거리를 명동에서 몰아내면 주먹세계에서 인정받는 것과 비슷하다. 하지만 그라나다의 뒷배는 북아프리카의 마린 왕조였다. 모로코를 정복한 마린 왕조는 14세기 유럽의 강자 중 하나였다. 강력한 마린 왕조는 세우타를 통해 그라나다와 연결돼 있었다. 그라나다를 공략하기 위해서는 세우타를 점령해야 했다. 게다가 이제 막 해상무역에 눈을 뜬 포르투갈에게 세우타는 가장 매력적인 항구였다.

지브롤터 해협은 폭이 13km에 불과하지만, 당시 포르투갈은 해군이 없었다. 세우티를 공격하는 동안 카스티야가 또다시 기습할 수 있었다. 게다가 1415년에는 전염병이 창궐했다. 세우타를 정복한다고 해도 거기를 지킬 상비군도 변변찮았다. 자기 목숨도 근근이 지키는 포르투갈이 세우타를 점령하겠다는 것은 벼룩이 황소 뿔 꺾겠다는 것과 같았다.

하지만 이런 어려움을 뚫고 포르투갈은 4년이라는 짧은 기간 동안 200척의 함선, 2만 명의 해군을 양성한다. 그리고 1415년 세우타 공략에 나선다. 초반에는 예상대로 처참하게 실패할 것으로 보였다. 하지만 왕자들까지 모두 나선 무모한 돌격 끝에 기적적으로 세우타를 함락시킨다.

점령하고 보니 세우타는 횡재에 가까웠다. 세우타는 카탈루냐, 아라곤, 카스티야의 거점항구였다. 무역 자금을 주무르던 유대인과 제노바 상인들도 세우타에 모여 있었다. 무엇보다 세우타에는 이슬람의 항해술과 지리적 지식이 쌓여 있었다. 그야말로 세우타는 대서양을 여는 황금열쇠였다. 포르투갈로서는 녹용 대가리 베어 간 셈이다.

세우타 원정에서 돌아온 엔히크 왕자는 그리스도 기사단장으로 임명된다. 1419년 엔히크 왕자는 기사단 자금으로 사그레스Sagres에 대양을 향한 전초기지를 만든다. 대양을 향해 날카롭게 뻗어 나간 이베리아 반도의 서남단이다. 누구에게는 유럽 대륙의 끝이었겠지만 엔히크에게는 대양의 시작이었다. 여기에서 범선을 개량해 캐러벨을 만들고, 돛과 항해 도구들도 개발했다. 엔리케의 탁월함은 유럽에 산재했던 항해술과 지리 정보를 집대성한 것이다. 무엇보다 정확한 지도를 만든 것이 중요했다. 엔리케는 마요르카에서 지도 제작의 일인자인 하이메Jaime를 초빙해 지도 제작 학교를 만든다. 하이메는 1375년 세계지도를 만든 아브라함 크레스케스의 아들이다. 크레스케스는 유태인이라 예루살렘이 지구의 중심인 세계지도를 만들었다.

이때 만들어진 해도들은 대항해시대 내내 사용된다. 이 모든 것이 그리스도 기사단의 자금으로 이뤘다. 그래서 포르투갈 돛에는 그리스도 기사단의 상징인 붉은 십자가[5]가 새겨진다. 이 전초 기지를 바탕으로 엔히크 왕자는 마데이라와 아조레스를 발견하고 1434년 보자도르 곶에 이르렀다. 유럽인이 지구의 끝이라고 생각한 곳이다. 제노바도 가보시 못한 곳이었다. 13세기 말 제노바는 무슬림 해군을 격파하고 지브롤터 해협을 장악했으나 그 밖으로 나가지 못했다. 보자도르 너머의 바다는 '어두운 바다mar tenebroso'라고 불렸고 괴수가 날뛰고 천 길 낭떠러지로 바닷물이 떨어지는 세상의 끝이었기 때문이다. 옛사람들에게 바다는 그 어디보다 위험한 곳이었다. 우리 속담에도 '사공은 사자밥 지고 칠성판에 오른 목숨이다'라고 하지 않는가. 하지만 포르투갈은 그 세상의 끝을 돌파했다. 포르투갈의 지리상의 발견을 지켜본 유럽인들은 큰 충격에 빠진다. 비유하자면, 우리나라가 미국이나 러시아를 제치고 화성에 유인우주선을 터치다운시킨 셈이다.

주앙 1세 이후 주앙 2세도 바다로 나선다. 디오구 캉Diogo Cão을 시켜 콩고깅을 탐사히게 하고 파드랑Padrão이라고 불리는 돌십자가를 세웠다. 1485년에는 나미비아를 탐사하고, 바르톨로메우 디아스Bartolomeu Dias는 1488년 희망봉을 통과한다. 뒤를 이어 마누엘 1세 때 바스쿠 다가마는 인도에 도달하고, 카브랄은 브라질을 발견한다.

포르투갈의 약진에 자극을 받은 에스파냐는 제노바 출신의 크리스토퍼 콜럼버스에게 인도로 가는 항로를 개척하게 한다. 콜럼버스는 1492년 8월 3일 팔로스 항을 떠나 10월 12일 바하마에 도착한다. 1513년 바스코 누녜스 데 발보아Vasco Núñez de Balboa는 파나마를 육로로 횡단한 후 태평양을 발견한다.

영국은 1497년 이탈리아인 조반니 카보토Giovanni Caboto, 존 캐봇에게 북미 대륙을 탐사하게 한다. 1520년 스페인은 포르투갈 출신의 페르낭 드 마갈량이스Fernão de Magalhães, 마젤란에게 세계일주를 명하고, 마갈량이스는 마젤란 해협을 돌파하여 1521년 필리핀에 도착한다. 그는 필리핀 막탄섬에서 기독교 개종을 강요하다 필리핀인들에게 살해된다. 유럽인에게는 우습게 보였겠지만, 필리핀은 파퀴아오의 나라다. 그래도 그의 함대는 세계일주를 계속하여 1522년 9월 마지막 1척이 결국 에스파냐에 도착한다. 지구가 둥글다는 것은 이제 누구도 부인할 수 없게 되었다. 17세기에는 네덜란드가 호주와 뉴질랜드를 발견하고 영국은 남극과 하와이를 발견한다.

대항해시대는, 전 세계에는 재앙이었지만, 유럽에 엄청난 선물을 남겼다. 가장 큰 선물은 유럽 자본주의의 발달이다. 대항해시대는 유럽의 심각한 경화硬貨 부족을 해결해줬다. 당시 유럽은 은, 금으로 만든 경화만이 화폐 구실을 했다. 중국에서는 송나라부터 지폐를 통용했으나, 유럽은 지폐 유통이 불가능했다. 강력한 중앙정부도 없었고 무엇보다 신용이 낮았다. 원나라도 서역 정복 후

교초交鈔를 받지 않으면 사형시킨다고 으름장까지 놓았지만 결국 지폐 유통에 실패했다. 금과 은이 없으면 거래나 무역을 할 수 없었고 따라서 무역과 상거래가 위축될 수밖에 없었다. 딱지어음 받고 물건 내줄 수는 없는 노릇이다.

그런데 16세기 중반 볼리비아 포토시에서 은광이 발견된다. 그 후 약 300년간 전 세계에서 생산된 은의 80%, 금의 70%가 신대륙에서 나왔다. 신대륙의 막대한 은과 금은 유럽의 경화 부족을 해결해줬다. 이것이 진 세계 화폐경제를 떠받쳤고 국제무역과 자본주의를 촉진했다. 막대한 상품의 교역이 가능해졌고, 유럽의 공산품을 팔 수 있는 광대한 시장이 열렸다. 흑사병의 충격에서 벗어난 유럽은 이를 바탕으로 자본 축적과 산업 발전의 틀을 마련했다. 국제무역이 활발해지고 계약사회가 발달하자 이를 뒷받침해줄 법과 제도가 필요했다. 지역마다 각기 다른 법으로는 무역을 할 수 없었다. 개별적이고 상대적인 중세법으로는 무역과 시장이 돌아가지 않았다.유럽은 누구에게나 같게 적용되는 통일된 법과 규칙이 필요해졌다.

그래서 대항해시대는 자연법을 원했다. 자연법自然法이란 무엇인가? 자연법이란 실제 존재하는 법은 아니다. 이상적인 가상의 법이다. 이에 반해 각 나라에서 실제로 사용하는 법을 실정법實定法이라고 부른다. 과거 한 국회의원이 법전을 치켜들고 '도대체 실정법이란 법이 어디 있느냐'고 외쳤듯이, 실정법은 법률의 이름이 아니다. 고상하게 플라톤의 설명법을 대입하면, 자연법은 완전태와 같은 것이고, 실정법은 현실태이다. 현실태인 실정법은 각 나라의 상황에 따라 서로 다른 모습을 가질 수 있으나 완전태인 자연법은 오직 하나뿐이다.

그럼 왜 대항해시대가 자연법을 되살렸을까? 물론 그 동기가 선량했던 것은 아니다. 자연법사상의 부흥에는 제국주의의 후원이 있었다. 대항해시대를 시작한 포르투갈과 에스파냐는 아메리카 대륙을 두고 갈등을 빚었다. 스페인이 먼저 아메리카 대륙을 발견했지만, 포르투갈도 곧 브라질을 발견했다.

스페인은 콜럼버스에게 인도로 가는 길을 찾게 하다 아메리카를 발견했다. 포르투갈 역시 인도로 가려다 신대륙을 발견한다. 포르투갈은 아프리카 서해안을 따라 콩고강 입구까지는 내려간다. 하지만 그 남쪽으로는 죽음의 나미브 사막이 펼쳐져 있다. 아프리카 연안을 따라 항해한 바르톨로뮤 디아즈 선단은 이 나미브 사막에서 지옥을 맛본다. 1600km에 달하는 나미브 사막에서는 아무런 보급도 받을 수 없었다. 지리학에서 가르치듯, 이 기다란 해안이 모두 사막이라는 의미는 해안선을 따라 한류가 흐른다는 뜻이다. 남아프리카 서안에는 거센 벵겔라 한류가 북쪽으로 흐른다. 선원들은 역류와 끝없는 사막과 싸워야 했다. 이에 녹초가 된 선원들은 희망봉 너머로 항해하는 것을 거부했다. 오죽했으면 주앙 2세가 이 작은 봉우리를 가리켜 희망봉이라고 명명했겠는가. 인도로 가기 위해서는 나미브 사막을 극복해야만 했다.

이에 포르투갈인들은 무역풍을 이용하기로 한다. 연안을 따라 남진하는 방식을 버리고 바람을 따르는 것이다. 아프리카 북단에서 편서풍을 타고 크게 아메리카 쪽으로 서진한 후 적도 아래에서 편동풍을 타고 동진하는 것이다. 마치 부메랑처럼 휘어져 오는 것이다. 바스쿠 다가마는 그런 식으로 항해 날짜를 크게 줄여 결국 인도항로를 개척하게 된다. 이 우회항로는 점점 더 크게 구부러져 결국 남아메리카 동단에 있는 브라질을 발견한 것이다. 브라질의 이름에 대해서는 아일랜드 신화 속의 섬 브라질에서 딴 것이라는 설과 브라질우드라는 나무가 많이 자라서 브라질이라고 부른다는 설이 있다.

이렇게 둘 다 신대륙을 발견하다 보니 서로 자기 것이라고 주장하게 된 것이다. 이에 교회가 빠질 리 없다. 교황청이 개입한다. 1493년 교황 알렉산데르 6세는 인테르 카에테라Inter Caetera교서를 발표한다. 그 내용은 카보베르데 제도를 기점으로 동쪽은 포르투갈이 먹고, 반대로 서쪽은 스페인이 먹는다는 것이다. 교황 알렉산데르 6세는 스페인 출신이라 포르투갈이 반발했다. 그래서 원래 교서를 야간 수정하여 1494년 토르데시야스 조약을 맺는다. 카보베르데 제도로부터 서쪽 370리그를 기준으로 그 서쪽은 스페인에, 동쪽은 포르투갈에 각각 귀속된다는 것이다. 이로 인해 스페인은 아메리카 대륙을, 포르투갈은 브라질과 인도를 소유하게 된다. 한동안 이것이 식민지 소유권의 기준으로 작용한다. 멀쩡한 남의 땅으로 이런 장난을 친 것이다.

그러거나 말거나 다른 나라들은 관심이 없었다. 영국이나 프랑스는 해외로 진출할 여력이 없었고, 독일은 아직 만들어지지도 않았다. 신성로마제국은 황제당과 교황당으로 갈려 치고받느라 정신이 없었다. 저지대국가는 포르투갈의 하청업체나 다름없었고, 이탈리아 도시국가들은 여전히 레반트 무역에 미련을 두고 있었다.

하지만 스페인과 포르투갈의 봄날은 그리 오래가지는 않았다. 신대륙과 인도, 향료제도에서 엄청난 수익이 쏟아지자 영국, 프랑스 그리고 네덜란드가 잇달아 뛰어들었다. 그 후발주자들로서는 교황의 교서가 불만일 수밖에 없었다. 토르데시야스 조약에 따라 신대륙이나 말루쿠 제도라는 거대한 먹잇감에 손을 댈 수 없기 때문이었다.

특히 스페인과 불구대천 원수였던 프랑스로서는 이 교서를 받아들일 수 없었다. 프랑수아 1세는 교황이 만든 신대륙 질서를 깨고 싶었다. 하지만 교황이 신성한 권위로 보호되는 조약을 깰 명분이 없었다. 그래서 찾아낸 것이 바로 자연법이다.

자연법은 민족·사회·시대를 초월하는 영구불변의 보편타당성을 지니고 있다. 따라서 통일적이고 보편적이다. 로마법의 속지주의와 연결된다. 플라톤이 말하길 법이나 종교라는 권위에 복종하는 것은 덕이 아니라고 했다. 그것은 인간의 자율적인 도덕성을 부인하는 것이라고 했다. 실정법이나 종교라고 해도 그 자체로 규범력을 부여받는 것은 아니라고 했다. 실정법과 종교도 그 자체의 표준standard에 의해 예속되어야 한다는 것이다. 즉, 실정법이나 종교 역시 판단을 받아야 하는 대상이지, 사람이 외적 권위로 삼고 복종해야 할 최후의 목적은 아니다.

이러한 자연법사상에 의하면 교황의 교서도 어차피 자연법의 심판 대상일 뿐이다. 교황이 말했다고 그것만으로 정당한 것은 아니다. 그 내용이 타당해야 규범력이 생기는 것이다. 교황의 권위가 실재하는 힘이겠지만, 자연법은 그보다 우선하는 섭리이다. 따라서 교황의 교서를 깰 수 있는 비장의 무기는 바로 자연법이었다. 그래서 대항해시대의 후발주자들은 이 자연법을 장려하고 활용했다.

자연법은 물론 예전부터 있었다. 고대 그리스에서는 '본질적 정의physei dikaion', 로마 시대에는 '자연법lex naturalis'이라고 불렸다. 자연법사상은 인간의 이성이 만들어내고 인식되는 것이 자연법이라고 주장한다. 정당하고 합법적인 것은 이성 혹은 직관으로 인식할 수 있다고 믿는다. 자연법은 세상과 인간의 본성에 대한 진리를 기반으로 결정되는 것이므로 인간의 이성과 지성에 의해 발견될 수 있다. 또한, 지언법사상은 '인간은 공동체 안에서 선한 삶을 실현하려고 한다'라고 믿는다. 이는 '법의 이념은 곧 인간이념'이라는 사고로 이어진다. 법학은 이 자연법을 찾는 노력이고 그 시작은 인간의 본성에 대한 탐구가 될 수밖에 없다. 자연법, 로마법, 인문주의는 이렇게 연결되어 있다.

하지만 종교는 다르다. 모든 것이 신의 섭리이고 신의 뜻이다. 진리를 찾는 것은 신의 뜻을 찾는 작업이다. 신의 뜻은 인간의 힘이나 노력이 아니라 은총과 성령으로만 찾을 수 있다. 따라서 '인간의 이성으로 진리를 찾을 수 있다'라는 자연법사상은 교회가 볼 때는 신성모독이다. 어찌 감히 피조물인 인간이 신의 섭리를 자각할 수 있겠는가. 그래서 신앙과 자연법사상은 양립불가다. 당연히 봉건시대에는 자연법을 이단으로 치부했다. 가톨릭교회는 자연법사상을 억눌렀다.

그 억압을 뚫은 힘이 바로 자본주의와 대항해시대였다. 봉건제가 붕괴하면서 자연법은 서서히 되살아난다. 추론을 연구 방법으로 삼는 법률가들이 자연법을 새로운 진리로 삼았다. 로마의 〈학설휘찬Digestia〉이 전 유럽으로 퍼지기 시작했고, 볼로냐 학파의 법학 이론이 서서히 비이성을 몰아내기 시작했다. 자연법사상은 로마법 연구에서부터 되살아났다. 그래서 초기 자연법은 로마법과 거의 동일시되었다.

대항해시대는 종교적 속박에서 벗어나는 결정적 사건이다. 지구는 둥글다는 것이 대항해시대를 통해 입증되었다. 대양을 항해하기 위해서는 정밀한 천문관측술이 필요했다. 코페르니쿠스의 천문지식을 받아들이지 않으면 대양에서 길을 잃었다. 믿음으로 대양을 건너갈 수는 없었다. 교회의 설명과 달리 유럽에서 뉴질랜드로 가는 최단 경로는 직선의 바닷길이다. 지구 평면설에 따르면 불가능하다. 결국, 교회의 우주는 거짓으로 드러났고, 교회의 법도 권위를 잃었다.

자연법사상은 이탈리아 도시국가에서 시작해서 네덜란드에서 꽃을 피운다. 두 지역은 일찍부터 자본주의가 성숙했다. 이곳에서 상업이 발달한 원인은 왕권이 약했기 때문이다. 폴 케네디는 "상업 무역의 발달은 무엇보다 이를 억압하는 절대왕조의 부재에 기인한다"라고 말한 바 있다.

네덜란드 델프트 출신의 법학자 후고 그로티우스Hugo Grotius는 근대 자연법사상의 태두이다. 실제 발음은 '흐크흐 크흐…'로 들리는 후고 그로티우스는 대항해시대와 자연법사상의 관계를 가장 잘 설명해 주는 인물이다.

그로티우스는 11살 때 레이던 대학 법학과에 입학한 영재였다. 레이던 대학은 가톨릭교회와 스페인에 대한 투쟁의 산물이다. 1574년 독립전쟁 당시 레이던 시민들은 제방을 스스로 무너뜨리는 동귀어진同歸於盡 전술로 스페인 군대를 물리친 바 있다. 그 희생에 보답하기 위해 만든 것이 레이던 대학이다. 당연히 신교의 영향이 강하고 로마법과 인문주의 학풍이 강했다. 레이던에서 수학한 후고 그로티우스는 로마법의 영향을 강하게 받았다. 그로티우스가 말하길 로마의 형사법이 가장 잘 계수된 곳이 네덜란드라고 했다.

그로티우스는, 세상과 인간에 대한 진리는 신에게서 주어진 것이 아니라 인간의 본성, 즉 인간성 안에 내재한 것이라고 주장했다. 인간을 창조한 후 신조차 그 인간의 본성을 무너뜨릴 수 없다는 것이다. 또한, 신이 인간의 삶에 무관심하더라도 자연법은 존재한다고 주장하였다. 이처럼 자연법사상은 곧바로 신권설이나 신의 권위에 도전한다.

그로티우스는 1609년 《해양자유론》을 통해 항해와 사업의 자유가 자연법적 권리라고 설파했다. 점유할 수 없는 것은 소유할 수 없으므로 공기, 태양, 바다는 특정국가의 소유가 아니라 전 인류가 공유하는 것이라고 주장했다. 즉, 교황이 항해가능 지역을 정해놨지만, 자연법에 따르면 항해의 자유는 당연하니 교황의 교서는 지킬 필요가 없다. 교황의 교서를 자연법사상으로 정면 반박한 것이다. 또한, 1625년 파리에서 저술한 《전쟁과 평화의 법De jure belli ac pacis》에서는 국제법이 자연법과 인간의 본성에서 나오는 것이라고 주장했다.

그로티우스는 자연법에 대한 근거로 로마법을 내세웠다. 그로티우스에 의해 로마법은 새로운 영토 점유 문제와 국제조약의 근거로 자리 잡게 된다. 그 외 17세기 네덜란드에는 아르놀트 비니우스Arnold Vinnius, 요하네스 보트Johannes Vote, 울리히 후버Ulrich Huber와 같은 탁월한 로마법과 자연법 연구자들이 등장한다.

자연법은 윤리와 공의의 형태로 강화된다. 17세기 독일의 법철학자인 사무엘 푸펜도르프Samuel von Pufendorf에 따르면 신이 인간을 합리적인 존재로 창조했기 때문에 자연법은 인간을 위해 만들어진 것이라고 주장했다. 이러한 자연법사상은 근대에 이르러 '자연권'관념으로 발전한다. 종교적 속박을 깨기 위해 사용되었던 자연법사상은 뒷날 절대왕정을 무너뜨리는 무기로 발전한다.

자연권은 법을 바라보는 시선도 바꿨다. 그동안 법은 신이 내려준 것이었다. 그래서 법은 인간에게 숙명적으로 주어진 것이고 금기에 가까웠다. 하지만 자연권이 보는 법은 다르다. 인간의 창조물이자 도구에 불과하다. 자연권을 지키지 못하는 법은 더는 법이 아니었다. 개인보다 전체를 강조하는 절대왕정의 강압적 법제는 사연법사상의 공격을 받고 무너진다. 합리적이고 인권 친화적이지 않은 법은 생존하기 어려웠다.

자연법사상은 두 가지 측면에서 매우 중요한 의미가 있다. 첫째는 로마법의 통일성을 다시 되살렸다. 로마법의 붕괴는 바로 단일성의 붕괴였다. 자연법은 단일하고 보편적인 법체계를 추구하게 된다.

두 번째, 자연권을 중심으로 인간의 권리, 자유에 대한 신념이 이념적 무기를 갖추게 된다. 자연법은 실정법을 지도하고 이끈다. 국민과 권력자에게 건전한 법의식을 지니도록 촉구하고, 실정법이 법이라는 힘을 앞세워 압제의 도구로 악용되는 것을 감시한다.

독일의 형법학자 한스 벨첼Hans Welzel은 이렇게 말했다.

"자연법사상으로부터 남는 것은 영원한 실질적인 법원리의 체계가 아니라 실정법이 위탁받은 과제이다. 이는 항상 새로운 조건들 밑에서 사회관계의 올바른 형성을 위한 투쟁이 정신적인 대결로 남도록 하고, 인간에 의한 인간의 억압이나 파괴로 끝나지 않도록 돌보는 것이다."

독일의 철학자 로버트 슈페만Robert Spacemann도 '자연법은 모든 법적인 행위의 타당성을 다시 한번 비판적으로 검증하는 사유양식'이라고 말했다. 그래서 자연법은 지금도 매우 중요하다. 현재의 법들이 궁극적으로 도달해야 하는 목표 지점이기 때문이다.

자연법사상은 계몽주의를 낳았고, 오늘날 모든 법체계의 기반인 자유와 평등 개념을 세웠다. 정교분리, 권력분립, 국민주권, 기본권, 법치주의, 국제법은 모두 자연법을 기초로 한다. 또한, 법은 인간이 보기에 합당해야 하고 보편적이어야 한다는 자연법 정신은 그 뒤에 일어나는 모든 혁명을 이끌었다. 프랑스 대혁명, 미국 독립, UN, 국제법 등은 모두 자연법의 영향이다. 자연법은, 결코 도달할 수 없지만, 뱃사공에게 길을 알려주는 북극성과 같다. 정치가 가지지 못한 법의 장점은 바로 자연법이라는 목표지점이 있다는 것이다. 무엇보다 형사소송제도의 본질인 적법절차는 자연법이 인간에게 준 선물이다.

비밀은 정의의 무덤이다.

_ 베카리아, Cesare Beccaria

Chapter 15

국민국가의 형성과 규문주의

15세기부터 17세기 말까지 유럽에는 국민국가들이 등장한다. 국민국가는 중앙집권화, 국가의 징세권 확립, 국민상비군 구성, 정교분리 등을 특징으로 한다. 왕의 말이 나라 곳곳에 통하고, 세금도 영주가 아니라 국왕이 걷어가며, 용병이 아니라 국민을 징집한 상비군이 나라를 지키는 것이다.

국민국가는 전쟁과 경제성장의 산물이라고 한다. 수많은 전쟁을 거치면서 침략자나 다른 나라에 대한 적개심은 부정적 형태의 민족의식을 불러일으켰다. 이는 국민이라는 공동체 의식을 낳고, 적국과 맞서 싸우기 위해서는 점점 더 큰 국가가 필요했다. 민족을 뛰어넘는 새로운 정치공동체로서 국민이 등장한 것이다. 체코 출신의 문화학자 에리히 칼러Erich Kahler에 따르면, 민족이란 자기

고유의 종교와 함께 발전한 종족을 말하고, 국민이란 프랑스, 영국, 러시아와 같이 세계 종교가 발전하고 나서 비로소 그 비호 아래 생겨난 종족을 뜻한다고 한다.

국민국가라고 하지만 나라마다 상황은 조금씩 다르다. 일반적으로 국민국가의 특징을 가장 잘 보여주는 것은 오스트리아의 요제프주의이다. 마리아 테레지아와 그의 아들 요제프 2세가 벌인 개혁들을 요제프주의라고 한다. 구체적으로 행정의 중앙집권화, 국가 징세권 확립, 도량형 동일, 국가기록 보관소 설치, 오스트리아 희곡과 헝가리 문학 장려, 공공보건 위생 제도 등이 요제프주의의 내용이다.

또 다른 특징은 정교분리이다. 요제프 2세는 1781년 10월 13일 종교관용령을 반포한다. 루터교, 칼빈교, 그리스정교의 자유를 인정한 것이다. 또한, '유대인 윤리규제법'을 폐지하여 유대인이 게토 밖에 나가 거주하거나, 장사하는 것도 허용했다. 한편 예수회를 추방하고 학교 공교육을 실시하였으며 400여 개의 수도원을 해산했다. 흥선대원군의 서원 철폐와 유사하다.

오스트리아에서 국가가 공교육을 담당한 것은 매우 중요한 변화이다. 원래 합스부르크 왕국도 1550년경에는 신교도가 우세했다. 그 흐름을 막기 위해 네덜란드인 페투스 카니지우스Petus Canisius가 가톨릭 학교 설립 운동을 펼친다. 그 영향으로 오스트리아의 신교는 1650년부터 쇠퇴했다. 그렇게 초중고등학교 교육을 교회와 수도회가 담당하자 큰 문제가 발생한다. 오스트리아가 자연과학, 공학, 인문학에서 뒤처지게 된 것이다. 주말 성경학교에서 진화론을 가르치겠는가? 그래서 요제프 2세는 공교육으로 그것을 바로 잡으려고 했다.

형사사법제도도 손을 봤다. 1749년 법원을 법무부에서 분리하고, 형법을 개정하였으며 1776년에는 고문을 폐지했다. 이렇게 국민국가의 특징을 모두 이룬 오스트리아이지만 쇠퇴를 막을 수는 없었다. 오스트리아의 개혁은 너무 늦었다. 국민국가의 특징을 가장 잘 보여준다는 뜻은 가장 늦었다는 의미이기도 하다. 다른 나라들이 빠르면 15세기부터 시작한 국민국가 형성을 오스트리아는 18세기에 시작했다.

무엇보다 메테르니히 시절의 반동은 결정적으로 합스부르크의 숨통을 끊었다. 검열, 비밀경찰, 관료주의는 시민사회를 억압했고, 체념을 특징으로 하는 비더마이어Biedermeier 문화를 낳았다. 시민이라는 미래 동력을 잃으면서 가장 품위 있었던 제국은 불가역적으로 쇠퇴한다. 시민이라는 계층은 민주주의에 매우 중요하다. 우리나라 정치가 그악스럽고 세력 추종적으로 바뀐 것도 정치단체가 시민단체로 행세하기 때문이다. 그러면서 시민 계층을 고사시켰다. 누구보다 권세를 탐하고 당파적이며 비생산적인 잉여정치인들이 시민단체인 양 행세하고 있다. 그 구조는 진정한 시민이 정치에 유입되는 것을 막고 있다. 양의 탈을 쓴 늑대가 양을 잡아먹고 있는 셈이다.

경제적으로도 국민국가는 필연이었다. 봉건제로는 커가는 유럼을 더는 감당할 수 없었다. 봉건제는 장원에 개인이 메여 있다. 장원은 땅과 농노가 햄버거와 콜라처럼 한 세트다. 이주의 자유가 없으니 직업 선택의 자유도 없다. 광산업이 성장하면 더 많은 광부가 필요하다. 하지만 봉건제에서는 농부가 마을 떠나 광산으로 갈 수 없었다. 농사꾼은 농사만 짓고, 어부는 물고기만 잡아야 한다. 그래서 봉건제에서는 신분과 직업이 고정된다. 당연히 시장이 위축되고 상공업은 억제된다. 햄버거가 커져도 콜라는 리필이 안 되는 셈이다. 이렇게 해서는 늘어나는 인구를 먹여 살릴 수 없다.

또한, 봉건제가 예상 못 한 다양한 신분과 직업들이 발생했다. 상인, 장인, 도시노동자, 전문관료 등 다양한 직업이 생겨났다. 이들은 봉건제의 신분 관계인 봉신제가 아니라 계약으로 연결되었다. 이들은 시장과 계약에 따라 움직였다. 따라서 봉건제는 이런 새로운 신분들을 감당할 수 없었다. 상공업이 가장 먼저 발달한 부르고뉴를 보면 이를 잘 알 수 있다. 부르고뉴는 일찍부터 근대국가의 기본틀을 갖췄다. 중앙행정기구, 오늘날 대법원에 해당하는 대참사회, 재무부 역할을 한 회계원, 의회 역할을 한 삼부회 등이다. 이런 제도를 통해 부르고뉴 공국은 부유한 지역으로 급성장한다. 자본주의 개막은 근대국가 출현과 시기적으로 일치한다. 시장과 자본주의의 성장은 봉건제라는 족쇄를 스스로 끊어냈다.

종교개혁으로 세속주의가 확대되었고, 인쇄술과 지리상의 발견으로 이성과 사상이 싹을 틔웠다. 새로운 사상가들이 나타나 국민국가를 주장했다. 문명사회에 가장 적합한 형태라는 것이다. 장

보댕Jean Bodin 같은 절대주의 이론가가 등장하여 국가의 존립과 통일을 위해서는 절대 주권을 행사해야 하고 이를 위해서는 군주정이 가장 적합하다는 논리를 내세웠다.

국민국가의 특징은 중앙집권화와 왕권 강화이다. 따라서 국민국가의 형사사법제도로는 직권주의가 적합하다. 직권주의는 매우 효율적이었고 질서를 유지하는데 탁월했기 때문이다. 시장경제의 가장 큰 문제는 불안과 소외이다. 자유를 얻는 대신 미래에 대한 불안을 짊어지는 것이다. 그래서 시장경제에서 보험은 중요한 역할을 한다.

빈부격차는 절도와 같은 범죄를 낳았다. 장원의 보호가 사라진 대중들은 불안에 빠졌다. 공포와 불안에 시달리는 대중은 안전을 위해 자유를 내어준다. 절대왕조는 이를 활용하여 수사와 형벌이라는 절대권력을 손에 넣었다. 인간의 자유를 뺏을 때는 언제나 대중의 안전을 내세운다. 히틀러도 그랬고 스탈린도, 마오쩌둥도 그랬다. 그래서 권력자들이 늘 공포를 조성하는 것이다. 미래학자 존 나이스비트는 이렇게 말했다.

"대중의 인기에만 영합하려는 선동가가 자기 의견을 내세울 때 가장 많이 활용하는 것이 다름 아닌 공포다."

국민국가에서 형사소송제도는 바로 그 길을 겪는다. 중앙집권화된 형사재판제도와 경찰제의 확립이다. 국민국가에서는 국왕이 형사사법권을 완벽하게 틀어쥔다. 일찍부터 왕권이 확립된 이베리아반도를 보면 알 수 있다. 포르투갈의 주앙 2세가 왕권을 위협하던 브리간사 공작 가문을 누른 후 가장 먼저 한 것이 왕실 법관 강화였다. 귀족들이 장악했던 사법권을 뺏어온 것이다. 스페인의 이사벨 여왕도 중앙집권과 사법제도 정비를 동시에 추진했다. 1476년 4월 마드리갈에서 열린 코르테스에서 이사벨은 여러 도시와 동맹을 맺고 산타 에르만다드Santa Hermandad를 재결성한다. 이는 지방에서 경찰과 사법 기능 수행하는 중앙정부의 기구였다. 이를 통해 왕의 통치권이 지방까지 미치게 된다.

프랑스에서도 루이 14세의 명령에 따라 장 바티스트 콜베르가 소 법전 편찬 작업을 시작했다. 지역마다 제각각인 관습법을 정리하여 지방분권적 사법권을 통합하려는 것이다. 또한 바이이bailli, 代官가 사법행정을 전담하면서 중앙집권화를 촉진한다.

시차는 있지만 유럽의 여러 제국도 법전 편찬 작업을 시작한다. 1756년 바바리아 공국에서는 민법전이 완성되고, 프로이센의 프리드리히 2세는 카를 고트리브 슈바레즈에게 명해 통일 법전을 만든다. 18세기 말에 만들어진 이 법전은 민법, 형법, 교회법, 상법 등을 총망라해 엄청난 분량으로 유명하다.

두 번째는 경찰 조직의 확산이다. 과거에도 종교경찰, 순회판사 등 경찰 조직은 존재했다. 하지만 권한과 조직이 제한적이었다. 국민국기가 성립되면서 경찰은 전국적인 전문 조직으로 커진다. 골목마다 있던 슈퍼, 연쇄점이 모두 이마트 트레이더스로 바뀐 것이다. 이것은 국왕이 나라 안의 모든 폭력을 독점한다는 뜻이다. 제3의 길로 유명한 앤서니 기든스Anthony Giddens는 서구의 2대 혁명으로 산업혁명과 함께 국민국가의 발생을 꼽았다. 그가 말하는 국민국가의 특징은 '폭력수단의 통제를 성공적으로 독점하는 정치기구(경찰, 군대)의 구성'이다.

경찰의 목적과 연혁은 국가마다 제각각이다. 예를 들어 이탈리아 도시국가나 저지대국가 등은 빈부격차가 원인이다. 원래 이곳에는 제대로 된 경찰 조직이 없었다. 하지만 상업이 발달하고 빈부격차가 심해지면서 치안이 필요해졌다. 이에 상인들과 귀족들은 야경꾼 제도를 만들었다. 렘브란트의 명작 〈야경꾼들〉이 바로 치안을 담당하던 귀족, 상인들을 그린 것이다. 처음에는 상인들이 번갈아 가며 자원봉사로 활동했으나 점차 용병으로 대체한다. 이것이 경찰로 발전하게 된다. 어떤 곳은 특권 보호를 위해 만들어졌다. 예를 들어 길드의 특권을 보호할 기구가 필요했다. 1696년 파리에서는 비단 단추 길드가 양모 단추를 사용하는 봉제업자들을 경찰을 동원해서 체포하려고 했다.

도시의 발달, 인구 증가, 상업의 발달 등은 새로운 문제를 낳았다. 빈부갈등, 범죄와 치안 문제, 불평등한 계약, 노동 착취 등이다. 하지만 이런 문제를 해결하기에 교회나 영주들은 너무 나약했다. 이제 새로운 질서 유지 수단이 필요했다. 늘어가는 사회불안에 대응하기 위해서는 조직적인 관료체제가 필요했다. 그것이 치안에서는 경찰, 재판제도에서 중앙집권화된 형사재판제도를 낳았다.

당시에는 아직 기본권 의식이 싹트기 전이었다. 그래서 강력하고 효율적인 치안 유지만이 중요했다. 경찰제도와 형사재판의 주된 목표는 기본권 보호가 아니라 질서유지였다. 그래서 경찰과 수사기구에는 매우 강력한 힘이 부여된다. 그것이 낳은 괴물이 바로 '규문주의糾問主義. inquisitorial system'이다.

그럼 규문주의는 무엇인가? 직권주의, 당사자주의도 이해가 안 되는데 또 규문주의를 들고나오니 화가 날 법도 하지만, 원래 형사소송제도는 어렵다. 그게 쉬우면 변호사라는 직업이 왜 필요하겠는가. 그래도 너무 분개하지는 마시라, 규문주의는 우리에게 낯선 제도가 아니다.

일단 교과서적인 설명을 해보자. 규문주의란 기소기관과 재판기관이 같은 것이다. 기소하는 기관이 따로 없다. 판사가 검사 역할까지 같이 하는 것이다. 자기가 기소하고 자기가 재판한다. 실베스터 스탤론이 주연한 영화 〈저지 드레드〉를 떠올려보자. 수사, 기소, 재판, 형 집행을 '저지'라고 불리는 사람이 한꺼번에 처리한다. 우리나라 원님재판도 규문주의의 전형이다. 이에 반대되는 것이 탄핵주의彈劾主義. adversarial system인데, 기소와 재판을 분리한다.

규문주의의 반대는 탄핵주의이다. 직권주의의 반대는 당사자주의이다. 직권주의와 당사자주의가 누가 범죄를 밝혀야 하는가에 대한 문제라면, 규문주의와 탄핵주의는 수사와 재판 절차에 대한 문제이다. 따라서 직권주의가 규문주의가 될 수도 있고 탄핵주의가 될 수도 있다.

물론 이에 대해 다른 해석도 있다. 문준용 교수는 탄핵주의에 대해 검사의 공소제기가 있어야 비로소 법원이 사건에 대한 심판권을 가지는 점(불고불리), 피고인에게 소송주체로서 지위와 방어권을 보장하는 점, 공소사실에 관한 주장과 입증책임을 국가가 부담하는 점(무죄추정) 등을 주요 징표로 보고 있다. 그에 비해 직권주의는 탄핵주의적 형식에 실체적 진실 발견을 위해 국가기관의 적극적 활동을 긍정하는 규문주의적 요소를 가미한 것이라고 설명한다.

물론 이런 것은 교과서적인 정의이다. 기소와 재판을 같이 하

《레 미제라블》 초판본에 삽입된 일러스트 '청소하는 코제트' ⓒÉmile Bayard

는 교과서적인 규문주의는 거의 사라졌다. 하지만 규문주의 변태는 살아남았다. 교과서적인 규문주의가 기소와 재판을 같이 하는 것이라면, 실제 규문주의는 기소(수사기관)가 재판(법원)을 압도하거나, 재판기구가 수사기관과 결탁하는 형태로 살아남았다. 그럼 결국 수사기관이 형사사법 절차를 주도하는 것이다.

규문주의는 대개 사법경찰judicial police이 범죄를 수사한다. 판사들은 사법경찰이라는 손발을 이용해 수사했다. 귀찮은 형 집행도 경찰에 맡겼다.《레 미제라블》의 자벨 경감과 같은 경찰이 가혹한 수사와 형 집행을 담당하는 것이다. 그러면서 판사들의 힘은 막강해지고 새로운 권력층으로 급부상한다. 근대국가에서의 판사들을 법복귀족法服貴族이라고 부르는 이유이다. 이들은 치안 유지라는 명목으로 고문, 서면주의, 밀행주의를 활용하게 된다.

규문주의는 기소와 재판이 결합했다는 것 이상의 중대한 문제가 있다. 규문주의의 진짜 문제점은 공판중심주의를 무너뜨리는 것이다. 공판 전에 수사를 하면 그 수사 내용을 조서와 사건기록으로 남기게 된다. 규문주의 공판에서는 그 조서와 사건기록이 중요해진다. '재판에서의 증언'보다 '조서'가 더 중요하고 공판의 중심이 된다. 이것을 구두주의와 반대되는 '서면주의'라고 한다. 우리나라 공판이 바로 서면주의이다. 공판에서 중요하게 다투는 것도, 법정에서의 증언이 아니라 조사를 인정할 것인가 여부이다. 즉, 공판에서는 증인신문조서나 피의자신문조서가 사실대로 작성되었는가를 두고 공방을 벌인다. 결국 공판은 수사기관에서 작성한 조서 확인 절차로 전락하게 되는 것이다.

그렇게 되면 공판보다는 그 전에 하는 수사가 더 중요하다. 그러면 수사기관에 힘이 실리게 된다. 이러한 규문주의는 증거법정주의와 연결되고 역시 강압적인 수사를 조장한다. 공판이란 형사사건으로 기소되어 벌어지는 재판 절차를 말한다. 민사재판은 공판이라고 하지 않는다.

압제적인 제도는 권력자에게 유리하다. 규문주의는 절대왕조에 유리했기 때문에 재빨리 자리 잡게 된다. 규문주의는 1670년 루이 14세 때 형사칙령L'Ordonnance crimimell de 1670으로 완성된다. 동양에서는 훨씬 빨리 규문주의가 형성된다. 중앙집권적 국가가 만들어진 것이 서양보다 1천 년 이상 빨랐다. 규문주의가 확립되면서 그 이전까지 남아있던 무기의 대등, 구두주의, 공개주의, 소송의 대심적 구조는 완전히 사라지게 된다. 규문주의가 확립되면서 범죄소추권은 국가에 전속된다. 또한 형사사법의 경찰화가 진행된다. 사법경찰이라는 국가기관에 의해 범죄 수사와 수색 활동이 이뤄지게 되는 것이다.

우리나라에도 규문주의적 요소는 아직 남아있다. 규문주의적인 기관도 있다. 예를 들어 선거관리위원회를 보자. 중앙선거관리위원장이나 각급 선관위원장은 대법관이나 판사들이 맡고 있다. 선관위는 선거법 위반 사건을 조사하고 이를 고발한다. 그러면 그 사건은 판사들이 재판한다. 우리나라 법원은 대법원장을 정점으로 하는 피라미드 조직이고 하나의 유기체다. 그래서 선관위 고발

사건은 자신이 고발하고 자신이 재판하는 셈이다. 행정기관이나 징계위원회 등은 행정벌이나 징계이기 때문에 자신이 고발하고 자신이 심사할 수 있지만, 형사재판에서는 절대로 안 된다.

그보다 더 심각한 규문주의적 유산은 바로 서면주의이다. 외국의 수사극, 법정 드라마를 떠올려보자. 외국 드라마에서는 수사기관이 피의자를 불러 조서를 만드는 장면을 찾아볼 수 없다. 경찰은 범행 초기에 현장에 출동하고 범죄라고 밝혀지면 그 이후는 FBI 등이 수사를 담당한다. 수사 방법은 범인이나 참고인의 집, 회사를 찾아가 질문(인터뷰)하는 것이 대부분이다. 외국 영화에서 밀폐된 심문실에서 조사하는 장면이 나온다면 그것은 수사기관이 아니라 정보기관이나 초법적인 특수기관이다. 불법이란 뜻이다.

반면 우리나라에서는 수사가 시작되면 으레 사람을 불러 조사를 한다. 이것을 당연하게 여기나 사실 피의자라고 무조건 수사기관의 소환에 응해야 하는 것은 아니다. 무죄추정이라고 하면서도 피의자는 당연히 수사기관의 일정에 맞춰 출석해야 하는 것은 모순이다. 이러한 풍토는 규문주의의 유습이다. 이러한 현상은 지금도 남아있다. 인권 수사를 표방한 공수처는 자신들의 소환 일정에 맞추지 않았다는 이유로 수사대상자에게 구속영장을 청구했다. 이른바 보복영장청구, 길들이기 영장청구이다. 이보다 더 심한 규문주의적 유산은 없다. 강제수사 권한을 권력 과시용으로 함부로 사용하는 것, 그것이 바로 규문주의이다. 그래서 공수처는 죽지도 않고 되살아난 규문주의의 마지막 악령과 같은 존재이다.

두 번째 차이점은 법정 장면이다. 우리 법정에서는 재판장이 산더미 같은 서류를 쌓아놓고 그것을 읽어가며 재판을 한다. 하지만 외국의 재판정에서는 그런 장면이 거의 없다. 선진국은 우리와 달리 조서가 거의 없기 때문이다. 우리는 경찰이나 검찰에서 조사하면 당연한 듯 조서를 만든다. 그리고 조서와 관련 증거들을 모아서 사건기록으로 엮어 법원에 넘긴다. 재판장은 그 기록을 기초로 재판을 한다. 하지만 이런 것은 모두 규문주의의 소산이다.

우리는 조서를 당연하게 생각하지만, 선진국 중 우리와 같은 조서 제도가 남아있는 나라는 거의 없다. 특히 참고인을 상대로 진술조서를 작성하는 것은 법적 근거도 없다. 형사소송법 제221조를 보더라도 참고인에 대해, 영상녹화는 할 수 있지만, 조서를 작성할 수 있다는 근거는 없다. 그런데도 우리는 당연한 것처럼 진술조서를 작성한다.

조서와 기록이 있으면 당연히 공판의 중요성은 떨어지게 된다. 재판은 형식적인 것이 되고 수사기관이 형사사법을 주도하게 된다. 규문주의를 위해서라면 수사의 밀행성이 강조된다. 증거 확보를 일방적으로 수사기관에 맡기면 수사는 효율적일지 모르나 권력의 힘을 막강해지고 표적수사, 별건수사, 청부수사가 가능해진다.

또한, 약한 피의자와 사악한 수사관이 만나면 조서는 위험한 흉기가 된다. 지금도 나이 드신 분들은 '조서를 꾸민다'라는 표현을 쓴다. 나쁜 방송업자들이 악마의 편집을 하듯 나쁜 수사기관은 조서를 꾸민다.

우리나라 국민의 정서에도 규문주의의 흔적이 많다. 그래서 우리 국민은 재판보다는 수사를 중요하게 생각한다. 예를 들어보자. 재심으로 유죄판결이 뒤집혔다고 하자. 그럼 언론과 대중은 수사한 경찰이나 기소한 검찰을 비난한다. 정작 유죄를 선고한 것은 판사인데, 수사나 기소를 한 수사기관이나 검사를 탓한다. 그것은 판사의 역할이 미미하다고 생각하기 때문이다. 범죄를 밝히는 책임이 수사기관에 있다고 생각하고, 공판보다는 그 이전의 수사가 훨씬 중요하다고 생각한다. 어떤 사람은 미국에서도 무죄가 선고되면 수사기관을 탓한다고 항변할 수도 있다. 그 경우는 당사자주의 때문이다. 직권주의인 우리나라에서 판사가 아니라 수사기관을 탓하는 것은 규문주의의 잔상 때문이다.

이렇듯 우리나라 형사사법제도에는 일제강점기부터 내려온 규문주의의 유산이 많이 남아있다. 따라서 형사사법 개혁은 이러한 규문주의 유산을 없애는 것부터 시작해야 한다. 그래서 나는 대검찰청 형사정책단장일 때 조서의 증거능력 자체를 없애자고 주장했다. 아예 조서 작성 자체를 막아야 한다고 했다.

물론 조서가 없는데 어떻게 공소 유지할까 의문인데, '조사자 증언제도'로 해결할 수 있다. 수사했던 수사관이 법정에 출석해 자신이 들었던 피의자의 진술을 증언하는 것이다. 영국에서는 스튜어드 왕조 때 재판기록에 '사건을 담당한 치안판사justice가 피고인의 유죄를 입증한 주된 증인'이라는 내용이 등장한다. 이렇듯 조사자 증언제도는 매우 오래된 전통이다.

그 외 증거보전절차, 증인신문절차, 사법방해죄 등의 보완책을 마련하고 조서를 없애는 것이 옳다. 기어코 조서가 필요하다면 특별한 장치가 필요하다. 최소한 수사기관에서 조서를 작성하는 관행은 없어져야 한다. 조서는 제3의 공공장소에서 변호인의 배석 하에 녹음녹화가 이뤄지는 환경에서 작성되어야 한다.

조서가 없어지면 우리나라 특유의 고소를 통한 분쟁 해결 방법 이 사라지게 되어 당분간 엄청난 혼란이 발생할 것이다. 하지만 규문주의를 철폐하고 수사에 대한 통제를 강화하는 것, 그게 올바른 수사권조정이고 검찰개혁이다.

하지만 수사권조정은 그런 고민이 전혀 없었다. 오히려 규문주의 요소들을 더 강화했다. 소위 '적폐수사'라는 공권력 남용으로 정치보복을 하고 정적들도 싹 다 제거했던 그 쏠쏠한 재미를 잊을 수 없었을 것이다. 그래서 검찰의 특수수사를 그대로 유지했다. 자신들의 정적을 처단하는 데 유리하기에 규문주의적 요소는 손도 대지 않았다. 하지만 남에게 겨눈 총구는 언젠가 자신을 향한다. 정권의 전위대 역할을 한 경찰과 공수처는 언젠가 그들에게 부메랑이 될 수밖에 없다. 권력을 쥐면 규문주의가 좋아지는 것이다.

재판관은 개인적 신념이 아닌, 법의 원칙과 전통에 따라 판단해야 한다.

_ 벤자민 카도조, Benjamin Cardozo

Chapter 16

식민지 미국의 법제

이 책에는 영국이나 미국 제도가 많이 나오지 않는다. 하지만 이야깃거리로는 영국, 미국이 훨씬 많다. 옛 판례가 잘 보존되어 있기 때문이다. 하지만 우리나라 형사사법제도에는 그다지 큰 영향을 미치지 않았다. 그래서 우리나라 제도를 이해하는 데 필요한 정도로만 소개한다. 절대 내가 영어 능력이 떨어져서 그런 것은 아니니 오해 없길 바란다.

그래서 잠깐 식민지 시절 미국의 사법제도도 살펴보자. 영미법계라고 하지만 영국과 미국의 사법제도 발달 과정은 완전히 다르다. 산둥 요리와 광둥 요리가 전혀 다른 것이지만 중국 요리로 한데 묶이는 것과 비슷하다. 물론 식민지 시대의 법은 대부분 사라져 흔적을 찾기 어렵다. 애초 식민지는 반영反英 분위기가 강해서 영국법을 멀리했다. 심지어 청교도들은 왕과 여왕을 떠올리게 한다는 이유에서 트럼프 카드도 금지했다. 사발면은 가능하고 '왕' 뚜껑은 불가능하다는 것이다. 그 정도로 영국을 배척했으나, 산업화를 거치면서 반대로 바뀐다.

18세기 들어 영국의 지배가 강화되기도 했지만, 식민지 스스로 영국법을 적극적으로 받아들인다. 상업과 무역을 하려다 보니 영국법이 필요했기 때문이다. 흔히 말하는 마음과 따로 노는 자본주의 몸 같은 것이다. 다만 영국법을 받아들이는 속도가 너무 빨라 결국 본토보다 더 영국적인 규범주의에 빠지게 된다. 그러면서 식민지 시절의 법체계는 금세 잊힌다. 그래서 미국의 법사학자 로렌스 프리드먼Lawrence M. Friedman은 식민지 시대를 제정법과 판결문이 사라진 '미국법의 암흑기'라고 부른다.

식민지 시대 법령에 대해서 알려진 것은 20세기 초이다. 《매사추세츠의 법률과 자유Laws and Liberties of Massachusetts》라는 책이 발견되었다. 1648년에 쓰인 이 책으로 인해 식민지 시대의 법령을 알 수 있게 되었다. 이 책으로 알게 된 이 시대 법은 독자적인 규칙, 식민지 전통, 자신들의 신앙 등이 섞여 있다. 조악하고 복잡했다. 생각과 달리 영국법의 영향은 미미했다. 매사추세츠는 반영 분위기가 강했기 때문이다.

식민지 공동체는 법원法院을 중심으로 돌아갔다. 식민지의 법원은 의회, 법원, 정부가 섞인 형태였다. 순회법원을 설명하면서 말했듯, 영국은 원래 사법과 행정 업무가 섞여 있다. 게다가 식민지의 상황이 워낙 안 좋아 삼권분립이나 별도로 정부 기구를 만드는 것이 어려웠다. 식민지에서는 삶과 죽음이 맞붙어 있었다. 그래서 당시 정부는 일종의 계엄 정부였다. 버지니아 식민지의 법이었던 데일 규범Dale's code은 거의 군사법에 가깝다.

〈주홍 글씨〉ⒸHugues Merle

이때는 무위도식, 음주, 예배 불출석, 불효 같은 것도 범죄였다. 종교적 공동체였기 때문이다. 그러니까 이때 매사추세츠에서 엄마에게 대들고 술 먹고 일요일에 PC방 가서 롤하면 전과 4범이 될 수 있는 것이다. 이렇게 종교적 색채가 강했지만 의외로 17세기 매사추세츠 식민지에서 가장 빈발한 범죄는 간통과 음주였다고 한다. 생존이 절박할수록 본능은 강해진다. 너새니얼 호손의 《주홍 글씨》에도 당시 식민지의 부조리한 도덕주의가 잘 드러나 있다.

그래도 형법은 쉽고 간단했다. 형벌도 비교적 관대했다. 1660년 이전까지 식민지에서 사형 집행은 40건에 불과하다. 범죄를 저질러도 몇 년이 지나면 공직을 허용할 정도였다. 다만 처벌형은 전근대적이었다. 낙인을 찍거나 채찍질을 하는 경우가 많았다. 물론 관대한 것은 백인에게만 적용된다. 노예나 유색인종에 대해서는 거세, 신체 절단 등 끔찍한 처벌이 이뤄졌다. 1764년까지 흑인 거세형이 공식적으로 존재했다. 물론 그 이후에도 사적으로 성기 절단이 광범위하게 벌어진다. 1773년 노스캐롤라이나에서는 백인을 살해한 흑인을 화형에 처한 기록도 있다.

이 당시 법원法院은 무역회사의 특허장에 의해 구성되었다. 따라서 법원은 무역회사의 수수 혹은 모든 자유민으로 구성되었다. 법원의 구성이나 성격도 다양했는데, 매사추세츠의 경우 모든 자유민으로 구성된 일반 법원, 그 아래 총독, 부총독, 행정관으로 구성된 보좌법원 그리고 카운티 법원과 치안판사 등이 있었다.

식민지 재판도 대륙의 재판과 비슷했다. 1637년 매사추세츠 식민지에서 벌어진 한 재판을 보자.

앤 허친슨이라는 산파産婆가 기소되었다. 이단적인 행위를 하고 공동체에 적대적인 행동을 했다는 것이다. 죄명이 희한하지만, 당시에는 죄형법정주의가 없었다. 대중이 싫어하면 범죄다. 미개하다고 생각되겠지만 우리의 직권남용죄나 배임죄도 사실은 괘씸죄에 가깝다.

앤 마버리Anne Marbury는 1591년 영국 링컨셔에서 태어났다. 청교도 목사였던 그녀의 아버지는 이례적으로 그녀에게 글을 가르쳤다. 성서를 읽게 하기 위해서였다. 당시에 여자가 교육을 받는 것은 극히 드물었다. 찰스 다윈이 '여자도 교육을 받으면 남자와 동등한 지적 능력을 가질 수 있다'라고 말했을 때, 대중은 그를 보고 미쳤다고 했다. 앤은 다윈이 그 말을 하기 280년 전에 태어났다. 그러니 당시 글을 읽는 여성인 앤은 매우 특이한 존재였다.

1626년 찰스 1세가 즉위하고 청교도 박해가 본격화되자 청교도들은 1630년대 대거 신대륙으로 떠난다. 1620년 메이플라워호를 타고 케이프 코드에 상륙하여 플리머스에 정착한 분파가 분리주의자라면, 1630년대 북미로 이주한 영국인들은 바로 이 청교도들이다. 앤의 가족은 바로 후자에 속한다.

흔히 종교적 자유를 찾아 떠났다고 표현하나, 실상은 자신들의 종교만 용납되는 곳을 찾아 떠난 것이다. 모든 종교를 인정하는 것이 아니므로 자유라는 말은 어울리지 않는다. 유일신교는 다른 종교에 대해 관용을 베풀지 않는다. 세상의 모든 일은 대부분 다양해지는 방향으로 발전하지만, 종교는 그 반대다. 대부분의 다신교는 유일신교에 밀려 자리를 잃었다.

청교도들도 매사추세츠를 오직 청교도들만이 살 수 있는 곳으로 만들었다. 가톨릭 신도나 퀘이커 신도들을 학대하고 죽였다. 청교도 지도자 존 윈스럽John Winthrop이 상륙한 곳이 마녀재판으로 유명한 세일럼이다. 뉴잉글랜드가 얼마나 종교적으로 극단적이었던지 이에 질린 청교도들이 따로 나와 로드아일랜드를 만들 정도였다.

앤은 1612년 윌리엄 허친슨 William Hutchinson이라는 사업가와 결혼했다. 앤 부부는 1634년 존 코튼John Cotton 목사를 따라 아메리카로 이주했다. 허친슨 가족은 보스턴에서 무역과 영농으로 큰 부를 일궜다. 그 후 앤은 산파가 되어 주변 사람들을 도왔다. 의료인이 절대 부족했던 식민지에서 산파는 무척 중요했다. 태아 넷 중 하나는 사산死産일 정도로 출산은 위험했기 때문이다.

당시 청교도 지도자들은 출산에 무지했고 심지어 적대적이었다. 그들은 산모들의 고통과 출산의 위험이 죄의 대가라고 믿었다. 선악과를 아담에게 권한 죄라는 것이다. 약자들이 느끼는 고통을 공감하는 것보다 응보라고 공격하면, 공감의 고통에서부터 자신을 보호할 수 있다. 그리고 이건 아담을 팔불출로 보는 것이다. 법적으로도 마약을 권유한 자보다 먹은 자가 더 엄히 처벌받는다.

앤은 보호받지 못하는 산모들을 돌봤다. 산모들에게 출산은 신의 축복이라고 위로했다. 앤은 산모와 그 가족들을 상대로 강연을 시작했는데 곧 많은 지지자가 따르게 된다. 앤의 교리는 청교도 주류와는 약간 차이가 있었다. 앤 등이 주장하는 교리를 반율법주의Antinomism라고 한다. 기독교 율법보다 복음을 더 중요시하기에 반율법주의라고 부른다. 이에 비해 청교도 주류는 성경을 중시하고 선한 행동을 통해 구원을 얻는다고 믿었다.

반율법주의자들은 '구원은 율법이나 성경이 아니라 신의 은총에 의한 것'이라고 믿었다. 또한, 개인의 영적 상태는 선한 행동으로 표출되는 것도 아니라고 했다. 구원은 오직 미리 선택받은 사람들만 받는 것이라 인간의 노력과는 아무 상관이 없다는 것이다. 예정설을 좀 더 단순화한 것이라 극단적 칼뱅주의라고도 한다. 반율법주의는 당시 매사추세츠에서는 큰 논란이 된 논쟁이었다. 물론 그 이면에는 정치적 다툼도 숨겨져 있다.

게다가 앤은 소크라테스처럼 대중의 미움을 받고 있었다. 앤이 토착민과의 전쟁을 반대했기 때문이다. 심지어 전쟁을 막기 위해 집총을 거부하라고 가르쳤다. 집총거부의 시조 격이다. 하지만 당시 식민지 상황은 그리 낭만적이지 않았다. 1622년 포우하탄족이 버지니아의 백인들을 공격하여 350명을 살해하였다. 1628년 매사추세츠로 들어온 존 앤디컷은 세일럼의 총독이 되어 비 청교도들이 세운 백인정착촌을 기습했다. 종교가 다르다는 이유만으로 같은 이주민까지 학살한 존 앤디컷이 토착민을 가만둘 리 없다. 1637년에는 나라간세트 족과 동맹을 맺고 피쿼트 족을 습격해 토착민 600여 명을 학살했다. 이 학살을 피쿼트 전쟁Pequot War이라고 부른다. 전쟁이라고 부르지만, 사실은 학살이다. 여자와 애들만이 남은 촌락을 습격해 집과 사람을 함께 태워버린 것을 전쟁이라고 불렀다. 존 앤디컷을 도와 빈집 털이에 나섰던 나라간세트 족도 결국 같은 방식으로 멸족되었다. 토사구팽은 과학이다.

이런 상황에서 토착민과의 우호를 부르짖는 앤은 여러모로 껄끄러운 존재였다. 1637년 매사추세츠 총독이 된 존 윈스럽은 앤 허치슨을 기소했다. 앤 허친슨의 죄목은 교회의 평화를 깨고, 공동체를 분열시켰으며, 허가받지 않은 집회를 개최하고, 식민지 목사들을 비방했다는 것이었다. 결론은 앤이 자신들의 기분을 상하게 했다는 것이다. 죄형법정주의가 없으면 이런 것들도 죄가 된다.

이들이 문제 삼는 허가 받지 않는 집회라는 것은 앤 등이 모여서 교리 공부하던 자리였다. 일종의 야학을 반국가단체로 둔갑시킨 것이다. 우리도 멀쩡하게 사기 일하는 군인을 집단항명수괴죄로 잡아갔으니 남 욕할 것은 아니다.

물론 법원은 앤의 교리 공부 모임이 죄가 되지 않는다고 판단했다. 이제 앤에게 남은 혐의는 목사들을 비방했다는 것이었다.

목사를 비방했다는 것은 1636년 10월 25일 존 코튼 목사의 집에서 벌어졌던 신학논쟁을 말했다. 당시 식민지의 목사 7명과 앤이 신학논쟁을 벌였는데, 앤이 자신을 저명한 목사라고 주장하면서 다른 목사들을 비하했다는 것이었다. 이게 뭔 죄가 되는가 싶지만, 아까 말했듯이 당시에는 죄형법정주의라는 것이 없었다.

앤은 공개된 장소에서 한 말이 아니라고 주장했으나 법원은 달리 봤다. 이때는 명예훼손이나 모욕, 비방을 공개적으로 하지 않아도 그 자체로 불경하고 불법적이라고 생각했다. 범죄를 법익 침해 행위라기보다는 신성모독으로 봤기 때문이다. 하지만 앤이 그런 발언을 했다는 증거는 없었다. 법정에 나온 목사들은 증언에 앞서 선서를 하지 않았고, 존 코튼 목사는 그런 말을 들은 적이 없다고 증언했다. 재판은 앤에게 유리하게 진행되었다.

하지만 마지막 순간 앤은 무슨 이유인지 판사들을 향해 공격적이고 반율법주의로 가득 찬 발언을 쏟아냈다. 미국에서도 앤의 이 마지막 급발진에 대해 해석이 분분하다. 그녀가 왜 갑자기 스스로 망하는 길로 갔을까? 판사들 앞에서 고분고분했다면 처벌받지 않았을 것이다. 하지만 늑대는 개밥을 먹지 않는다. 벼는 익을수록 고개를 숙인다고 하지만 그래서 일년생이다. 삼나무는 새싹일 때도 고개를 숙이지 않는다. 세상을 바꾸려면 고개를 숙여서는 안 된다. 앤은 아마 그런 심정이었을 것이다.

물론 소신의 결말은 대부분 비참하다. 역시 앤도 추방형을 선고받았다. 이단이자 악마의 도구이며 공동체에 맞지 않는 여성이라는 이유였다. 당시의 추방은 거의 죽으라는 뜻이다. 판사에게 대들었다고 악마의 도구까지 되다니, 어느 면에서는 악마 되기 참 쉽다. 대중은 소신이 있는 소수를 싫어한다. 그들로 인해 자신들의 비겁함을 숨길 수 없기 때문이다.

앤의 죄는 주제넘게 자신의 주장을 당당하게 드러낸 것이다. 이것이 대중의 심기를 거슬렀다. 게다가 보스턴의 정치적 대립도 영향을 미쳤다. 구대륙의 압제를 피해 자유를 찾아 떠났다고 하지만 신대륙에서도 재판은 똑같았다. 재판은 소수와 비주류를 핍박하는 수단이었다.

매사추세츠에서 추방된 앤은 관대한 로드아일랜드로 이주한다. 지금도 로드아일랜드는 뉴잉글랜드 중에서 가장 자유로운 곳이다. 하지만 앤은 오래 정착할 수 없었다. 강성해진 매사추세츠는 로드아일랜드까지 병합하려고 했다. 어쩔 수 없이 앤은 네덜란드인들의 정착지였던 뉴암스테르담[6]으로 떠나야 했다. 지금의 브롱크스에 정착해 평화롭게 살아가던 앤은 1643년 토착민들의 토마호크에 맞아 죽었다. 가족들 모두 학살당하고 어린 딸은 납치되었다. 그 소식이 전해지자 보스턴의 지도자들은 크게 기뻐했다고 한다. 서로 죽고 죽이던 토착민보다 같은 청교도 할머니가 더 미웠다.

이데올로기나 종교는 실제 그다지 중요하지 않은 것에도 지독한 분노를 표출하게 만든다. 두 괴물은 인간에게 봉사하기 위해 왔다고 수줍게 인사를 한 후 그 미소가 사라지기도 전에 인간들을 배타적으로 집단화하고 숙주처럼 조종한다. 그러고는 끝없는 학살을 자행한다. 인간을 위해서라는 처음의 서약은 간데없고 결국 인간을 지배하고 구분하고 분리하여 서로를 증오하게 한다.

조남현 교수는 "이데올로기는 경전을 떠받드는 사고나 사고의 실용화 과정으로 볼 수도 있다. 존재와 현실에 대해 가변적이거나 융통성 있는 접근 방법을 버리는 태도로 나타날 수도 있다. 대체로 이데올로그들은 지지하는 이데올로기에 대해서는 사상, 정신, 신념, 신앙이라고 하지만 반대하는 이데올로기에 대해서는 광신, 허위의식, 폭력 등의 이름을 부여하곤 한다"라고 말하고 있다. 이데올로기가 결국 폭력적으로 변질될 수밖에 없는 이유이다.

왜 같은 종교끼리 더 적대적일까? 다트머스 대학의 심리학자 주디스 화이트Judith White는 '수평적 적대감horizontal hostility'이란 설명을 한다. 설문조사를 해보니 완전 채식주의자인 비건들이 채식주의자인 베지테리언에게 갖는 편견이 세 배라고 한다. 근본적인 목표가 같다고 하더라도 강경파는 온건파를 배신자라고 생각한다. 종교나 정치집단은 반대 집단보다 자기 내부의 유사한 집단을 더 증오한다고 한다. 그들이 내세우는 것은 '진정으로 믿는다면 철저히 믿으라'라는 것이다.

대립되는 것보다, 오히려 비슷하면서 조금 다른 것에 더 분노하는 것은 외부로부터 위협을 느낄 때이다. 사람들은 간혹 공포를 이런 식으로 해소한다. 조금 다른 자신들을 학살하고 핍박하면서 스스로 정화淨化된다고 생각한다. 이것은 전에는 없었던 내부의 새로운 공포를 낳고 다시 또 조금 다른 희생양을 찾게 된다. 공동의 목표가 집단을 결속시키리라 생각하나 오히려 분열과 증오를 낳는다.

이런 수평적 적대감은 우리나라 정치판에서 가장 잘 드러난다. 더불어민주당의 극단적 여성 지지자들이 가장 심하게 공격하는 것은 '수박'이라고 부르는 당내 소수파이다. 국민의힘 강성 지지층은 이재명보다 유승민을 더 증오한다. 물론 그들은 증오의 이유를 명확하게 설명하지 못한다. 배신자라느니 적과 내통하는 무리라고 앵무새처럼 반복하지만, 그들도 그것이 거짓이라는 것을 알고 있다. 이러한 이유 없는 증오는 대부분 불안감 때문이다. 자신들의 믿음이 허구이고 부조리하다는 진실을 외면할 수 있는 가장 좋은 방법이 바로 수평적 적대감이다. 주디스 화이트에 따르면 사람들은 극단적인 집단과 자신을 동일시하는 경향이 강할수록 자신이 믿는 가치를 위협하는, 보다 온건한 집단과 자신을 차별화하려고 애쓴다고 한다. 그렇게 다수는 과격하게 변하는 것이고 공포와 침묵의 단결이 완성된다.

하지만 소수의견은 매우 중요하다. 샬런 네메스는 《반대의 놀라운 힘》이란 책에서 이렇게 말했다.

"소수의견이 중요한 이유는 그들이 의견이 옳다고 판명되는 경향이 있기 때문이 아니라 다양한 측면에서 관심을 갖게 하고 사고를 촉진시키기 때문이다."

형사소송제도가 다수결이 아닌 것도 그 때문이다. 인간은 결코 늘 옳을 수 없다. 대중은 더더욱 옳을 수 없다. 대중은 대부분 그른 결정을 한다. 그래서 진실은 다수결로 결정되지 않는다.

자유란 그 누구의 허락도 없이 걷는 권리이며,

법은 그 권리를 가로막는 담장이 되어선 안 된다.

_존 피터 쟁어, John Peter Zenger

Chapter 17

적법절차의 시작

　'물 반 고기 반'이라고 하더라도 실제로 물고기가 절반인 경우는 없다. 유황오리라고 해도 오리가 먹은 유황은 극미량이다. 재판의 역사도 마찬가지다. 비정상적인 재판보다는 정상적인 재판이 훨씬 많다. 수사나 재판으로 억울하게 처벌받은 사람보다는 자기 죗값을 치른 사람이 더 많다. 하지만 불량률이 3%이면 정상품이 아니다. 압도적으로 많은 97%가 정상이지만 그 제품은 단 3%의 불량품 때문에 거래될 수 없다. 형사재판도 마찬가지다. 무엇보다 수사와 형사재판이 힘 있고 돈 많은 사람에게 더 불리하게 작용하는 경우는 없다.

　우리가 잘못된 형사재판을 복기하는 것은 더 나은 형사사법제도를 만들기 위해서이다. 그러기 위해서는 잘못된 사례들을 분석해야만 한다. 그리고 개선된 내용이 있으면 개선 원인과 내용 그리고 방향을 잘 살펴봐야 한다.

이제 형사사법제도가 개선된 구체적인 사례들을 살펴보자. 형사사법절차는 권력자가 자신의 힘을 강화하기 위해 변화시키는 경우가 대부분이다. 하지만 반대의 경우도 있다. 권력자가 패배할 때, 그럴 때 간혹 형사사법제도에 새로운 적법절차와 인권보호 조항이 삽입된다. 권력자를 위해 만들어진 제도들은 결국 사라지나 인권보호 조항들은 사라지지 않는다. 수천 년 동안 그것들이 쌓여서 우리가 당연히 여기는 적법절차가 생긴 것이다. 피로 쟁취한 것들이다. 그 사례가 바로 영국의 대헌장, 권리청원, 권리장전이다.

대헌장大憲章: Magna Carta은 1215년에 만들어졌다. 영국 역사상 최악의 군주라고 하는 존 왕이 준 선물이다. 카타리파 이야기를 하면서 잠깐 언급한 실지왕失地王 존이 바로 존 왕이다. 존 왕은 비열한 데다 매우 잔인했으며 배신을 밥 먹듯 했다. 지금 정치를 했으면 대성했을 재목이다.

존의 아버지는 플랜태저넷 왕조를 새로 세운 헨리 2세이다. 헨리 2세는 형사사법 역사에서도 매우 중요한 인물이다. 순회법원, 그랜드 아사이즈(배심제의 원형) 등 지금까지도 잘 굴러가는 사법제도들을 만든 왕이다. 하지만 지나치면 모자란 것만 못하다. 성직자를 세속법정에서 재판하는 문제로 캔터베리 대주교 토머스 베켓Thomas Becket과 갈등을 빚는다. 헨리 2세의 가신들이 베켓을 암살하면서 민심은 그를 떠난다. 자신을 반대하는 정적을 죽이는 것은 손해다. 정적이 죽고 나면 반대만 남기 때문이다. 사람들은 베켓을 추모하는 순례길을 따로 만들 정도로 그의 죽음을 아쉬워했다. 제프리 초서의《캔터베리 이야기》는 그 순례에 나선 사람들의 이야기이다.

존은 형인 리처드가 반란을 일으키자, 아버지 헨리 2세 편에 섰다. 하지만 리처드가 우세해지자 자신을 총애하던 아버지를 배신한다. 헨리 2세는 막내아들 존의 배신에 크게 상심하고 죽었다. 그 뒤를 이은 리처드가 바로 사자왕 리처드 1세다. 유럽 사람들은 왕의 별명에는 인색한 편이다. '뚱보왕', '무모왕', '실지왕'처럼 왕의 약점을 직격하는 별명을 짓곤 한다. 그런데 '사자왕'이라고 불러

윌리엄 캑스턴이 1483년 출판한《캔터베리 이야기》의 두 번째 판에 실린 목판화

췄으니 리처드는 얼마나 대단한가! 실제로 리처드 왕은 3차 십자군 전쟁에서 용맹하게 싸운 것으로 유명하다. 이렇게 라이언킹이 십자군 원정으로 열심히 싸우는 동안 존은 비어 있는 왕위를 노리고 반란을 일으켰다. 이른바 빈집 털이 전략이다. 이때를 배경으로 한 것이 로빈 후드 이야기이다. 로빈 후드 이야기에서 개차반으로 나오는 왕이 바로 이 존이다.

십자군 원정에서 돌아온 리처드 왕은 존을 찢어 죽이고 싶었지만, 엄마 때문에 참았다. 대윙대비 엘리노어Eleanor of Aquitaine의 간청으로 존을 살려줬다. 리처드가 대범하고 호방한 성격이기도 하지만 실리를 따져서 한 행동일 수도 있다. 어머니인 엘리노어는 아키텐의 영주이다. 아키텐은 피레네 산맥 북쪽 프랑스 남부 지역으로 포도가 많이 나는 보르도 지역이다. 그녀가 반대하면 아무리 리처드라도 아키텐을 가질 수 없었다. 물론 존은 그 후에도 계속 리처드를 끌어내리려는 음모를 꾸몄다. 원래 배신이나 아부는 처음이 어렵지, 한 번만 하는 경우는 없다.

존 왕은 실지失地, lackland왕이라고 불리지만 무장으로서 무능했던 것은 아니다. 오히려 전략적이었고 대담했으며 기민했다. 그래서 전투에서 이긴 것은 존 왕이다. 하지만 전쟁에서 졌다. 운이 나빴고 무엇보다 민심을 잃었기 때문이다. 아키텐의 소유권을 두고 조카 아서와 전쟁을 벌였을 때도 승자는 존 왕이었다. 하지만 그 이후가 문제였다. 존 왕은 포로로 잡은 아서의 봉신들을 처참하게 굶겨 죽였다. 이것은 당시 도덕과 규범에 비춰볼 때 있을 수 없는 만행이다.

당시 봉신제는 자신의 직속 주군에게 충성하는 것이 원칙이다. 예를 들어 백작이 왕에 반기를 들고 전쟁을 일으키면, 백작의 봉신들은 왕이 아니라 백작을 위해 싸워야 했다. 백작의 봉신이 백작 편에 서지 않고 왕의 편에 서는 것은 불의이고 부조리한 것이었다. '걸왕의 개가 요임금을 향해 짖는다'는 뜻인 걸견폐요桀犬吠堯와 같은 것이다. 각자 자기의 주인에게 충성을 다해야 한다. 따라서 백작이 패배하더라도 그 봉신들에게는 가혹한 책임을 묻지 않는 것이 도의였다. 이런 기사도는 봉건제의 기본 규범이다. 그런데 존 왕은 상대방의 봉신 기사들을 감옥에 가둬 비참하게 굶겨 죽인다. 이른바 정치보복이다.

권력자로서는 정치보복을 하면 후련하겠지만 민심은 돌아선다. 대륙에 있던 잉글랜드 제후들도 모두 존에게 등을 돌리게 된다. 결국, 존 왕은 프랑스의 필리프 2세에게 패해 대륙에 있던 잉글랜드의 영토를 대부분 잃었다. 지금 프랑스 영토의 절반 정도이다. 아마 리처드 1세가 요절하지 않았다면 존은 왕이 되지 못했을 것이다. 그리고 보르도를 포함한 프랑스 서부는 여전히 영국 땅이었을 것이다. 그럼 끔찍하게도 보르도 와인은 영국인이 만들었을 것이다.

존 왕은 대주교의 임명을 두고 교황 이노센트 3세와도 대립한다. 그러다 파문당하기도 한다. 고립무원이 된 존 왕은 거기에서 멈췄어야 했다. 하지만 필리프 2세에게 복수를 하기 위해 전쟁을 준비한다. 잃은 땅을 되찾겠다는 생각이었다. 하지만 술은 해장에 망하고 투전은 본전 추다 망한다. 전비를 마련하기 위해 귀족들에게 세금을 강요했다. '똥 뀐 놈이 바람맞이에 선다'고, 가뜩이나 밉상인 왕이 무거운 세금까지 내라고 하니 귀족들은 폭발할 수밖에 없었다. 귀족들은 가신들을 몽땅 이끌고 런던으로 쳐들어간다. 그러고는 존 왕에게 대헌장에 서명하라고 강요한다. 그래서 대헌장에는 '의회의 동의 없이 세금을 부과할 수 없다'라는 내용이 들어간다. 결국, 이 조항 때문에 1295년 의회가 출범하고, 권리장전, 권리청원도 나올 수 있었다.

형사사법 측면에서도 대헌장은 매우×100 중요하다. 특히 대헌장 제39조는 그 이후 나오는 모든 적법절차의 시조라고 할 수 있다.

"자유인은 같은 신분을 가진 사람에 의한 재판이나 국법에 의하지 않으면 체포·감금할 수 없다."

이것이 모든 적법절차의 출발점이다. 마치 한강의 발원지 검룡소와 같다. 신체의 자유에 대한 모든 규정은 여기에서 나왔다. 형사사법제도를 공부하는 사람에게는 신성함마저 느끼게 하는 조항이다. 아무튼, 존 왕은 우리에게 로빈 후드 이야기와 대헌장을 남겼다, 프랑스산 보르도 와인도.

대헌장 이후 괄목할 만한 진전은 400년이 더 지나서야 이뤄진다. 그래서 내가 '간혹'이라는 표현을 쓴 것이다. 엘리자베스 여왕이 서거한 후 제임스 1세가 승계한다. 제임스 1세는 영국 통합을 추구해 지금의 영국 국기인 유니언 잭을 만든 왕이다. 하지만 왕권신수설을 믿고 국교를 밀어붙여 의회와 많은 갈등을 빚었다.

이에 반발한 가톨릭교도들이 영국 국회의사당을 날려버리려고 한 것이 '화약 음모 사건Gunpowder Plot'이다. 이를 주도한 자가 〈브이 포 벤데타〉라는 영화에서 저항의 상징으로 나오는 가이 포크스Guy Fawkes이다. 실은 가톨릭 반동의 주역이다. 영국도 우리나라처럼 국회의사당이 날아가는 것을 보고자 하는 것 같다. 전직 국회의원으로서 충분히 공감한다.

제임스 1세는 의회의 반대를 막기 위해 의원들을 체포하려고 했고, 이에 대항하여 의회는 1602년 체포 동의를 받도록 하는 법률을 통과시킨다. 우리나라에서는 '불체포특권'이라고 잘못 불리는 체포동의 제도는 여기에서 유래한다.

지금 우리나라에서는 이 체포동의 제도를 두고 정치적 쇼를 하고 있다. '불체포특권'을 포기하겠다고 선언하는 것이다. 심지어 그것을 공천의 조건으로 삼고 있다. 헌법상 제도를 무시해야 공천해 주겠다는 해괴한 일이 벌어진 것이다. 헌법상의 제도가 왜 생겨났고, 어떤 기능을 하는지에 대해 전혀 공부하지 않았기 때문에 벌어지는 촌극이다. 그저 대중의 편견과 혐오를 이용하기 위해 헌법을 팔아먹고 있다.

게다가 체포동의 제도는 포기한다고 사라지는 것이 아니다. 국회가 열리는 동안에는 무조건 체포동의안이 통과되어야 체포, 구속이 가능하다. 포기라는 것은 할 수도 없고 의미도 없다.

물론 이 체포동의 제도를 악용하는 사례가 있다. 체포를 막기 위해 임시국회를 계속 여는 것이다. 체포동의 제도는 국회가 개회된 기간에만 적용되기 때문이다. 따라서 진짜로 이 제도의 악용을 막으려면 임시국회를 연이어 개회하는 것을 막으면 된다.

그래서 나는 국회법 개정안을 발의했다. 재적의원 1/3이 요구하면 임시국회를 2주간 개회할 수 없게 하는 것이다. 그럼, 임시회를 연이어 개회할 수 없고 그 휴회 기간에 체포, 구금하면 된다. 진짜로 '특권'을 포기하고 싶으면 이 법안을 통과시키면 된다. 하지만 모든 당이 이 법안을 외면했다.

이 법안이 통과되면 실제로 '특권'이 사라지기 때문이다. 결국, 특권 포기니 청렴 선언이니 하는 것들은 다 말로만 하는 사기다. 그런데, 헌법상의 체포동의 제도는 포기할 수 없다고 말한 나만 비리 정치인 취급을 받았다. 환장할 노릇이었다. 춘향이가 뺑덕어멈으로부디 화냥년 욕 듣는 격이다.

이러한 제도들은 함부로 걷어차서는 안 된다. 어떻게 헌법과 법률이 정한 제도를 그리 쉽게 버릴 수 있겠는가. 체포동의 제도나 계엄법의 '불체포특권'은 오랜 역사를 통해 만들어진 것들이다. 이러한 제도들은 경찰과 군대를 쥐고 있는 왕이나 대통령에게 대항하기 위해 의회에 부여한 방어무기와 같은 것이다. 그래서 미국이 연방헌법에 규정한 이래 거의 모든 나라 헌법에서 제도화하고 있다.

불체포특권만 해도 그렇다. 계엄법상 불체포특권이 없었다면 2024년 12월 3일 윤석열 대통령이 자행한 계엄은 막을 수 없었다. 특전사가 국회에 들어와 마음대로 국회의원을 체포해도 그것은 불법이 아니기 때문이다. 그럼, 국회의 계엄 해제 요구는 불가능했다. 그러니 이런 제도들은 소중한 것이고 꼭 필요한 것이다. 그런 중요한 제도들을 정치적 쇼를 위해 포기 선언쇼를 하는 것은 무책임한 불장난과도 같다. 이것들이 얼마나 많은 희생과 투쟁 속에서 만들어진 것인지 안다면 이런 정치쇼를 벌이지는 않았을 것이다.

의회와의 갈등은 찰스 1세 때 극에 달한다. 1625년 즉위한 찰스 1세 역시 종교적으로 완고했다. 게다가 철 지난 왕권신수설을 믿었다. 시대의 변화를 읽지 못한 것이다. 막장이라고 다 인기드라마 되는 것 아니다. 〈부부의 세계〉에서 지선우(김희애 扮)가 김치싸대기 날리면 그게 먹히겠는가. 찰스 1세는 무리하게 프랑스, 스페인과의 전쟁에 개입했다. 전비를 마련하려면 세금을 걷어야 하는데, 그러려면 의회를 소집해야 했다. 그래서 찰스 1세는 꼼수를 쓴다. 의회의 승인이 필요한 세금 대신 기부금 명목으로 돈을 뜯어냈다. 그리고 군에 특권을 부여해 알아서 민간에서 조달하게 했다. 군은 민간인을 상대로 마음대로 징발할 수 있고, 민간인의 집도 뺏을 수 있었다. 그리고 이를 거부하면 민간인도 군사법원에 회부했다. 사실상 군의 약탈을 조장한 것이다. 이러면 군대가 아니라 도적 떼인 것이다.

하지만 그런 편법은 한계가 있고 재정은 바닥이 났다. 군에 대한 원성은 하늘을 찌를 듯했다. 어쩔 수 없이 세금을 거둬야 했다. 1628년 찰스 1세는 특별세를 걷기 위해 의회를 소집했다. 오랜만에 열린 의회는 그 기회를 놓치지 않았다. 의회는 에드워드 쿡Edward Coke의 주도로 국왕에게 '권리청원'을 요구했다. 권리청원의 주요한 내용은 '누구도 법률에 따르지 않고 구속되거나 구금되지 않는다', '군사법을 치안사건에 적용할 수 없고, 일반인을 군사법원에 세우지 못한다', '군대는 강제로 일반 국민의 집에 머무를 수 없다' 등이다. 군대에 얼마나 당했는지 짐작할 수 있다. 세금이 필요했던 찰스 1세는 마지못해 이를 승인한다. 이 중 '법률에 따른 체포와 구금' 원칙은 적법절차의 핵심이다.

권리청원은 세계사 시험에 빠지지 않고 출제된다. 중요하다는 뜻이다. 그 이유는 자연법사상과 법치주의를 최초로 규범화했기 때문이다. 사상과 주장에 불과했던 것들이 이제 어엿한 법규가 된 것이다. 이 중 대한 일을 한 사람이 바로 에드워드 쿡이다. 저명한 법률가인 쿡은 자연법사상을 법원法源으로 실제 사건1609년 Calvin's Case에 제시한 사람이다. 또한 '법의 지배'라는 논리도 쿡이 개발했다. 즉, 법치주의를 최초로 주장한 사람이 바로 쿡이다.

'법의 지배'는 절대왕권에 대항하는 가장 강력한 무기였다. 왕이 국가를 지배하지 않으면 질서가 무너져 결국 백성들이 살기 어려워질 것으로 생각했다. 그래서 왕에게 절대적인 권력을 부여해야 한다는 것이 당시의 생각이었다. 지금 우리나라 양당의 극단적 지지층 정신세계와 동일하다. 대통령이나 당대표가 폭주하더라도 지도자에게 힘을 실어줘야 당이 잘될 것이라고 믿는 것이다. 자기 당이 아무리 미쳐가도 상대 당이 악마이기 때문에, 그 악마와 싸워야 하는 미친놈을 응원하고 피의 쉴드를 쳐야 하는 것이다. 참으로 미개한 정신세계이다.

하지만 쿡은, 왕이 지배하거나 결정권을 가지지 않더라도 법이 해결해 줄 것이라고 말했다. 변덕스러운 왕보다는 법이 지배하는 것이 훨씬 안정적이라고 했다. 그래서 절대왕권은 불필요하다는 것이다. 쿡은 이러한 사상들의 뿌리를 대헌장에서 찾았다. 대헌장은 귀족들에게만 적용되는 것이 아니라 모든 국민에게 적용되는 것이라고 주장했고 그것이 자연법사상에 부합한다고 역설했다.

물론 찰스 1세는 목표했던 세금을 걷게 되자 바로 태도를 돌변했다. 다음 해인 1629년 의회를 해산한다. 그리고 11년 동안 의회를 소집하지 않았다. 희한하게 정치인들은 화장실을 닮았다. 갈 때와 나올 때가 다르다. 그래서 정치인은 신의 없이 변신하고 말을 바꿔도 별로 욕을 먹지 않는다.

찰스 1세는 그동안 토마스 웬트워스 스트래퍼드 백작과 로드 대주교를 내세워 전제정치에 나선다. 이들이 국민을 탄압한 수단이 바로 형사재판이다. 이들은 성실청Court of Star Chamber과 고등판무관 재판소Court of high commission를 앞세워 정적들을 처단했다. 자백을 받기 위해 고문을 허용했고 같은 신분에 의한 재판을 받을 권리 즉, 배심제도 박탈했다. 게다가 국왕의 대권이라는 해괴한 논리를 앞세워 의회의 승인 없이 마구잡이로 세금을 거둬들였다. 그야말로 폭주를 한 것이다.

하지만 뭐든 지나치면 화를 입는다. 스코틀랜드인들이 반란을 일으킨다. 찰스 1세가 국교회의 기도서를 강요하자 이에 폭발한 것이다. 장로교도가 대부분인 스코틀랜드에 가톨릭 전례의 흔적이 남은 국교회 기도서를 강요하는 것은, 기독교도에게 천도제 지내라고 한 것과 같다. 열 받은 스코틀랜드인들은 잉글랜드로 진군해 뉴캐슬까지 점령해 버린다.

전쟁배상금이 필요해진 찰스 1세는 어쩔 수 없이 1640년 다시 의회를 개회한다. 불만이 쌓일 만큼 쌓인 의회는 그만 폭발한다. 찰스 1세의 실정을 성토하다 못해 전제정의 앞잡이였던 스트래퍼드 백작을 처형한다. 스트래퍼드 백작은 원래 의회파였는데, 그 후 찰스 1세에 붙어 권력의 개노릇을 했다. 서여의도에 가면 이런 개들을 많이 볼 수 있다. 놀란 찰스 1세는 다시 의회를 해산시킨다. 하지만 이로 인해 찰스 1세에 대한 국민의 불신은 극에 달하게 된다.

찰스 1세를 무너뜨린 결정타는 아일랜드였다. 가톨릭 국가인 아일랜드는 잉글랜드의 식민지였는데, 심한 탄압과 수탈로 고통

받고 있었다. 그러던 중 국교까지 강요당하자, 아일랜드인은 1641년 봉기한다. 이들은 아일랜드에 살고 있던 국교도 수천 명을 살해하고 킬케니 연합Confederation of Kilkenny을 결성하여 독립전쟁에 나선다.

아일랜드 진압을 위해 어쩔 수 없이 찰스 1세는 다시 의회를 개회한다. 의회가 열리자 찰스 1세와 의회는 크게 충돌한다. 당시 다수파였던 청교도 의원들은 아일랜드에 강력한 응징을 요구했고, 가톨릭에 온건했던 찰스 1세와 격돌하게 된다. 양 진영의 갈등은 결국 군대 통수권을 두고 극한 대결로 치닫는다.

이에 찰스 1세는 1642년 8월 노팅엄에서 전쟁을 선포하고 친위쿠데타를 일으킨다. 의회파도 군대를 결성해 결국 잉글랜드는 내전에 돌입한다. 1644년 마스턴 무어 전투에서 올리버 크롬웰의 기병대가 크게 활약한다. 이 승리로 크롬웰은 의회파의 지도자로 떠오른다. 크롬웰이 결성한 신군은 네이즈비 전투에서 왕당파를 크게 물리치고 의회파는 결정적 승기를 잡는다. 1648년 8월 프레스톤 전투에서 왕당파가 패배하면서 찰스 1세의 친위쿠데타는 실패로 끝난다. 왕당파에 줄을 섰던 킬케니 연합도 패배했다. 그렇게 킬케니 연합은 사라지고 지금은 에일맥주 이름으로만 남았다. 이때 올리버 크롬웰이 창설한 신군은 영국군의 기준이 되었다. 이때부터 붉은 코트를 입었기 때문에 미국 독립전쟁 당시 영국군을 '레드 코트red coat'라고 불렀다.

크롬웰은 정권을 장악한 후 찰스 1세를 반역죄로 기소한다. 왕이 자신의 왕국에 대해 반역을 했다는 것이 좀 기괴하나 아무튼 유죄가 선고된다. 식당 주인이 자기 식당에서 무전취식했다고 사기죄로 처벌받은 셈이다.

이때 재판을 보면 대헌장이나 권리청원은 별 소용이 없었다. 크롬웰은 자신의 의도대로 재판이 진행되지 않자 1648년 12월 6일 군대를 의사당에 난입시킨다. 그리고는 찰스 1세의 재판에 반대하는 의원들을 쫓아내고 재판관이 부족한 상태에서 사형 선고를 하게 한다. 재판정에서 찰스 1세는 이렇게 한탄했다고 한다.

"일국의 왕인 나조차 말을 못 하게 하는데 하물며 누가 공명정대함을 바라겠는가."

이것이 형사재판의 실제 모습이다. 왕조차 수사를 받고 재판정에 서게 되면 자신의 권리를 주장하기 어렵다. 지금이라고 이때와 크게 다르지 않다.

그렇게 찰스 1세는 스코틀랜드와 내통한 반역죄로 처형당하고 영국은 공화정을 세운다. 왕이 자신에게 반역했다는 것은 그 자체로 모순된 것 같다. 하지만 이것은 국가와 국왕의 분리를 의미하고, '짐이 곧 국가다'라는 절대왕정제도 저물고 있다는 뜻이다. 폭정의 업보였다.

찰스 1세를 처형하고 공화국이 세워졌지만, 오래가지는 않았다. 공화국 11년간 크롬웰의 독재정치에 환멸을 느낀 의회는 크롬웰이 죽자 다시 왕정으로 돌아간다. 우리 속담에도 구관이 명관이고 일은 나간 머슴이 잘했다고 하지 않는가. 1660년 5월 찰스 1세의 장남 찰스 2세가 왕위에 오른다. 전통적으로 영국 스튜어트 왕조는 가톨릭에 우호적이다. 찰스 2세나 동생 제임스 2세 모두 가톨릭에 우호적이었다. 제임스 2세는 더 나아가 아예 가톨릭으로 개종해 버린다. 이것은 엄청난 논란을 일으킨다. 자식이 없는 찰스 2세가 죽으면 동생인 제임스 2세가 왕위를 잇기 때문이다. 즉, 영국의 왕위 승계 1순위가 가톨릭교도가 된 것이다.

이에 강경파들은 왕위배척법Exclusion Bill을 추진했다. 가톨릭교도는 왕위계승을 못 하게 하는 것이다. 이 법안을 두고 영국 의회가 분열돼 극한 대립을 한다. 이 법을 지지하는 의원들을 휘그Whig라고 불렀고, 이 법에 반대하는 의원들을 토리Tory라고 불렀다. 토리는 '왕은 신이 정하는 것이고, 왕위 계승을 간섭하는 것은 크롬웰의 공포정치를 재발시킬 우려가 있다'라는 이유로 이 법을 반대했다. 결국 토리가 승리하고 1685년 4월 23일 제임스 2세는 왕위에 오른다. 이때 만들어진 토리Tory는, 멍멍이의 이름으로 흔히 쓰이지만, 영국 보수당의 뿌리다.

제임스 2세는 매우 완고한 사람이었다. 종교 때문에 나라가 갈라지고 내전까지 벌어졌는데도 자신의 종교적 신념을 고집했다. 암묵적인 금기를 깨고 가톨릭 신자를 고위직에 임명했다. 우리로 따지면 종북주의자를 국무위원으로 임명하는 꼴이다. 당연히 반발이 잇달았는데, 그럼, 반발하는 인사를 감옥에 처넣었다.

제임스 2세를 나락으로 보낸 것은 1687년과 1688년에 반포된 '종교 관용령'이었다. 이 법은 가톨릭, 유대교, 이슬람교 등에도 종교의 자유를 보장하는 것이다. 심지어 무종교의 자유도 보장했다. 지금이야 종교의 자유가 당연하지만, 당시 상황을 고려해 보면 매우 위험한 시도였다.

예를 들어 아프가니스탄에 인접한 이슬람 국가들은 떠올려보자. 이들은 세속주의를 표방하고, 이슬람 근본주의에 대해 매우 강경하다. 심지어 포교의 자유도 제한한다. 포교의 자유를 부인하는 것은 일종의 방어적 민주주의이다. 이슬람 근본주의의 확산을 막기 위해서이다. 이슬람 근본주의 중 일부는 아프가니스탄의 탈레반, 아프리카의 보코하람, 시리아의 다에시이다. 이들은 글을 배웠다는 이유로 여학생과 그 부모를 죽이고, 다른 종교, 심지어 같은 이슬람도 분파가 다르다는 이유로 학살한다. 인접 국가들로서는 무엇보다 탈레반의 확산을 막는 것이 중요하다. 그래서 모든 종교의 포교활동을 금지하는 것이다. 잉글랜드도 마찬가지였다. 가톨릭을 인정하면 또 다른 내란이 일어나는 것은 불을 보듯 뻔한 일이었다. 게다가 당시 잉글랜드는 가톨릭 국가인 프랑스, 스페인과 전쟁 상태였다.

이에 토리마저 제임스 2세에 등을 돌리고 휘그와 연합하여 제임스 2세를 폐위시킨다. 그리고 1688년 11월 찰스 2세의 사위인 네덜란드 총독 윌리엄을 왕으로 추대한다. 피를 보지 않고 이룬 혁명이기에 명예혁명이라고 부른다. 명예혁명의 성과는 1689년 '권리장전'으로 입법화된다.

권리장전은 헌법의 아버지와 같다. 헌법의 많은 원칙이 권리장전에서 유래한다. 의회의 동의를 거치지 않는 징세와 입법 활동을 금지하고, 국민의 청원권과 의원의 면책특권 등을 규정하고 있다. 형사사법 분야에서도 중요한 내용을 담고 있다. 잔혹한 형벌을 폐지하고 신체의 자유를 보장하고 있다. 현대 헌법에 규정하는 신체의 자유 조항 대부분이 권리장전에서 시작한다. 권리장전의 가장 큰 의의는 법의 지배이다. 왕보다 법이 더 높다고 계급을 확실히 정해준 것이다. 이렇게 중요한 권리장전을 남긴 윌리엄은 두더지가 파놓은 구멍에 걸려 낙마 사고로 죽었다. 영국인들이 두더지를 증오하는 것도 이해가 간다.

권리장전에 이처럼 혁신적인 내용이 담길 수 있던 것은 당시 영국 정치인 덕이다. 그들은 고대 그리스 시민처럼 뛰어난 지성과 귀족적인 소양을 지니고 있었다. 적지 않은 정치인들이 영국 왕립협회의 회원이었다. 당연히 최신 과학지식에 익숙했다.

유럽의 과학혁명은 인권 보호와 적법절차 원칙에 큰 영향을 미쳤다. 16~17세기 코페르니쿠스의 지동설, 갈릴레이의 천문 물리학, 뉴턴의 역학, 하비의 혈액순환론, 베이컨과 데카르트의 과학적 방법론 등은 인간의 이성에 대한 자신감을 불러일으켰다. 이를 바탕으로 영국 의회는 인문주의와 자연법사상으로 무장했다. 그런 지성과 사상이 법의 지배로 결실을 본 것이다. 물론 이는 그런 지식인을 국민의 대표로 뽑은 영국인들의 공이다.

기초적인 과학 용어도 이해하지 못하는 대한민국 국회에서는 상상도 못 할 일이다. 신기하게도 우리나라는 천체물리학이 일상화된 나라이다. 우리나라에는 '블랙홀'이라는 록 그룹이 있고, 아이돌 그룹 이름이 '빅뱅'이다. 넬은 '백색왜성'이라는 노래를 불렀고, 에스파는 '슈퍼노바supernova, 超新星'라는 노래를 불렀다. 게다가 차트 역주행 신화를 쓴 노래 제목이 무려 '사건의 지평선Event Horizon'이다. 일반상대성이론에서 나오는 그 사건의 지평선 말이다.

이렇게 흔하게 물리학 지식을 접하다 보니 그 반발로 정치인들은 따로 바보로만 뽑은 것 같다. 참 괴이한 일이다. 게다가 우리나라 정치인들은 절대로 공부하지 않는다. 오히려 '정치인은 공부하는 사람이 아니다'라는 궤변을 공공연하게 드러낸다. 그래서인지 무식이 흠이 되지 않는 것은 예능과 우리 정치판뿐이다. 하지만 그 말은 미리 다 공부하고 정치에 뛰어들라는 뜻이지 멍청함을 유지하란 뜻이 아니다. 멍청한 것은 운명의 탓이나 그 멍청함을 유지하는 것은 태만 탓이다.

물론 바보도 정치인이 될 수 있다. 하지만 콩 심은 데 콩 나듯, 바보를 선출하면 바보 같은 법률이 나온다. 타다금지법이나 임대차 3법을 보라. 이런 법률의 멍청함은 단시 그 법률의 적용을 받는 분야에만 악영향을 끼치는 것이 아니다. 공동체 자체와 법치의식을 무너뜨린다. 아리스토텔레스가 말하길 "법이야말로 그것이 훌륭하게 제정된 것일 경우에는 최고의 권위를 지녀야 한다"라고 했다. 이런 불량법률들은 법의 권위를 무너뜨려 공동체를 파괴한다. 무식하고 뻔뻔한 정치인들은 다 우리의 업보다. 그들이 하늘에서 떨어졌는가? 모두 우리가 뽑았다.

내가 자비를 원하고 제사를 원하지 아니하노라 하는 뜻을 알았더라면

무죄한 자를 정죄하지 아니하였으리라.

_ 사무엘 시월, Samuel Sewall

Chapter 18

프랑스 대혁명과 규문주의 극복

대륙에는 큰 변고가 났다. 왕정이 무너지고 왕과 왕비가 처형되었다. 프랑스 대혁명이다. 이에 대한 평가는 다양하다. 어떤 이는 자유와 인권의 승리로 보지만, 다른 이는 피의 폭동으로 기억한다. 구체제의 압제를 무너뜨리기도 했지만, 구체제보다 더 많은 사람이 처형되었다. 전 유럽에 인권, 자유, 평등 이념을 퍼뜨렸지만, 선동정치와 감정적이고 무능한 정책은 민중의 삶을 더욱 힘들게 만들었다. 결국, 프랑스 대혁명은 나폴레옹의 등장을 낳았고 백여 년에 걸친 세계전쟁의 실마리가 되기도 했다.

사법개혁 역시 혼란스러웠다. 형사사법 역사에서 가장 큰 변화도 이때 이뤄졌다. 민중의 입장에서 이뤄진 사법개혁이었다. 하지만 그 제도는 혁명의 도구가 되어 수많은 사람을 죽였다. 형사사법 영역에서 의도와 선의는 그다지 중요한 것이 아니다. 아무튼, 형사사법적인 측면에서 볼 때 프랑스 대혁명의 의미는 규문주의의 극복이다. 물론 그것이 당시 권력자인 혁명파에게 유리했기 때문이다.

프랑스 대혁명이라고 하면 떠오르는 기요틴도 선한(?) 의도에서 만들어진 것이다. 올리베이라나 네이트 디아즈 같은 격투기 선수들이 자주 사용하는 기술인 '길로틴 초크'도 이 기요틴에서 유래했다. 목을 졸라 실신시키는 치명적인 기술에 이름이 붙을 정도로 공포의 대상이지만, 원래 기요틴은 사형당할 때 불필요한 고통을 주지 않기 위해 만들어졌다.

기요틴은 그레브 광장에서 첫 희생자의 사망을 확인한 검시의의 이름을 딴 것이라는 설도 있고, 처음으로 단두대를 제안한 기요팅Joseph Ignace Guillotin의 이름을 딴 것이라는 설이 있다. 1789년 12월 삼부회에서 파리대학 의대교수인 기요팅이 '처형은 모두에게 동일하게, 불필요한 고통 없이 이뤄져야 한다'라고 주장했다는 기록이 있는 것을 보면 후자가 맞는 것 같다.

기요틴 이전에는 사형 집행이 매우 고통스러웠다. 귀족의 명예를 지켜준다는 뜻에서 도끼로 사형을 집행했다. 그게 왜 명예를 지켜주는지는 모르겠지만, 도끼형은 매우 잔인했다. 도끼날을 버르지 않아 극심한 고통을 겪고서야 비로소 죽을 수 있었다고 한다. 영국에서는 망나니를 잭 캐치Jack Ketch라고 부르는데, 찰스 2세의 사생아인 몬머스 공작을 도끼로 여러 차례 내리쳐 끔찍하게 죽인 망나니의 이름이다. 우리나라의 망나니도 마찬가지로 칼날을 벼르지 않았다고 한다. 그래서 사형수의 가족들이 망나니에게 뇌물을 주고 즉사할 수 있게 부탁하기도 했다.

도끼형은 매우 무서웠던 것 같다. 엘리자베스 여왕의 모친인 앤 불린을 보면 알 수 있다. 그녀는 딸의 왕위승계권을 위해 자신의 목숨을 내놓을 정도로 담대했다. 그런 앤 불린도 도끼형이 무서웠는지 전 남편인 헨리 8세에게 도끼형이 아니라 프랑스 칼잡이에게 목을 치게 해달라고 부탁한다. 헨리 8세를 도와 국교령을 만들었던 토머스 크롬웰도 왕의 분노를 사 사형당했는데, 일부러 미숙한 망나니에게 맡겨 3번이나 머리를 내리쳤다고 한다. 헨리 8세의 인성이 드러나는 장면이다.

그러니 원샷 원킬인 기요틴은 관대한 처형법이라고 할 수 있다. 물론 현대 의학자에 따르면 기요틴은 바로 의식을 끊는 것이 아니라서 더 고통스러울 수 있다고 한다. 당한 사람에게 물어볼 수 없으니 확인할 길은 없다.

참고로, 몬머스 공작이나 토머스 크롬웰 모두 사권박탈법Bill of Attainder에 의해 처형되었다. 사권박탈법은 법원의 재판 없이 의회의 결정만으로 유죄를 선고하는 것이다. 이러한 사권박탈법에 대한 반성 때문에 현대 헌법에는 '판사에 의해 재판받을 권리'를 규정한 것이다. 미국 헌법은 사권박탈법을 금지하는 내용을 무려 제1조에 넣었다.

이렇듯 헌법에 나와 있는 제도와 장치들은 허투루 볼 것이 아니다. 그 조항들은 모두 수많은 이들의 피와 희생으로 만들어진 것이다. 지금은 이런 유래도 모르고 그저 대중의 인기를 얻겠다고 헌법상의 제도를 함부로 없애는 정상배들이 날뛰는데, 참으로 어리석은 짓이다. 한 냥짜리 굿하겠다고 백 냥짜리 징 깨뜨리는 격이다.

기요틴이 당시로써는 인도주의적이라고 하지만 그 역시 야만적이다. 종이빨대나 플라스틱빨대나 환경에 안 좋은 것은 마찬가지이듯, 기요틴이나 참수형이나 목이 날아가는 건 어차피 똑같았다. 잉글랜드에도 기요틴과 유사한 핼리팩스 단두대Halifax gibbet가 있었다. 1286년부터 사용했는데 1650년 올리버 크롬웰이 잔인하다는 이유로 사용을 금지했다. 130년 전 잉글랜드가 잔혹한 도구라고 폐지한 단두대를, 프랑스는 인도주의적 이유로 도입한 것이다.

그래서인지 프랑스 혁명 때는 마구잡이로 사람을 죽였다. 상퀼로트Sans-culotte를 등에 업고 공안위원회를 만든 로베스피에르는 1793년 3월부터 1794년 8월까지 무려 16,594명을 기요틴으로 보냈다. 하루에 30명꼴로 죽인 것이다. 귀족이나 왕족만 죽인 것이 아니다. 그중에는 프랑스를 대표하는 학자와 지식인도 적지 않다.

대혁명 이전 프랑스는 유럽의 과학과 학문을 이끌었다. 1635년 루이 13세가 설립한 아카데미 프랑세스Académie française와 1666년 루이 14세가 설립한 프랑스 과학 아카데미Académie des sciences는 프랑스의 인문과 과학을 눈부시게 발전시켰다. 하지만 대혁명 이후 프랑스의 학문과 산업은 크게 후퇴한다. 적지 않은 지식인이 기요틴에 희생됐기 때문이다.

대표적인 인물이 바로 앙투안 라부아지에Antoine-Laurent de Lavoisier이
다. 라부아지에는 근대 화학의 아버지라고 불린다. 물의 분자식
H2O를 만든 것도 라부아지에다. 뉴턴까지 빠져있던 연금술을
종식한 것도 라부아지에다. 하지만 혁명정부는 라부아지에가 세
금징수인이었다는 이유로 사형을 선고했다. 사형이 선고된 라부
아지에는 재판장에게 마지막 부탁을 한다. 중요한 화학실험을 마
칠 때까지 사형 집행을 미뤄달라고 했다. 이에 판사는 이렇게 답
했다.

"혁명에 필요한 것은 과학이 아니오."

1794년 5월 8일, 그가 기요틴에서 살해되지 않았다면 화학은
지금보다 훨씬 발달했을 것이다. 반면 영국의 존 밀턴은 그와 다
른 운명을 겪었다. 찰스 2세의 왕정복구 이후 존 밀턴은 재판에
처한다. 찰스 1세를 처형한 크롬웰 정부에서 외국어 담당 비서를
맡았기 때문이다. 중책을 맡은 밀턴이 사형을 피하기는 어려워 보
였다. 하지만 실명失明이 된 덕인지 그에게는 관대한 처분이 내려
졌다. 라부아지에와 달리 목숨을 건진 존 밀턴은 불후의 명작《실
낙원》을 남긴다.

사마천도 사형 대신 궁형을 받고 목숨을 부지했기에《사기》를
저술할 수 있었다. 혁명에는 불필요하겠지만, 인류에게 진정 필
요한 것은 과학이고 지식이다. 심지어 침대도 과학이라고 하지
않는가.

루이 16세도, 마리 앙투아네트도 기요틴으로 처형되었다. 마리 앙투아네트는 별다른 죄도 짓지 않았는데 가짜뉴스와 선동에 사로잡힌 대중의 요구로 처형되었다. 마리 앙투아네트가 '빵이 없으면 케이크를 먹지'라고 말했다는 것은 가짜뉴스다. 마리 앙투아네트가 다이아몬드 목걸이를 훔쳤다는 것도 날조극이다. 하지만 그녀의 죄명은 엄청났다. 프랑스 국고를 낭비했고, 프랑스 정부를 부패시켰으며, 남편인 루이 16세를 타락시켰다는 것이다.

프랑스 국고는 무너질 수밖에 없었다. 의회 권력이 약한 프랑스는 1770년까지 국가회계라는 것이 없었다. 공공재정 체계도 없었고 징수체계도 없었다. 지방 토호, 시청, 중앙정부, 세금징수업자 등이 홍길동이 합천 해인사 털 듯 세금을 뜯어갔다. 국가재정이 무너지자 국가채무는 증가했다. 당연히 빚을 제때 갚지 못했고 국가 신용도는 떨어졌다. 그럼, 이자율은 치솟는다. 그럼, 프랑스 화폐 가치는 더 빨리 떨어진다. 이 모든 걸 마리 앙투아네트가 했다는 것이 말이 되는가.

게다가 마리 앙투아네트의 죄 중에는 프랑스 국민을 기만하고, 프랑스의 멸망을 기도했으며 전쟁을 유도했다는 내용도 있다. 릴리트나 헬라가 아니고서야 외국에서 시집온 공주 한 명이 이런 일을 해낼 수는 없다. 그건 일루미나디도 불가능하나.

놀랍게도 오스트리아의 공주였던 그녀에게 '오스트리아와 결탁'을 죄로 물었다. 애당초 프랑스와 오스트리아는 프로이센에 대항하는 동맹을 맺기 위해 이 결혼을 한 것이다. 그런데도 그걸 문제 삼은 것이다. 한미동맹을 맺었다고 미국과의 결탁한 죄로 처벌한 것과 마찬가지다. 가장 심한 것은 아들과의 근친상간죄였다. 오죽했으면 재판정에 있는 방청객들도 그 기소 내용을 듣고 폭소를 터뜨렸다고 한다. 이렇듯 마리 앙투아네트 재판은 철저한 망신주기와 악마화였다.

그런 악마화 수사는 지금도 벌어지고 있다. 수사 중에 특정 기자를 불러 수사대상자의 치부나 가짜뉴스를 단독으로 흘려주고 언론사는 또 그걸 그대로 받아쓴다. 그리고 그 자극적인 기사에 현혹된 대중은 증오와 혐오로 날뛴다. 당연히 수사대상자는 속수무책으로 당하게 된다. 놀랍게도 그런 추악한 수사는 지금까지 처벌된 적이 없다. 오히려 뛰어난 수사능력자로 칭송받는다. 수사를 통제하지 않으면 그런 일은 계속 반복된다.

어떤 죄도 입증되지 않았고, 사실인 것도 없다. 하지만 대중은 피를 원했다, 그것도 가장 고결한 피를. 마리아 테레지아의 딸로 태어나 외교혁명의 대가로 프랑스로 시집간 그녀는 그래서 죽은 것이다. 대중이 원하면 누구나 그렇게 억울하게 죽는 것이다. 부들거리며 기요틴에 오르던 그녀는 실수로 사형집행인의 발을 밟았다. 고귀한 그녀는 그에게 고의가 아니었다고 정중하게 사과하고 생을 마감했다.

이렇듯 민중이 주도한 재판은 그 이전의 규문재판보다 더 잔혹했다. 마리 앙투아네트 재판은 잔 다르크 재판보다 더 엉망이었다. 마리 앙투아네트 재판에는 망신 주기와 혐오 조작이 등장한다. 수사기관이 피의자의 치부를 흘려 유죄추정하게 만드는 악습의 원조다. 잔 다르크의 죄명은 무지와 광신이 낳은 것이었지만, 마리 앙투아네트의 죄명은 조작된 것들이다. '우리가 정의다'라는 미신은 이제 종교가 아니라 이데올로기가 제공하기 시작했다. 그래서 형사사법제도는 자신만이 옳다고 주장하는 자들에 대한 투쟁이다.

혁명세력은 여성 인권을 주장했다는 이유로 올랭프 드 구주 Olympe de Gouges도 죽었다. 구주는 "여성이 기요틴에 오를 수 있다면 마찬가지로 연단에도 오를 수 있다"라고 외쳤다. 하지만 그녀는 연단에는 못 오르고 기요틴에만 올랐다. 여성으로서 미덕을 잃은 죄라고 한다. 미덕을 잃었다고 죽인다니, 온라인 커뮤니티 게시판에 들어갔으면 킬링필드 벌어질 판이다. 이처럼 죄형법정주의가 없으면 미덕을 잃어도 죽는 것이다. 그러니 한 번이라도 악플을 달아본 여러분은 죄형법정주의가 살린 것이다.

혁명세력은 왕과 귀족만 죽인 것은 아니다. 혁명을 반대하면 막무가내로 죽였다. 프랑스 서부해안의 방데Vendée에서는 수십만 명의 농민들을 죽였다. 어린애, 임산부 가리지 않고 죽였다. 그 숫자가 20만 명 또는 60만 명이라고 한다. 오차가 무려 40만 명이다. 닥치는 대로 죽였다는 뜻이다. 프랑스 대혁명 때 귀족들이 많이 죽었다고 하나 힘없는 사람들은 그 수십 배가 희생되었다.

그렇게 많은 이들을 죽인 혁명세력도 역시 기요틴에서 생을 마감했다. 피에 굶주린 생쥐스트, 산악파의 거두 에베르와 당통, 그리고 공포정치의 주범인 로베스피에르 모두 기요틴으로 처형당했다. 기요틴을 너무 사랑한 나머지 죽을 때 품고 간 것이다. 국가권력에 의한 폭력과 형사재판을 빙자한 살해는 프랑스 대혁명 때 더 기승을 부렸다.

결국, 인간은 천국을 만들지 못한다. 천국을 만들겠다고 하는 자들은 늘 지상지옥을 구현해 냈다. 플라톤이 말하길 "인간은 개별적 사물의 세계에 대해 오직 속견만을 가질 뿐 결코 본질에 대한 인식에는 도달할 수 없다"라고 했다. 사실 인간이 하는 모든 추론은, 회의론자들의 의견대로, 개개인의 기호와 선호를 암암리에 드러내는 것에 불과하다.

그래서 한나 아렌트는 프랑스 대혁명을 실패한 혁명이라고 비판했다. 에드먼드 버크나 알렉시 드 토크빌Alexis de Tocqueville이 영국의 시민혁명이나 미국의 독립전쟁에서 보수주의의 정당성을 찾은 것도 프랑스 대혁명에 대한 반발 때문이다. 토크빌은 프랑스 혁명에 대해 '층계의 중간쯤 내려왔는데 더 빨리 내려가겠다고 창문 밖으로 몸을 던진' 것이라고 비꼬았다. 죄인을 엄히 처벌하고, 사람을 많이 죽인다고 좋은 세상이 오는 것은 아니다. 그랬다면 캄보디아나 소련이 천국이 돼야 했다.

신기한 것은 사형에 대한 대중들의 이중적인 태도이다. 망나니는 금기시하면서도 사형 자체는 숭모의 대상이었다. 유럽에서도 망나니는 불가촉천민에 해당했다. 망나니는 동네 사람들과 어울려 술도 마실 수 없었다. 혼사도 망나니 가문끼리만 할 수 있었다.

하지만 사형과 관련된 물품들은 귀물 취급을 받았다. 교수형에 쓴 밧줄, 사형수의 머리카락, 목을 자른 칼 등은 엄청나게 비싼 값에 팔려나갔다. 기요틴에 희생된 유가족들도 호기심의 대상이었다. 심지어 희생자 유족들만 참여할 수 있는 무도회가 열렸는데, 이에 들어가기 위해 증명서를 위조하기도 했다고 한다. 공포정치에 대한 반동일 수도 있고, 낭만주의나 유미주의적 분위기 탓일 수도 있는데, 사람들은 사형을 극적인 스펙터클로 본 것이다. 그리고 타인의 사형을 유희로 느끼는 것은 악의 통속성 때문일 것이다.

잔혹함을 진부하고 무덤덤하게 받아들이는 대중은 놀랍게도 자신들이 절대로 옳다는 망상에 쉽게 빠진다. 그래서 대중은 어렵지 않게 학살을 자행한다. '우리는 옳다'는 착각으로 뭉친 대중과 그것을 기반으로 한 권력은 그 무엇보다 파괴적이다. 인간은 결코 절대적으로 옳을 수 없고, 정의를 알 수 없다. 우리가 알 수 있는 것은 무엇이 정의가 아닌지뿐이다. 이념이든, 종교든, 대중이든, 자신들이 절대 옳다고 믿는 세력이 주도권을 잡을 때, 그때가 가장 적법절차가 필요한 때이다. 대중이 학살의 수단으로 삼는 것이 사형 제도이기 때문이다.

역사적으로 사형은 감정적으로 자행되었다. 그다지 큰 해악이 아닌 죄에도 무분별하게 사형이 집행되었다. 우리는 늘 흉악범에 대한 사형만 떠올리나, 인류 역사를 반추해 보면 범죄보다는 이념과 종교, 인종 때문에 사형당한 사람이 압도적으로 많다. 1601년에 제정된 영국 빈민구제법은 건강하면서도 일을 하지 않는 부랑자가 3번 이상 체포되면 사형에 처하는 내용도 있다.

사형은 오판을 되돌이킬 수 없다는 결정적인 문제도 있다. 무엇보다도, 인류의 여정이 '우리는 어디서 왔고, 우리는 무엇이며, 우리는 어디로 가는가D'où Venons Nous, Que Sommes Nous, Où Allons Nous'를 밝히는 것이라면, 사형은 간혹 그 진로를 흐트러뜨린다.

사형을 면해 살아남았던 밀턴은 구술로《실낙원》을 저작했다.

"섭리가 그들의 안내자가 되어 줄 것이었다. 그들은 손을 잡고서 유랑의 발걸음을 서서히 옮겨, 에덴을 지나 외롭고 고독한 길을 갔다."

그래서, 이 눈부시게 아름다운 구절로 끝을 맺는 명작은 태어날 수 없었다, 관대함이 없었다면.

진실을 말하는 입을 침묵시키기 위해 법이 쓰인다면, 그 법은 악이다.

_앤 허친슨, Anne Hutchinson

Chapter 19

규문주의 타파

앞서 말했듯 프랑스 대혁명 시기 형사사법제도는 엄청난 변화를 겪었다. 왕도 죽였는데 뭐가 남았겠는가. 왕도 갔고, 구체제를 지탱한 규문주의도 갔다.

프랑스는 완전체 규문주의를 수립한 나라다. 프랑스 규문주의는 1670년 형사소송법Ordonnance criminelle de 1670에 의해 완성되었다. 이 법은 '법관에 의한 비공개 예심', '고문수사', '예심에서 작성된 서면에 의한 재판' 등을 규정하고 있다. 물론 법관의 직권기소가 원칙이었다.

즉 규문주의에 따르면, 수사와 재판은 몰래 이뤄졌고(밀행주의), 재판받기도 전에 경찰 수사에 따라 유죄가 결정되었으며(서면주의), 공판에서 피고인은 그냥 꿔다 놓은 보따리 신세(소송객체성)였다. 규문주의의 장점은 누구든 법망에서 빠져나갈 수 없다는 것이고, 단점은 누구든 누명에서도 빠져나갈 수 없다는 것이다. 그래서 수사기관을 장악한 왕이나 판사들은 타노스이자 볼드모트가 된다. 규문주의는 구체제 절대왕정을 유지한 기둥이었다. 혁명세력은 규문주의를 없애야 구체제가 다시 살아날 수 없다는 것을 알았다. 그래서 규문주의를 철저하게 무너뜨렸다. 관뚜껑에는 못을 박아야 한다.

규문주의의 원래 뜻은 기소기관과 재판기관이 같은 것이다. 자기가 기소하고 자기가 재판하는 것이다. 그래서 '모든 법관은 검사다'가 규문주의를 잘 표현하는 말이다. 규문주의는 매우 효율적이다. 기소한 사람이 사건에 대해 가장 잘 알기에 재판도 신속하고 정확하게 할 수 있다. 원님재판을 떠올리면 이해하기 쉽다.

그럼 이렇게 효율적인 규문주의가 왜 문제일까? 규문주의라고 해서 모두 억울한 죄인을 만든 것도 아니었다. 대부분 진범에게 죗값을 물었을 것이다. 하지만 규문주의는 탄핵주의에 비해 억울한 죄인이 나올 확률이 높다. 형사사법절차에서는 효율성이 고려 대상이 되어서는 안 된다. 규문주의는 오직 수사기관과 법관의 선의에만 의존해야 한다. 그들이 선하고 유능하며 공정하고 균형감각이 있어야 한다. 그중 하나라도 빠지면 규문주의 재판은 살상무기가 된다. 그런데 그런 사람이 어딨는가? 부처, 예수, 공자도 화를 내는데….

우리나라 전래동화 〈어린 사또와 기름 장수〉 이야기를 떠올려

보자. 옛날 포천에 어린 나이에 급제한 원님이 부임했다. 과거에는 어린 관리가 간혹 있었던 것 같다. '알나리깔나리'라는 말도 어린 나리를 놀리기 위해 알나리라고 부른 것으로, 깔나리는 그냥 운율을 위해 유사음을 반복한 것이라고 한다.

아무튼, 그 어린 사또가 마을을 둘러보는데, 어느 기름 장수가 큰 돌 위에서 울고 있었다. 사연을 들어보니 기름 장수가 하루 벌이를 돌 위에 놓고 잠이 들었는데 깨어보니 그 엽전들이 사라졌다는 것이었다. 이 말을 듣던 사또는 갑자기 그 큰 돌을 범인이라고 지목했다. 그리고 돌을 묶어 관아 마당으로 옮겨 바른말을 할 때까지 매우 치게 했다. 그 모습을 보고 마을 사람들이 비웃자, 어린 사또는 관장을 모독한 죄를 물어 모두에게 엽전 한 냥씩을 벌금으로 내도록 했다. 신기한 구경이라고 즐기다 졸지에 죄인이 된 구경꾼들은 어쩔 수 없이 한 명씩 나와 한 냥씩 바쳐야 했다. 어린 사또는 자기 앞에서 물이 든 항아리에 한 냥씩 넣게 했다. 그러던 중 어느 턱수염 사내가 엽전을 넣자 물 위로 기름이 떠 올랐다. 이에 사또는 그 턱수염 사내를 범인으로 지목했다. 기름 장수의 엽전이기에 기름이 묻은 것이라는 이유에서였다.

이것이 현명한 재판일까? 아니다. 매우 위험한 재판이다. 기름 묻은 엽전은 이른바 집단증거class evidence에 불과하다. 집단증거란 특정 그룹으로 한정할 수는 있지만 단일한 출처라고는 단정할 수 없는 자료를 말한다. 예를 들어 범행 현장에서 발견된 나이키 신발 자국 같은 것이다. 그것은 범인이 나이키 신발을 신는 사람이라는 것만 특정한다. 그건 나일 수도 있고 마이클 조던일 수도 있다.

반면 개별증거individual evidence는 단일한 출처를 밝힐 수 있는 자료이다. 지문 같은 것이다. 예를 들어 현장에서 발견된 A형 혈흔은 집단증거이고, DNA는 개별증거이다. 기름 묻은 엽전은 집단증거에 불과하다. 그런 엽전을 가지고 있을 경우는 수없이 많기 때문이다. 동백기름을 파는 방물장수의 돈에도 기름이 묻었을 것이고, 떡메를 치는 사람의 손에도 기름이 묻었을 것이다. 아니면 그들과 거래를 한 사람도 기름 묻은 돈을 받았을 것이다.

하지만, 이 전래동화에서는 누구도 다른 가능성에 관해 묻지 않는다. 범인을 기소한 사람도, 재판을 한 사람도 모두 같은 어린 사또이기 때문이다. 어린 사또는 자신의 명민한 추리가 어긋나는 것을 인정할 수 없기에 턱수염 사내를 무조건 범인으로 몰았을 것이다. 즉, 규문주의 재판은 수사한 사람의 편견과 확증편향에서 벗어날 수 없다. 경험상으로도 소년등과少年登科는 재앙과 같다.

규문주의를 타파하기 위해서는 바로 이 점을 고쳐야 했다. 기소한 사람이 재판하는 것을 막아야 했다. 그래서 기소와 재판을 분리하기로 했다. 누군가 판사가 아닌 자가 기소하면 해결될 것이었다. 하지만 새로운 문제가 발생했다. 막강한 기소권을 누구에게 맡길 것인지였다.

처음에는 민중에게 맡겨야 한다는 주장이 우세했다. 장 폴 마라Jean-Paul Marat가 주장하는 '민중 공소제'이다. 그는 민중이야말로 유일하게 정의로운 사람들이므로 그들이 기소권을 가져야 한다고 주장했다. 마라는 강직하지만, 매우 잔인한 사람이었다. 그런 사람은 모두에게 자신의 잣대를 강요한다. 그래서 최악의 지도자가 된다. 심지어 그는 민중의 혁명 열기를 고양하기 위해 더 많은 귀족을 공개 처형해야 한다고 주장했다. 그래서 수많은 사람이 처형되었다.

하지만 사람을 죽인다고 혁명 열기가 타오르지는 않는다. 특정 폐기물만 늘어난다. 사람을 많이 죽여야 혁명이 성공한다면, 스탈린의 소비에트 혁명이나 마오쩌둥의 문화대혁명은 대성공을 거뒀어야 한다.

25세의 샤를로트 코르데Marie-Anne Charlotte de Corday d'Armont가 마라를 암살한 것도 그 때문이었다. 마라에게서 전체주의적 반동을 감지한 그녀는 1793년 7월 목욕 중이던 마라를 칼로 찔러 죽인다. 자크-루이 다비드의 명작《마라의 죽음》이 바로 그 장면이다. 재판정에서 샤를로트는 수십만 명의 목숨을 구하기 위해 한 사람을 죽인 것이라고 답하고 기요틴에서 생을 마감했다. 누군가에게 그녀는 지롱드파 정치테러범일 것이다. 하지만 다른 이에게는 민중을 지키는 외로운 늑대이다. 25세의 여성이 단칼에 사람을 죽이는 게 가능한가 싶은데 아무튼 공범은 없었다고 한다.

마라가 주장하는 민중 공소는 여론에 따라 기소가 결정된다. 대중은 분노와 격정에 휩싸이기 쉽다. 결국, 예수나 소크라테스 재판이 될 것이다. 그리고 과연 민중이란 누구를 말하는 것인가?

방데의 굶주린 농민은 민중의 적이고, 금수저 산악파는 민중인가? 문화대혁명 때 민중은 마오쩌둥 1인이었다. 소련의 대숙청 시기에 민중은 오직 스탈린뿐이었다.

게다가 민중 공소는 무조건 유죄일 수밖에 없다. 마라의 주장처럼 민중은 절대적으로 옳은데 어떻게 민중이 한 기소가 틀릴 수 있겠는가! 누가 감히 '절대적으로 옳은 민중'의 뜻을 거스르고 기소된 피고인에게 무죄를 선고할 수 있겠는가. 마녀재판처럼 무조건 유죄가 나오는 것이다. 그래서 민중 공소는 규문주의보다 더 재판을 유명무실하게 한다. 사회주의 인민재판소나 중국 문화대혁명 때 비판투쟁대회를 떠올려보라. 그것들이 대표적인 민중 공소이다. 민중 공소면 240번 버스 기사나 세모자 사건의 아버지나 지라시에 나오는 연예인, 모두 유죄이다.

베카리아나 세르뱅 등이 민중 공소를 반대한 이유도 그 때문이었다. 민중 공소는 규문주의보다 더 위험하다는 것이다. 민중 공소가 더 불공정하고 그 결과도 절대적으로 유죄일 수밖에 없다고 경고했다. 이들의 주장이 공감을 얻으면서 민중 공소 주장은 사라지게 된다. 대중은 이미 로베스피에르 시절의 민중재판을 경험해 봤기 때문이다.

그래서 민중 공소 대신 기소를 전담하는 공소관[7]Accusateur public을 만들었다. 이렇게 기소기관을 따로 만든 것은 이런 역사적 경험 때문이다. 하지만 어느 때이든 민중 공소제를 주장하는 선동가들은 출몰한다. 그런 자들이 바로 민주주의의 적이다. 민중의 편이라고 주장하는 자 중에 민중과 같은 밥을 먹는 자는 거의 없다.

기소와 재판을 분리했고, 기소 절차도 개혁했다면 다음은 재판이었다. 공정한 재판이 절실했다. 하지만 공정함을 이루기는 매우 어렵다. 세상에 공정을 외치지 않는 때는 없다. 늘 공정을 외친다는 것은 늘 불공정하다는 뜻이다. 진짜 공정해지고 싶으면 우선 절차를 공개하면 된다. 그럼 대부분 공정해진다. 재판도 마찬가지다. 그래서 재판을 공개했다. 몰래 하던 재판을 모두 공개하고 피고인에 대한 정보도 모두 알렸다. 법원을 구성할 때도 일반 국민이 참여할 수 있도록 바꿨다. 바로 재판의 공개주의이자 밀행주의의 폐지이다.

공개주의는 권력자의 구미에 맞지 않는다. 그래서 늘 권력자들은 공개주의를 꺼린다. 잔 다르크 재판 때도 이단심문관에게 불리해지자 비공개로 전환했다. 우리나라에서도 그런 사례는 흔하다. 과거 정부는 청와대 울산시장선거개입 사건의 공소장 공개를 막았다. 명백히 공개주의를 침해한 것이다. 참여연대나 민변조차 비난했으니 얼마나 추한 조치인지 알 수 있다.

이것이 잘못되었다는 것은 그 이후 행보에서 드러난다. 그들은 야당이 되자 정반대로 행동했다. 자신들이 고발한 사건이 불기소 처분되자 그 불기소 결정문을 공개하는 법안을 만들었다. 혐의가 인정돼 기소된 사건의 공소장은 숨기면서, 오히려 혐의가 인정되지 않은 사건의 결정문은 공개해야 한다는 것이다. 범죄는 숨기고 프라이버시는 침해하자는 뜻이다. 이런 파렴치한 짓이 공연히 그리고 버젓이 일어나도 부끄러워하지 않는 것이 우리 국회다. 물론 이런 이율배반적인 행동은 이 당이나 저 당이나 다 마찬가지다. 권력을 쥐면 다 똑같아진다.

이런 밀행주의 다음으로 고쳐야 하는 것은 바로 서면주의였다. 이때 서면은 부산의 서면이 아니라 서면書面 즉, 서류를 말한다. 서면주의는 변론이나 조사를 서류로 하는 것이다. 서면주의에 반대되는 것이 구술주의이다. 말보다는 서류가 더 공정하고 확실하지 않을까 싶지만, 형사사법에는 그 반대이다. 이때 서면은 대부분 수사기관이 작성하는 조서를 의미한다. 피의자신문조서, 진술조서와 같은 것이다. 사실 서면주의만 없어져도 많은 인권침해를 줄일 수 있다.

인권침해는 대부분 수사 중에 벌어진다. 수사 중에 받은 자백이 조서에 남는다면 예심판사나 경찰은 어떻게든 자백을 받아내려고 노력할 것이다. 당연히 피의자를 위협하고 고문한다. 지금도 마찬가지다. 수사기관이 원하는 진술이 나오지 않으면 은근하게 협박하고, 교묘하게 뉘앙스를 바꿔 조서를 '꾸민다'. 그런 다음 진술인에게 '그게 그거니 그냥 서명 날인하라'고 윽박지른다. 영상녹화조사를 하면 그나마 나은 편인데 그건 경찰, 검찰, 판사 모두가 싫어한다. 자의적인 권한 행사가 어려워지기 때문이다.

그래서 서면주의를 폐지해야 불법수사가 줄어든다. 수사기록과 조서가 사라져야 공판중심주의가 가능하다. 프랑스 혁명세력이 조서를 없앤 이유는 그 때문이다. 우리나라에서 공판중심주의가 이뤄지지 않는 것은 첫 번째가 법원의 민주적 정당성이 없기 때문이고, 두 번째는 조서가 살아있기 때문이다.

공판을 공개하고 조서가 사라지면 당연히 재판정 모습이 달라진다. 공판에서 피고인이 적극적으로 움직이는 것이다. 피고인이 반대증거를 제시하고 기소 내용을 반박한다. 이른바 '피고인의 소송객체성'이 사라지는 것이다.

그러자 예상치 못한 문제가 생겼다. 피고인이 활발하게 움직이는데, 그것에 대응할 상대가 없었다. 규문주의에서는 그런 역할이 불필요했다. 규문주의 재판은 조서가 이끌었고, 피고인은 그저 꿔다 놓은 보릿자루처럼 가만히 서 있기만 했다. 하지만 규문주의가 폐지되자 달라졌다. 피고인이 적극적으로 공소사실을 반박하기 시작한 것이다. 그렇게 피고인이 적극적으로 나서면 이를 상대할 역할이 필요하다. 그렇지 않으면 공소 유지가 어렵다. 그렇다고 판사가 그 역할을 할 수는 없었다. 판사가 피고인의 반대 당사자가 되어 반박하고 증거를 조사하면 그게 바로 규문주의이기 때문이다.

예를 들어 설명하자면 규문주의는 골프와 같고, 탄핵주의는 테니스와 같다. 골프는 친 공이 다시 되돌아오지 않지만, 테니스는 공이 넘어와야 한다. 그래서 골프는 혼자 칠 수 있지만, 테니스는 반드시 상대가 필요하다. 탄핵주의도 마찬가지다. 피고인의 반대편에서 공소유지할 상대가 필요했다. 그 역할은 기소한 공소관에게 맡겼다. 공소관은 대배심의 결정으로 기소가 결정된 경우 공소를 유지하고 증인을 출석시키는 등 제한적으로 활동했다. 이 공소관이 나중에 검사가 된다. 그래서 프랑스의 일부 법학자들은 검사제도를 두고 당사자주의적 요소를 도입한 것이라고 평가한다.

우리나라 고전 소설에는 이러한 제도의 차이를 잘 보여주는 장면이 있다. 우리나라의 대표적 법정극인 《춘향전》이다. 춘향전은 초반에는 하이틴 로맨스 장르이지만 후반부에는 법정극으로 변한다. 춘향이 재판을 떠올려보자.

변사또가 춘향이를 잡아 와 수사하고 자신이 재판까지 한다. 전형적인 규문주의 방식이다. 춘향이의 죄는 거역수청拒逆守廳이었다. 변사또의 기생점고에 나오지 않았고, 수청을 들라는 관리의 명에 따르지 않았다는 것이다. 우리나라 법률에는 행정청의 명령에 따르지 않는 것을 형사처벌하는 조항이 미친 듯이 많은데, 그런 조항은 결국 거역수청죄와 같은 것이다.

춘향이는 "일부종사一夫從事를 부정하는 것은 두 임금을 섬기는 것과 같다"라면서 반박한다. 그러자 변사또는 그 말을 트집 잡아 능욕관장凌辱官長이라는 새로운 죄를 추가해버린다. 변사또에게 두 임금을 섬긴 것이라고 모욕한 것이라고 뒤집어씌운 것이다. 풍자를 모욕으로 받아들이는 것은 협량한 권력자들의 특징이다. 규문주의에서는 이처럼 제대로 자신의 억울함을 호소할 수도 없다.

변사또는 "노류장화路柳墻花에 불과한 춘향은 동식서숙東食西宿이 어울리거늘 어찌 감히 당돌하게 관리의 말에 토를 다느냐"고 엄히 꾸짖는다. 노류장화란 길 가의 버드나무와 담장 밑의 들꽃이란 말인데, 쉽게 꺾을 수 있는 존재, 즉 기생이나 몸 파는 사람을 비유하는 말이다. 쉽게 꺾을 수 있는 존재인지라 변사또는 집장사령을 시켜 형문刑問이라는 고문을 가한 후 감옥에 가둔다. 형문은 신장訊杖이라 불리는데, 매로 정강이를 매우 치는 고문이다. 우리 속담 '종이 종을 부리면 식칼로 형문 친다'라고 할 때 형문이 바로 이것이다.

조선시대 고문은 압슬壓膝, 낙형烙刑, 형문 등이 있었다. 압슬은 '페이네 포르테 에 듀레peine forte et dure'처럼 무거운 돌을 무릎 위에 올려놓는 고문법이다. 낙형은 인두로 발바닥을 지지는 것이다. 두 고문 모두 영조대왕이 없앴다. 영조는 '압슬을 보고 있으니 너무 끔찍하다'라고 하면서 없애라고 명했다. 낙형에 대해서도 '뜸을 떠봐도 고통스러운데 인두로 지지면 얼마나 아프겠냐'고 하면서 금지했다. 이렇게 공감능력이 뛰어난 양반이 어찌 자기 아들에게는 그리 가혹했는지 모르겠다. 아무튼, 조선은 중국이나 유럽의 제국에 비해 확실히 형이 관대했다. 500년간 조선이 유지된 이유 중 하나이다. 춘향이를 형문으로 고문했다는 것을 보면 춘향전이 영조 이후에 완성되었다는 것을 알 수 있다.

이리하여 감옥 갇힌 춘향이는 "역기관령逆其官令이라하야 귀지죄안歸之罪案하니 일신지미一身之微는 만사유경萬死猶輕이라 기정기명旣定其

名하니 하환궐죄何遽厥罪리오"라고 말하고 재판 결과를 순순히 받아들인다. '영을 거역하고 죄를 뒤집어썼으니 미미한 나는 만 번 죽어도 가볍다고 할 것이고 이미 죄명이 정해졌으니 어찌 그 죄를 면할 것을 꾀하겠는가'라는 뜻이다.

춘향이가 이렇게 억울한 수사와 재판을 그대로 받아들이는 것은 객체성을 그대로 보여주고 있다. 물론 춘향이도 그 억울함을 못 느끼는 것은 아니다. 옥에서 춘향은 '탕확湯鑊: 솥에 삶아죽이는 형벌도 이런 혹렬함에는 미치지 못할 것'이라고 하늘을 우러러 통곡한다. 물론 형문이 탕확보다 더 가혹하다는 것은 과장이다. 그 정도로 춘향이가 분했다는 뜻일 거다. 그렇게 분해도 어쩔 수 없는 것이 바로 규문주의 재판이었다.

그럼 규문주의가 폐지되었다고 가정해보자. 춘향이의 재판은 전혀 다른 모습이 된다. 어사 출두 이후 이몽룡이 벌인 재판은 이에 가깝다. 형문이라는 고문 절차 없이 바로 재판이 열리게 된다. 공개주의에 따라 백성들이 재판 과정을 모두 지켜본다. '하환궐죄리오'라고 자포자기하던 춘향이도 이 재판에서 돌변한다. 일부종사를 주장하면서 적극적으로 자신의 무죄를 주장한다. 거의 샘 스미스급 변신이다.

만약, 규문주의라면 재판장인 어사가 직접 나서서 춘향의 주장을 반박했을 것이다. 노비종모법奴婢從母法이나 일천즉천一賤則賤을 내세워 춘향을 추궁할 수 있다. 하지만, 규문주의가 폐지되면 재판장인 어사가 반박할 수 없다. 그래서 춘향이의 주장을 반박할 주체가 필요했다. 이몽룡의 재판에서는 형방이 그 역할을 했다. 검사 역할을 맡은 형방은 춘향에게 이리 말한다.

"너의 몸이 기생妓生이면 일점주순一點朱脣 만객상萬客賞이 너희 배輩 행사行事이니 본관本官 수청守廳 거역拒逆한 일 그 죄도 적잖거든, 갈수록 악설惡說하니 죄상첨죄罪上添罪 괘씸하니 죄목을 은휘隱諱 말고 바른 대로 아뢰어라."

국법에 따라 어미가 기생이면 너도 기생이거늘 어찌 기생의 임무를 다하지 않았냐는 뜻이다.

하지만 춘향도 지지 않는다.

"소인小人은 천賤한 신세 기생의 자식이나, 대비代婢 넣어 속신贖身하여 기안妓案 탁명坼名 한 일 없고, 여염閭閻 생장生長하옵더니 구관舊官 댁댁 도령道令님과 일장표서一狀標書 백년기약百年期約 결발지정結髮之情 있는 것을 신관新官 사또 불고不顧 체면體面 수청守廳 들라 위협하니, 두 지아비 섬기기가 두 임금과 같삽다고 인증引證으로 아뢰었지, 무슨 악설惡說하오리까. 십분十分 통촉하옵셔서 일루一縷 잔명殘命 살리소서."

쉽게 번역하면, '어미가 기생이라 자신도 기생인 것은 맞지만 자기 대신 다른 기생을 대타로 세웠고, 무엇보다 결혼했으니 일부종사가 우선한다. 그걸 예를 들어 설명한 것인데 등신 같은 변사또가 그걸 사실적시로 받아들인 것이다' 대략 이런 내용이다.

짧지만, 예송논쟁에 비견할 수 있는 심오한 반박이다. 마지막에는 정상 변론까지 깔끔하게 넣었다. 우리나라 고전을 통틀어 가장 완벽한 변론이라 할 수 있다. 우리는 춘향이를 그네타기 하나로 이몽룡을 홀린 플로팅의 장인으로만 알고 있지만, 사실은 매우 지적이며 도발적인 인물이다. 아마 춘향이가 변호사를 했다면 형사 송무 분야에서 원탑을 찍었을 것이다.

하지만 규문주의를 타파하기 위한 가장 중요한 과제가 남았다. 마지막이자 가장 중요하고 가장 어려운 과제이다. 그것은 판사와 사법경찰의 권력을 견제하는 것이었다. 이것이 어려운 과제인 것은 이들의 힘이 엄청났기 때문이다. 사디즘의 원조가 된 사드 후작의 《소돔 120일》이란 책이 있다. 이 책에는 온갖 악행을 일삼는 특권층이 나오는데 그중 한 명이 법복귀족, 즉 판사였다.

이들의 막강한 권한은 규문판사와 공판법원 그리고 경찰 간의 유착에서 나온다. 이런 현상은 합스부르크 왕조에서도 크게 문제되었다. 오죽하면 뷔로크레티니즘Burokretinismus 말이 나올 정도였다. 이 말은 관료Buro와 갑상선장애Kretinismus를 합성한 것으로 법원과 경찰의 권력남용을 뜻한다. 민중의 기본권을 보장하려면 이들의 권한을 억눌러야 했다. 그러려면 법복귀족의 하수인인 경찰을 견제하고 통제해야만 했다.

규문주의가 폐지되면서 공판은 공개되었지만, 수사 중에 일어나는 인권침해는 막을 수 없었다. 기소하지 않아도 수사로 사람을 괴롭히는 방법은 수만 가지가 넘는다. 수사를 빙자해 수 개월간 가둬두고 괴롭히는 일이 만연했다. 바로 중국 공안이 인권운동가들을 괴롭히는 방법이다. 우리도 마찬가지다. 내사라고 하면서 수 개월 동안 사업체를 괴롭히는 사례가 적지 않다. 자료제출 요구, 출석 요구 등을 하면서 괴롭히는 것이다. 만약 그 사업체가 말을 듣지 않으면 거래처를 괴롭혀 거래를 끊어버리는 악랄한 짓도 서슴지 않는다. 제보를 근거로 수사를 하다 사실이 아닌 것으로 드러나면 다른 여죄를 찾아 수사망을 더 넓힌다. 세무서에 자료 요청하고, 계좌 추적하고, 안 되면 행정법규 위반까지 탈탈 턴다. 지금은 그런 일이 없다고 말하지만, 이십 년 전에도 그런 일은 없다고 주장했다. 그래서 수사 자체도 누군가 통제해야만 했다.

그 역할을 '왕의 대관commissaires du roi'에게 맡겼다. 왕의 대관은 13세기부터 왕의 재산을 보호하고 벌금 징수와 몰수 등을 담당했다. 14세기부터 공익침해 범죄도 맡게 된다. 당사자주의는 공익범죄에 취약하다. 공익범죄는 특정한 피해자가 없다. 따라서 이를 다툴 당사자가 마땅히 없다. 그래서 공익침해 범죄를 고발하는 당사자가 필요하다. 그 역할을 왕의 대관이 하게 된다. 16세기에는 더욱 역할이 커진다. 국가를 대변해 중한 범죄, 공익을 침해하는 범죄에 대해 공판을 진행하고, 왕을 대신해서 판결에 불복해서 항소하고, 판결을 집행하는 역할도 했다. 그뿐 아니라 사법관을 감시, 감독하는 역할까지 담당했다. 따라서 왕의 대관은 수사를 통제하는 일을 맡기는 데 적합했다.

별 관심 없겠지만, 당시 프랑스의 형사소송절차를 간략하게 알아보자. 절차는 수사 → 기소 → 예심 → 공판회부 → 공판 → 판결 순으로 진행되었다. 이때 수사는 치안판사가, 기소는 공소관이, 예심은 예심판사juge insturuteur가 각각 담당했다. 공판에서 공소유지는 공소관이 담당했고, 판결은 판사가 담당했다. 기소와 피고인의 활동에 대응하여 공소유지하는 역할은 공소관에게 맡겼고, 수사를 통제하는 역할은 왕의 대관에게 맡겼다. 왕의 대관은 대배심에 의한 기소 결정이 이뤄지면 그 기소장을 검토했다. 물론 혁명 초기에 이런 제도가 바로 만들어진 것이 아니다. 많은 시행착오 끝에 정착되었다. 공소관, 왕의 대관, 검사라는 용어도 혼동해서 사용되었다.

이런 부분은 법조인이 아니라면 관심도 없고, 재미도 없을 것이다. 아니 법조인도 낯설게 들릴 것이다. 하지만, 위 문장을 보며, '예심이란 게 뭐지?', 이런 의문이 드는 사람이면 지금 당장 법학전문대학원 입시를 준비해야 한다. 당신은 그 귀하다는 리걸 마인드legal mind가 있는 사람이다. 그게 아니면 매우 집중력이 강한 사람이다. 이렇게 재미없는 글을 집중해서 읽는 능력이면 아마 뛰어난 법률가가 될 것이다.

예심은 생소하다. 우리나라에는 없는 제도이기 때문이다. 일반적으로 예심은 검사가 기소한 후 공판에 앞서 예심판사가 증거 수집, 검증, 조서작성, 증인심문 등을 하는 절차를 말한다. 예심판사는 법원에 속하지만, 검찰청에 근무하면서 주로 강제수사를 담당한다. 그래서 수사판사라고 불린다. 예심제도는 법원의 공판 부담을 덜어주는 효과가 있다. 하지만 예심제도는 공판을 무용지물로 만들 수도 있다. 예심판사의 수사 내용은 서면주의처럼 공판을 압도하기 때문이다. 그래서 프랑스에서는 예심판사의 권한 집중이 문제시되고 있다. 그래서 공판중심주의를 강화하기 위해서 예심제도나 예심판사를 없애는 나라도 있다. 우리나라 검사는 프랑스의 예심판사에 가장 가깝다. 검찰공화국을 부르짖는 의원 중에는 검사를 없애고 예심판사를 두자는 주장도 하는데, 잘 모르고 하는 소리다. 그게 그거다.

처음에는 치안판사가 수사의 주체였으나 부패와 공정성 논란이 심했다. 게다가 배심원들은 여론에 취약했고 권력에 휘둘렸다. 그래서 수사를 통제하고 공소유지 기능을 강화하기로 한다. 이를 위해 왕의 대관과 공소관을 공소관ministere public으로 통일했다. 1799년 12월 13일 프랑스 헌법에 공소관과 집행 기능을 함께 담당하는 정부위원commissaire du gouvernement 규정이 들어간다. 이에 따라 1801년 1월 17일 역사상 처음으로 검사제도가 시작된다. 검사는 시작 날짜를 알 수 있는 몇 안 되는 직업 중 하나다.

검사를 사법부가 아닌 행정부에 소속시킨 것은 규문주의를 벗어나기 위해서이다. 검사가 사법부에 속하면 결국 기소와 재판이 한 기구에서 이뤄진다. 행정부 중에서 법무부에 소속시키는 것은 법무부장관에게 책임을 지게 하기 위해서이다. 만약 검찰청이 독립기구라고 가정해 보자. 검찰총장이 권한을 남용하는 경우 이를 견제할 방법이 없다. 법무부에 속하게 해야 법무부장관이 감독, 시정할 수 있는 것이다.

그래서 우리나라 공수처는 위헌적인 조직이다. 수사권과 기소권을 동시에 부여하고서도 행정각부에 속하지 않게 했기 때문이다. 그 결과 공수처의 불법수사나 위법한 기소에 대해서는 누구도 통제할 수 없게 되었다. 실제로 공수처는 만들어지자마자 언론인, 학자, 야당 정치인들을 무차별하게 사찰했다. 불법 압수수색을 했으며, 자신들에게 불리한 기사를 쓴 기자와 그 가족들을 위협했다. 반대로 자신들 정파에 속하는 피의자에 대해서는 황제의전을 베풀었다. 하지만 누구도 이를 견제하지 못하고 있다. 공수처법에 대해 위헌 의견을 낸 소수의견은 바로 이점을 지적한 것이다. 수사권과 기소권이 부여된 공수처를 행정각부에 소속되지 않게 한 것은 위헌이라는 것이다. 그 소수의견을 낸 헌법재판관은 검사제도의 연혁과 기능에 대해 정확하게 숙지한 것이다.

어떤 학자는 이 의견을 반박하면서 영국의 중대범죄수사국SFO; Serious Fraud Office도 법무부 소속이 아닌 독립외청이라고 주장한다. 하지만 특별수사국은 완전히 독립된 청이 아니다. 왕의 법무관the Attorney General이 특별수사국의 장을 임명하고, 감독하도록 하고 있다. 무엇보다 당사자주의 국가의 사례를 들고 오는 것은 견강부회다. 목사님에게 금강경 들이대는 꼴이다. 그리고 영국은 법무부에 해당하는 부가 없다.

1808년 11월 16일 나폴레옹 형사소송법Code d'instmetion criminelle이 공포된다. 흔히 〈치죄법〉으로 불리는 이 법으로 근대적인 형사사법제도가 완성된다. 이 법에서 기소권을 공중소추관에서 검사에게 넘겼다. 공중소추관은 선출직이나 검사는 임명직이다. 또한, 수사를 담당하는 사법경찰을 설치하고, 검사와 예심판사가 이들을 지휘하도록 하는 내용이 들어갔다. 왕의 대관과 공소관이 검사로 통합되고, 사법기능의 분리 수사와 공소기능은 검사에게, 예심수사기능은 예심판사에게, 재판 기능은 법원에 부여하는 형태가 완성되는 것이다. 즉, 공소유지를 할 반대 당사자 그리고 경찰과 규문판사의 견제, 이 두 가지 문제를 해결하기 위해 만들어진 것이 검사제도이다.

프랑스는 지금도 검찰이 매우 강력하게 사법경찰을 통제한다. 사법경찰을 임명하거나 면직시키는 것, 그리고 교체하는 것도 고등검찰청 검사장이 결정한다. 이렇듯 검사는 태생 자체가 수사를 통제하기 위해 만든 것이다.

처음에는 수사를 담당하는 예심판사도 사법경찰에 포함했다. 그러다 보니 예심판사가 검사의 지휘, 감독을 받는 문제가 생겼다. 검찰 입장에서도 사법경찰인 예심판사가 소추에 관여하는 것은 문제였다. 또한 수사에 대한 검사의 통제를 없앨 수는 없었다. 그래서 예심판사를 사법경찰에서 제외했다.

프랑스에서 탄생한 검사제도는 1846년 7월 17일 신생 강국인 프로이센에 계수되었다. 베를린에서 임시 도입하였으나 1848년 혁명으로 독일연방 전체에 확산한다. 지금의 독일 형사소송법과 검찰 제도는 공개주의, 구두주의, 탄핵주의를 기초로 하는 당시 프로이센 형사소송법을 유지하고 있다.

당시 프로이센의 형사소송법 제6조에서는 검사의 지위를 법의 수호자로 규정했다.

"검사는 형사 절차에 있어 법 규정이 전체적으로 충족되도록 감시할 의무를 진다. 따라서 어떠한 범죄자도 형벌을 피하지 못하도록 주의할 뿐 아니라 누구도 죄 없이 소추되지 않도록 유의하여야 한다."

프랑스의 검사는 소송의 당사자로서 성격이 강하고, 독일 검사는 객관적 관청으로서 성격이 중요하다. 그래서 검사를 공익의 대표자라고 부르는 것이다. 따라서 검사는 피고인에게 유리한 증거도 수집해야 한다. 그래야 검사를 준사법기관이라고 부를 수 있다. 즉, 객관적 의무를 다하지 않는 검사는 준사법기관이라고 할 수 없다. 프로이센에서 발달한 검사 제도는 금세 전 세계로 퍼지는데 우리나라에도 불과 49년 후에 도입된다. 우리나라 최초의 검사는 바로 이준 열사이다.

영국과 미국의 형사사법제도에서 가장 큰 차이점은 검사 제도 운용 방식이다. 미국은 초기부터 검사 제도를 도입했다. 이에 비해 영국은 1985년이 되어서야 검사 제도를 시작한다. 영국은 대류법계와 달리 범죄를 국가와 개인의 관계로 보지 않는다. 개인 간의 문제로 파악한다. 그래서 사인소추 원칙을 택한다. 사인소추제에서는 서로 대등한 당사자이기 때문에 일방이 다른 당사자를 수사의 객체로 삼을 수 없고, 혐의 유무를 판단하여 공소를 제기할 수 없다.

영국에서 기소(공소제기)라는 것은 대륙법계와 다르다. 매우 낮은 단계의 형사절차에 불과하다. 영국에서 형사절차는 통상 사인私人이나 경찰이 특정인의 범죄 정보를 치안판사에게 전달하고, 치안판사는 혐의가 인정된다고 판단할 경우 기소된 자the accused에게 소환장summons나 체포영장Warrant for arrest을 발부하여 경찰이 그를 체포하여 법원에 인치하는 것으로 재판이 시작된다. 즉, 이런 절차라면 법률전문가에게 소추를 맡길 필요가 없었다. 그래서 검사가 필요하지 않은 것이다.

하지만 미국은 달랐다. 로렌스 프리드먼은 "미국의 형사법 기조는 (영국과 달리) 범죄는 피해자 개인의 문제가 아니라 공공의 해결 과제였다"라는 말했다. 범죄는 공공에 대한 잘못으로 사회 전체를 해하는 것이므로 처벌을 사회의 부담과 책임으로 맡겨야 했다. 그렇기에 미국은 영국의 사인소추제를 거부했다. 그래서 검사 제도를 바로 도입한 것이다.

영국이 뒤늦게 검사제도를 도입한 것은 1972년 런던에서 발생한 맥스웰 콘페 사건 때문이다. 이때 경찰의 강압적인 수사로 3명의 청소년이 거짓으로 자백했다. 그 사실이 드러나면서 수사과정에서의 인권 보호 문제가 대두되었고 1985년 검사를 도입했다.

올바른 검찰개혁은 검찰의 원래 모습으로 돌아가는 것이다. 검사는 규문주의를 타파하기 위해 만든 것이다. 수사를 통제하고 기소를 담당하고 공소를 유지하는 역할이다. 수사기구가 부족해서 검사를 만든 것이 아니다. 수사와 재판을 통제하고 감시해야 해서 만든 것이다.

하지만 우리나라의 검경 수사권조정은 이와 정반대의 방향으로 갔다. 검사의 원래 임무인 사법통제 기능을 없앴다. 오히려 특수수사를 장려하여 검사를 치안판사와 공소관이 결합된 직접수사기구로 만들었다. 결국 검찰'개혁'은 프랑스 대혁명 이전의 규문주의 기구로 퇴보한 것이다. 그래서 수사권조정이란 규문주의의 부활이다. 전 세계에서 이런 퇴행을 보이는 것은 중국 공안뿐이다.

그러다 자신들에 대한 수사가 진행되자 부랴부랴 검찰의 특수수사를 없애겠다고 나선 것이 검수완박이다. 형사사법 역사상 이렇게 우스꽝스러운 적도 없었다. 아마 이렇게 빨리 권력을 잃을 줄 몰랐을 것이다. 평생 자신들만이 특수수사라는 전가의 보도를 휘두를 수 있을 것이라 착각했는지도 모른다. 결국 모든 게 업보다. 바보일수록 흉계의 업보를 더 빨리 맞이한다.

묵비권은 죄를 숨기기 위한 것이 아니라, 두려움을 피하기 위한 것이다.

_스티븐 브라이어, Stephen Breyer

Chapter 20

미란다 원칙

마지막으로 미란다 원칙 이야기를 해보자. 미란다 원칙을 받아들일 수 있으면 당신은 적법절차를 온전히 이해하는 것이다. 하지만 미리 말하지만, 쉽지 않다. 미란다 원칙은 감정과 이성이 부딪히는 갈등 지점이다. 감정과 이성이 부딪히면 거의 감정이 이긴다.

미란다 원칙은 미국 영화나 드라마에서 흔히 볼 수 있다. 경찰관이 범인을 체포하면서 '당신은 변호인의 도움을 받을 권리가 있고, 진술을 거부할 수 있다'라고 주저리주저리 알려주는 장면이다. 미란다 원칙은 사람을 체포할 때 수사기관이 그런 권리를 알려줘야 한다는 것이다.

그럼 그런 내용을 알려주지 않고 체포하면 어떻게 될까? 미란다 원칙을 어겼다고 해도 체포 자체는 문제가 없다. 미란다 원칙은 자백과 관련되어 있다. 즉, 미란다 원칙을 듣지 않은 상태에서 한 자백은 증거로 쓸 수 없다. 예를 들어 범죄자가 '내가 미성년자를 성폭행했어요'라고 자백했더라도, 그 말을 하기 전에 진술거부권이나 변호인 조력권을 듣지 못했다면 그 자백은 무효다. 그래서 미국에서는 한때 범죄자가 미란다 원칙을 채 듣기 전에 범행을 자백해 버리기도 했다. 그럼, 가장 중요한 증거 하나가 사라지는 것이다. 물론 지금은 그렇지 않다.

예전 우리나라 교과서에서는 미란다 원칙을 다르게 설명했었다. 미란다 원칙을 지키지 않으면 _(자백의 증거능력이 사라지는 것이 아니라) 구금과 체포가 무효가 된다는 것이다. 이렇게 변질된 것은 우리나라의 아픈 역사 때문이다. 권위주의 정부에서 수사기관의 불법 체포와 구금이 빈발했다. 그런 불법체포, 불법구금을 막기 위해 미란다 원칙을 체포, 구속에 대한 제한 장치로 사용한 것이다. 하지만 원래 미란다 원칙은 자백의 효력에 대한 것이지, 체포나 구금에 대한 원칙이 아니다.

미국이나 영국의 체포, 구금 절차는 우리와 다르다. 일단 미국의 경우를 보자. 물론 미국이라고 다 같은 제도는 아니다. 각 주마다 조금씩 차이가 있다. 예를 들어 루이지애나 같은 경우는 프랑스 법제가 강하다. 하지만 체포, 구금 절차는 비슷하다.

미국도 범인을 체포하려면 원칙적으로 검사가 청구하고 치안판사magistrate judge가 발부한 체포영장warrant of arrest이 필요하다. 하지만 현행범이나 중범죄자는 체포영장 없이 체포할 수 있다. 중범죄자라고 믿을만한 합리적인 이유가 있으면 영장 없이 체포할 수 있다. 실제로는 영장 없이 체포하는 경우가 대부분이다. 미국 연방대법원은 사전 체포영장을 발부받을 시간이 충분히 있었다고 하더라도 체포영장이 없이 체포한다고 위헌은 아니라고 했다.

다만 체포하면 지체없이without unnecessary delay 치안판사에게 데려가야 한다. 이 조항은 형사소송법이 아니라 연방 형사소송규칙에 규정된 내용이다. 하지만 헌법처럼 강력하게 지켜지고 있다. 보통 6시간 이내에 데려간다. 그럼 치안판사가 구금을 계속할지 결정하는데, 대부분 보석금을 조건으로 석방한다.

미국은 구금이나 체포가 우리보다 쉬운 편이다. 대부분 영장 없이 체포한다. 하지만 그 즉시 법관에 데려가 보석 심사를 받게 한다. 그래서 누군가가 구금이나 체포되었다고 해서 우리처럼 바로 유죄의 신호로 받아들여지지는 않는다. 미국은 체포전치주의와 법관 즉시 대면권으로 부당한 인신구속을 막는다.

영미법계에서 보석은 매우 오래된 제도이다. 12세기 잉글랜드의 헨리 2세 때 수석재판관을 역임한 그랜빌Ranulf de Glanville의 저서 The Treatise on the Laws and Customs of the Kingdom of England에 이런 구절이 나온다.

"중죄로 고발된 피고인은 모든 경우에 석방되는 것이 일반적이다."

그럼 미란다 원칙은 어떻게 생겨난 것일까? 미란다 원칙은 머피의 법칙처럼 '에르네스토 미란다Ernesto Arturo Miranda'라는 사람의 이름을 딴 것이다. 미란다 커와 달리 에르네스토 미란다는 못되게 생겼다. 하는 짓도 못된 미란다는 1963년 1월 애리조나주에서 납치 및 강간 혐의로 체포되었다. 미란다는 그 사건으로 조사받던 중 다른 사건을 털어놓는다. 과거에 18세 소녀를 납치해 성폭행한 적이 있다고 자백한 것이다. 그 자백에 따라 미란다는 기소된다. 그리고 애리조나주 대법원에서 유죄가 확정된다.

미란다는 연방대법원에 상고하면서 이를 다퉜다. 주 대법원의 판결을 연방대법원에 다툴 수 있으니, 미국은 사실상 4심제라고 할 수 있다. 그래서 '재판 결과를 헌법소원하는 재판소원은 옥상옥이고 4심제'라는 비판은 설득력이 떨어진다. 아무튼 1966년 연방대법원은 5대 4로 미란다에 대해 무죄를 선고했다. 무죄의 이유는 미란다가 자백하기 전에 진술거부권, 변호인의 도움을 받을 권리 등에 대해 듣지 못했기에 그 자백을 증거로 쓸 수 없다는 것이었다.

1960년대 미국은 이 판결을 두고 그야말로 발칵 뒤집혔다. 대부분은 도저히 이해할 수 없고 국민의 법 감정에 반한다고 분노했다. 몇 마디 듣지 못했다고 미성년자를 납치해 성폭행한 사실이 사라지는 것은 아니기 때문이다. 그런 절차적인 권리를 듣지 못했다고 해서 소녀가 성폭행당한 사실이 사라지는 것이 아닌데, 어떻게 그런 절차를 지키지 않았다고 그 죄도 묻지 않겠다는 것일까! 슈뢰딩거의 고양이도 아니고 미란다 원칙을 들었는지, 못 들었는지에 따라 이미 발생한 범죄가 있을 수도 있고, 없을 수도 있는 것일까? 도대체 이해되지 않고 부조리한 판결이었다. 예를 들어 조두순이 진술거부권이나 변호인 조력권을 미리 듣지 못했다는 이유로 무죄가 된다면 우리는 감당할 수 있겠는가?

이런 절차법적인 권리는 분명 대중의 법 감정과 배치된다. 그래서 많은 사람은 증거법이나 적법절차는 세상을 장악하려는 법률가들의 음모이거나 변호사들의 돈벌이 수단이라고 생각한다. 제러미 벤덤도 증거법이 '모든 상상할 수 있는 악에 의한 억압을 허용하게 한다'라면서 비판한 바 있다. 인권 보호도 좋지만, 진실 발견과 정의의 실현이 형사소송제도의 목적이 아닌가 하는 의문도 생긴다.

하지만 형사소송법의 규정과 원칙들은 대부분 미란다 원칙과 같은 것이다. 대부분 범죄자나 혐의자를 위해서, 수사기관을 견제하는 내용이다. 동양의 형사법 원칙과 비교해 보면 적법절차 원칙이 얼마나 낯선 것인지 알 수 있다. 우리나라는 죄의유경罪疑惟輕 원칙을 가지고 있었다. '의심스러우면 피고인에게 유리'하게 하는 것이 아니라 '의심스러우면 가볍게 처벌'한다는 것이다.

대명률은 지금의 죄형법정주의와는 큰 차이가 있다. 예를 들어 대명률에는 '인율비부引律比附'라는 내용이 있다. 처벌조항이 없는 경우 가장 비슷한 조항을 끌어와 처벌하는 것이다. 죄형법정주의에서 금지하는 유추해석이다. 이러한 유추해석은 아직도 남아있는 나라가 있다. 사회주의 국가에서는 반혁명죄에서 유추해석을 허용하고 있다. 그래서 반동이면 대부분 처벌할 수 있다.

또한 대명률에는 명확성의 원칙에 반대되는 '불응위율不應爲律' 조항이 있다. 사리 상 당연히 해서는 안 되는 행위를 하는 자를 처벌하는 것이다. 이렇게 되면 대중과 권력자의 감정에 반하는 행위를 하면 처벌할 수 있게 된다. 사리 상 당연히 해서는 안 되는 행위이기 때문이다. 그뿐 아니라 '위령률違令律' 조항도 있다. 법률에 규정이 없더라도 관의 금지령을 위반한 자를 처벌하는 조항이다. 포괄위임 금지 원칙에 위배되는 것이다.

그런데 죄형법정주의보다는 대명률이 우리의 일반적인 법 감정에는 더 잘 맞는다. 나쁜 짓을 저질렀는데 법에 없다고 처벌을 피하는 것이 옳단 말인가? 그런데 죄형법정주의나 근대 형사사법제도는 이런 대명률과 우리의 법 감정에 명확히 반대된다.

그럼, 왜 형사사법제도는 죄지은 사람들을 위해서 설계된 것일까? 국민의 세금으로 운영되는 나라라면 범죄를 엄격하게 수사하고 징벌하여 안전한 사회를 만드는 것이 옳은 것이 아닐까?

안전한 사회란 무엇일까? 범죄로부터 안전하기만 하면 좋은 나라일까? 국가나 사법기관이 막강한 힘을 가지고 그 힘에 순종하기만 하면 안전을 보장받을 수 있는 나라가 좋은 나라일까? 그리고 강하고 엄하게 처벌하면 범죄로부터 안전해질까? 수만 명을 죽인 마녀재판의 시대에는 왜 안전함을 느끼지 못했을까? 대중이 증오하기만 하면 언제든 나도 처벌받을 수 있는 나라에서 우리는 안전할까?

러셀 커크는 《지적인 사람들을 위한 보수주의 안내서》에서 이렇게 말했다.

"보수주의자는 경찰국가의 힘을 발동하기보다는 개인적 양심을 운용해 무자비한 개인주의를 개혁하려는 노력을 선호한다."

소크라테스 재판부터 프랑스 대혁명까지 길고 지루한 이야기를 한 것은 결국 미란다 원칙을 설명하기 위함이다. 우리는 감정에 의한 처벌, 권력에 의한 처벌, 대중에 의한 처벌을 막기 위해서 수많은 장치를 개발했다. 그중 하나가 미란다 원칙이다. 검사의 본업은 수사 중에 미란다 원칙 등이 지켜졌는지 감독하는 것이다. 적법절차가 아무리 많아도 그것을 지킬 사람이 없으면 무용지물이다. 영국의 왕이었던 찰스 1세도 재판장에서 말조차 할 수 없다고 한탄했다. 일국의 왕도 공정한 재판을 받기 어려운데 힘없는 사람이라면 오죽하겠는가! 적법절차가 지켜지려면 그것을 감시하는 사람이 필요하다. 그래서 검사를 만든 것이다.

뭔가 찝찝하겠지만 형사사법은 그런 방향으로 발전해왔다. 19세기 영국의 법률가 피트제임스 스티븐 남작James Fitzjames Stephen, 1st Baronet은 이렇게 말했다.

"초기 법률의 목적은 유죄로 추정되는 사람을 노출시키고 찾아내는 것이다. 후기 법률의 목적은 고발된 자의 유죄 또는 무고함을 철저히 조사하는 것이다."

물론 지금은 과거 절대왕조나 권위주의 정부와 달리 불법적인 수사가 많이 줄어들었다. 그리고 거의 모든 사람이 변호인 조력권이나 진술거부권 등을 잘 알고 있다. 어찌 보면 미란다 원칙은 불필요한 요식행위에 불과할지도 모른다. 그런데 그 요식행위가 없었다고 죄에 눈 감는 것이 상식적인가? 그럼, 왜 이런 부조리한 일이 벌어졌을까? 그리고 왜 정의감에 불타야 하는 법조인들이 그 미란다 원칙에 대해 금과옥조처럼 받아들이는 것일까?

그럼, 스스로 질문해 보자. 우리 사회에 미란다 원칙을 모르는 사람이 단 한 명도 없을까? 그것은 아닐 것이다. 분명 자신의 권리를 모르는 사람은 있다. 그뿐 아니라 막상 수사를 받으면 당황하고 위축된다. 보통사람도 그 상황에서 자신의 권리를 까먹기도 한다. 그럼 그런 어리숙한 사람들의 권리는 사회 전체의 안전과 대중의 법 감정을 위해 포기해야 할까?

겨울이 되면 가끔 한강이 언다. 언제 한강이 얼었다고 판단할까? 고양이가 걸어 다닐 때? 아니다. 한강대교 2번째와 4번째 교각 상류 100m 지점이 얼어야 한강이 얼었다고 인정한다. 이렇게 한강이 어는 것도 판단 기준이 있다. 당연히 어느 사회의 인권도 판단 기준이 있어야 한다.

그럼 어떤 기준이어야 할까? 그 기준은 매우 간단하다. 가장 약한 사람의 인권이 바로 그 사회 전체의 인권 수준이다. 힘 있는 사람은 어느 사회에서든 최상의 인권을 누리고 산다. 북한 김정은 일가와 노동당 간부들은 그 어느 나라 국민보다 자유롭고 안정적으로 산다. 그럼, 북한은 인권 천국인가? 왜 북한의 인권을 김정은 일가로 평가할 수 없을까? 그것은 인권의 보편성에 어긋나기 때문이다. 북한의 인권은 노동교화소에 갇힌 사람들을 기준으로 측정해야 한다.

한 사회의 인권은 마치 쇠사슬의 강도와 같다. 쇠사슬 전체의 강도는 가장 약한 고리의 강도가 결정한다. 다른 고리들이 모두 100톤을 견딜 수 있다고 해도 가장 약한 고리가 1톤밖에 지탱할 수 없다고 하면 그 쇠사슬 전체가 지탱할 수 있는 무게는 결국 1톤이다. 나머지 고리들은 100톤을 견딘다고 우겨도 소용없다. 1톤이 넘어가면 그 쇠사슬은 끊어진다.

인권은 물탱크에 뚫린 구멍과 같다. 물탱크가 아무리 크고 높아도 가장 낮은 곳에 뚫린 구멍의 높이만큼만 물을 담을 수 있다. 10m 높이의 물탱크라도 30cm 높이에 구멍이 뚫려 있으면 그 탱크의 수위는 30cm 이상을 넘을 수 없다.

그래서 적법절차는 가장 약한 사람에 맞춰야 한다. 지금 미란다 원칙 모르는 사람이 누가 있느냐고 하지만 가장 약한 사람들은 그게 뭔지 모른다. "진술한 대로 적었으니, 조서에 그냥 날인해!"라는 말을 듣고 수사기관이 요구하는 대로 조서에 서명 날인하는 사람이 단 한 명이라도 있을 수 있다면 절차로서 미란다 고지는 있어야 한다. 그리고 그 절차를 보장하기 위해 증거능력을 담보로 잡아야 한다.

이렇게 소수, 약자 중심의 장치가 실제로 작동하는지에 대해 의심할 수 있다. 지나치게 감상적이고 가식적인 가면극이라는 비난도 충분히 가능하다. 불확실한 소수를 위해 공동체 전체가 균형을 잃는 것은 그 자체로 불공정하다고 할 수도 있다. 하지만 불완전하고 불확실한 사람들은 우리 사회에서 가장 중요한 의미를 지니고 있다. 시카고학파의 시조인 프랭크 나이트는 '모든 것이 확실한 세계에서 자유란 불필요하고, 불확실성의 세계에서만 자유는 존재 의미가 있다'라고 했다. 모두가 완벽하다면 인간은 선택할 수 없다. 선택할 수 없는 존재는 자유가 없다. 부족하고 불완전한 인간의 존재만이 비로소 자유를 의미 있게 만든다.

로이스 로리는 《기억전달자The Giver》라는 소설을 썼다. 거기에는 가족, 양육, 직업 선택 등 모든 자유를 없앤 공동체가 나온다. 분쟁과 갈등을 없애기 위해서였다. 갈등을 낳는 차별을 없애기 위해 심지어 색깔을 보는 시각까지 없애 버린 이 세상에서 사람의 삶은 그저 임무일 뿐이다. 그래서 그 공동체에 더 이상 필요하지 않으면 임무 해제라는 명목으로 도살해 버린다. 그것이 가장 이상적인 공동체라는 것이다.

다름이 사라지면 우리도 이와 같다. 법 감정이라는 대중의 변덕에 따라 다름을 모두 없애면 결국 이런 디스토피아로 몰락하는 것이다. 다름이 갈등을 유발하고 자유는 방종을 낳지만, 결국 우리의 존재를 확인시켜 주는 것은 선택이다.

어떤 이는 미란다 원칙이 지나치게 수사기관을 악하게 보는 문제점이 있다고 한다. 하지만 공화주의자는 인간에 대한 경계와 불신에서 출발한다. 미국의 보수주의 작가인 버나드 이딩스 벨Bernard Iddings Bell이 말하길, 자유주의자는 인간의 본성이 선하고 신뢰할 수 있다고 믿고, 공화주의자와 인권주의자는 그와 달리 인간의 불완전함 그리고 권력의 방종을 인정한다고 했다.

인간을 마냥 선하게 본다면 우리는 권력분립을 할 이유가 없다. 권력에 대한 통제 장치를 둘 이유도 없다. 인간은, 적어도 대중은, 정직하지도 합리적이지도 않다. 그게 현실이고, 우리는 그것을 직시해야 한다.

그리고 그 현실은 소크라테스부터 프랑스 대혁명 때까지 반복되었다. 그런데도 우리는 그 현실을 받아들이지 않는다. 늘 우리는 우리를 합리적이고 이성적이며 선한 존재라고 속이며 살아간다. 인간에 대한 분식회계와 같은 것이다. 그래서 미란다 원칙이나 적법절차에 대해 부정적이다. 하지만 진실을 속이면 어떠한 발전도 있을 수 없다.

로버트 코마이어는 소설《첫 죽음 이후》에서 이렇게 말했다.

"물론 현실을 응시하는 일은 슬프다. 그러나 현실을 응시하지 않는다는 것은, 절대로 있을 수 없는 땅에서, 투쟁도 성장도 승리의 가능성도 없는 곳에서 산다는 뜻이다."

형사소송제도를 바로 세우기 위해서는 인간과 대중의 현실에 대해 직시해야 한다. 그래서 형사소송제도는 다수가 소수를 위해 양보해야 바로 설 수 있다. 그래야 모두가 안전하다. 백만 명을 위해서 한 명이 희생할 수 있다면 그 백만 명도 결국 그 한 명처럼 희생된다. 그것은 역사적으로 입증된 진실이다. 그래서 백만 명을 위해서라도 단 한 명을 희생시킬 수 없다. 그것이 백만 명을 보호하는 길이고, 그것이 형사사법제도의 정신이다.

스티븐 핑커는 《빈 서판》에서 이렇게 말했다.

"'자신이 어떤 존재인가를 보여주면 인간은 한결 나은 존재가 될 것이다'라고 한 체호프의 말처럼, 인간 본성에 관한 새로운 과학은 생물학적 정보가 풍부하고 현실적인 인본주의에 이르는 도구가 될 수 있다."

그래도 뭔가 찝찝한 사람들을 위해 한마디 하자면, 미란다는 석방되었지만, 다른 증거를 찾아내 다시 기소되었고 결국 유죄 선고되었다. 하지만 곧 보석으로 석방된다. 그 후에도 미란다는 제 버릇 못 고치고 살았다. 자신의 머그샷에 서명해서 팔아먹기도 했다. 그러다 어느 날 술집에서 시비가 붙어 칼에 찔려 죽는다. 미란다를 찔러 죽인 범인은 미란다 원칙을 활용하여 48시간 동안 진술거부권을 행사하다 풀려난다. 그리고 즉시 멕시코로 도주했다.

지식과 기술만으로는 인류를 행복하고 품위있는 삶으로

인도할 수 없다는 사실을 잊지 말라.

_ 알버트 아인슈타인, Albert Einstein

Chapter 21

인터넷 시대의 적법절차

과학자들은 워낙 짓궂어서 별별 실험을 다 한다. '원숭이와 사다리 위의 바나나'라는 실험도 했다고 한다. 먼저 원숭이 5마리와 사다리를 우리에 넣었다. 사다리 위에는 바나나가 달려있다. 그럼, 원숭이가 사다리 위를 올라가려고 할 것이다. 과학자들이 그걸 그냥 둘리 없다. 원숭이가 사다리를 올라갈 때마다 냅다 찬물 세례를 퍼부었다. 몇 번 찬물을 맞은 원숭이들은 아예 사다리를 올라가려고 하지 않았다. 그러자 원숭이 한 마리를 교체했다. 신입 원숭이는 바나나를 보고 사다리를 오르려고 한다. 하지만 찬물을 맞아본 다른 원숭이들이 극구 말렸다. 결국, 신입 원숭이는 사다리 오르는 것을 단념한다. 그렇게 기존의 원숭이들을 한 마리씩 교체했고, 새로 들어온 원숭이들은 사다리를 오르려고 하다 다른 원숭이들을 만류로 포기하게 되는 과정을 반복했다. 실험이 진행되면서 우리 안의 원숭이는 새 원숭이들로 모두 교체되었다. 모두 찬물을 맞아본 적이 없는 원숭이들이다. 그런데도 이 원숭이들도 사다리에 오르려고 하지 않는다. 과학자들이 더 이상 찬물을 끼얹지 않았지만, 원숭이들은 사다리를 오르려고 하지 않았다. 그게 관습이고, 관행이라고 한다.

혹시 '적법절차'라는 것도 그런 관습이 아닐까? 적법절차는 종교나 절대왕조의 압제에 대응하기 위해 만들어진 것인데, 지금은 그런 압제가 사라지지 않았는가? 지금은 규문주의나 절대왕조도 거의 없다. 북한 등을 제외하고 전 세계적으로 민주화가 어느 정도 진행되었다. 무엇보다 모든 것이 SNS를 통해 공유되고, 언론과 시민단체의 감시가 일상화되어 있다. 이런 상황에서 과거와 같은 인권침해를 걱정하는 것은 기우에 불과하다고 생각할 수도 있다. 굳이 별도의 통제기관을 만들어 적법절차를 확인하는 것은 과거의 기억에 따른 유습일 뿐일 수도 있다. 스마트폰 세상에 공중전화는 필요하지 않지 않는가?

하지만 역사상 모든 형사사법제도는 그때는 모두 정의롭고 정당했다. 신판도, 마녀재판도, 종교재판도 당시에는 모두 공정하다고 믿었다. 심지어 이단자를 불에 태워죽일 때도 그들은 정의롭다고 생각했다. 그때 대중과 권력자들도 자신들이 뭘 하는지 몰랐다. 그럼, 지금은 다를까? 지금의 대중이 과거의 대중에 비해 객관적이고 신중할까? 100년 후에는 지금 우리의 재판과 수사에 대해 똑같이 판단하지 않을까?

천둥이 치는 날에는 골프 경기가 중단된다. 하지만 골프를 치다 직접 벼락을 맞아본 사람은 아무도 없다. 간접적으로 그것을 경험한 사람도 없다. 그런데도 우리는 천둥이 치면 골프를 중단한다. 그것을 관행이라고 하지 않는다. 적법절차는 물벼락이 아니라 천둥과 같은 것이다. 실재하는 위협에 대응하기 위한 방책이다.

게다가 수사나 재판 모두 인간이 하는 것이다. 오류와 실수가 발생할 수밖에 없다. 우리는 허점투성이 존재니까. 그런 존재가 운용하는 제도가 완벽할 것이라는 가정은 황당무계한 모순이다.

재판은 목격자의 증언에 크게 좌우된다. 하지만 일화 기억은 두뇌에서 인출될 때마다 외부 상황에 영향을 받는다. 우리는 매번 다른 일화 기억을 인출할 수 있다. 그리고 일화 기억은 단어의 선택과 유도심문으로 얼마든지 조작할 수 있다는 것이 과학자들의 결론이다. 문제는 증인들의 일화 기억에 의해서 유죄 선고되는 경우가 대부분이라는 것이다. 미국의 통계를 보면 2019년 9월까지 유죄판결을 받았다가 DNA 검사로 누명을 벗은 사례가 모두 365건이다. 이 중 75%가 목격자의 증언을 근거로 유죄가 선고되었다. 따라서 시대의 변화와 무관하게 인간의 오류에 대한 점검 장치인 적법절차는 늘 의미가 있는 것이다.

'적법절차를 지키면 범죄를 막을 수 없을 것'이라는 주장은 치안과 수사를 구분하지 못한 것이다. 강력범죄에 대응하고 범죄를 예방하는 것은 치안 문제이다. 형사소송제도는 일어난 사건을 대상으로 한다. 실제 강력범죄로 인해 피해받은 시민들 못지않게 권력이 범죄자로 몰아 처벌한 인원이 더 많다. 이것은 지금도 일어나고 앞으로도 일어날 것이다. 억울하게 죽은 해병대원을 지켜주려다 집단항명수괴로 몰리는 해병대 수사단장 사건이나, 대통령의 친구를 시장에 당선시키기 위해 경찰을 동원해 청부수사를 한 청와대 울산시장선거개입 사건이 그 실례이다. 부정부패 수사가 어려운 것은 범죄자들이 권력자들이기 때문이지 적법절차 때문은 아니다.

적법절차의 역할은 오늘날 더욱 중요해지고 있다. 민주주의와 상대주의가 치명적으로 위협받고 있기 때문이다. 모든 것을 감각으로 파악하고 결정하는 대중 절대주의는 종교시대만큼 위험하다. 대중의 불편함이 정의의 척도가 되어버린 지 오래다. '불편해'라는 말이 동조자만 얻으면 혐오도 정의가 된다. 대중의 기괴한 선호가 진리가 되는 세상에서는 선과 악의 구분도 간단해진다. 우리가 좋아하면 선이고 불편하면 악이다. 그래서 적법절차의 형식적 엄격성은 앞으로 더 절실해질 것이다.

과거의 인권침해는 종교와 권력으로부터 왔다. 위로부터 내려오는 압력이었다. 하지만 이제는 사방에서 인권침해가 발생한다. 과거 수도사, 왕, 귀족이 쥐고 있던 권력은 사라졌지만, 새로운 권력자들이 등장했다. 혐오산업으로 전락한 언론, 뼛속까지 당파적이면서도 중립을 가장한 시민단체, 인터넷 네트워크를 장악하는 트롤과 인플루언서들이 새로운 마녀심판관이다. 대중은 자신들의 호기심을 충족시키기 위해서라면 그 어떤 개인이나 집단도 무너뜨리고 갈가리 찢어버릴 악의에 불타고 있다. 새 마녀심판관들은 대중의 혐오와 호기심을 자양분으로 권력을 쟁취했다. 그들은 자신들의 권력을 유지하기 위해 혐오와 분노의 대상을 지목하고 조종한다.

새로운 마녀재판관들도 도미니크 수도사들처럼 자신들이 정의라고 생각한다. 게다가 이들의 혐오산업은 SNS나 인터넷 커뮤니티, 유튜브 등을 통해 폭발적으로 확산한다. 인터넷 커뮤니티는 혐오와 무분별한 숭배로 가득 차 있다. 그들은 상처받은 정의라고 스스로를 착각하고 이단재판에 탐닉한다. 혐오를 조장하는 글에는 어김없이 '좋아요'를 누르고, 교묘하게 마녀재판을 조종하는 정치인과 셀럽들에게 절대 충성을 바친다. 소수지만 난동에 가까운 그들의 활동은 우리 모두의 확증편향과 집단착각을 키운다. 우리는 그들이 쏟아내는 가짜뉴스와 소음들을 정보라고 착각한다. 그러면서 우리는 판단력과 완전성totality을 잃고 있다.

그래서 베르나르 베르베르는 이렇게 말했다.

"이제는 정보를 차단하지 않고 정보를 범람시킴으로써 검열을 한다. 그리고 이 방법이 오히려 한층 효과적이다. 홍수처럼 쏟아져 나오는 무의미한 정보들 속에서 사람들은 정작 중요한 정보가 어떤 것인지 갈피를 잡지 못한다."

무엇보다 이들은 쉽게 견제할 수 없다. 이들은 4차 산업혁명, 빅데이터, 집단지성, 이노베이션이라는 방패 뒤에 숨어서 행동한다. 이들의 마녀사냥에 대한 비판은 자칫 새 기술, 새 문화에 대한 공격으로 비칠 수 있다.

게다가 새 마녀재판관들은 매우 불안정한 지위에 있다. 오늘 대중의 환호 속에서 수백만 명의 구독자를 거느리며 신과 같은 지위를 누리다가도 단 한 순간에 호모 사케르처럼 영원히 추방당하는 존재가 될 수 있다. 뒷광고 하나로 한순간에 몰락하는 유튜버가 즐비하다. 아이러니하게도 새 마녀심판관들의 이러한 불안정한 지위는 짐짓 그들의 권력과 위험성을 간과하는 오류를 낳는다. 이들은 언제든지 비판받고 내쳐질 수 있기에 그들의 선동이 그다지 위험하지 않다고 착각하는 것이다.

하지만 로베스피에르 자신이 기요틴에 처형되었다고 하여 그가 생전에 저질렀던 학살이 공정했던 것은 아니다. 그 권력이 약했던 것도 아니다. 문제는 이런 불안정성이 그들의 위험성을 가볍게 보이는 착시 현상을 낳는다는 것이다. 이들은 그저 멤버만 교체할 뿐이다. 마녀심판관만 바뀔 뿐 분노와 혐오를 조장하는 죽음의 수레바퀴는 계속 돌아간다. 실제로 우리나라의 추악한 유튜버 무리는 온갖 악행을 일삼고 있다. 정치판을 오염시키고, 대중의 혐오와 분노를 조장한다. 그뿐 아니다. 돈을 벌기 위해 사람들의 약점을 잡아 공격한다. 자극적으로 과장하고 억측과 망상을 가미한다. 그러면서 무지몽매한 대중들에게 정보와 지식을 전달한다고 속인다. 그자들의 악랄함에 공격의 대상이 된 많은 사람이 스스로 목숨을 끊었다. 그런데도 그 유튜버들을 엄청난 부와 인기를 누리고 있다. 대중이 원하는 마녀재판을 자행하기 때문이다.

대중매체의 신변잡기식 보도와 약자를 상대로 자발적으로 이뤄지는 마녀사냥은 인터넷 산업의 비호와 조장 속에 더욱 커질 것이다. 거의 모든 인터넷 산업은 대중의 불안정한 기호와 군중심리에 기대어 성장했다. 정제되지 않고 오히려 난동을 미덕으로 간주하는 폭력에, 이제 기존의 언론도 동참하고 있다. 언론이 커뮤니티에 올라오는 밑도 끝도 없는 유인 글을 기사화하고 혐오를 부추긴다. 언론의 가담으로 이제 거대한 혐오산업이 완성되고 있다. 문제는 이러한 혐오산업의 창궐이 개체적이고 주관적인 사고를 마비시키고 하나의 비극을 일반화하여 전체주의적인 복종을 자발적으로 이끈다는 점이다. 그렇게 다양하고 민주주의적이며 비판적인 사회는 맥없이 무너지는 것이다.

티머시 스나이더는 《폭정》에서 이렇게 말했다.

"사건의 내막과 의미를 명확히 하려면 낱말과 개념이 필요하다. 하지만 시각적 자극에 도취되면 이것들은 우리를 비껴간다. 텔레비전 뉴스를 보는 것은 때때로 그림이 아니라 그것을 감상하는 사람을 보는 것과 같다. 우리는 이 집단적 혼수상태를 정상적이라고 생각한다. 우리는 서서히 그러한 혼수상태에 빠졌다."

이들이 자신들의 권력을 마지막으로 확인하는 수단은 바로 수사와 재판이다. 이들은 혐오를 조장한 후 수사와 처벌로 끝을 맺기를 열망한다. 선과 악이 구분되면 그때부터는 증오와 청산이 시작된다. 가장 재미있는 게임이 시작되는 것이다. 대중이 환호하는 고어물Gore+物, 신체 손괴와 유혈이 낭자한 장면으로 공포감과 혐오감이 강조된 장르을 위해서는 고문과 불법수사도 정의가 된다. 그래서 지금 우리의 사법, 특히 형사사법제도는 다시 종교재판으로 회귀하고 있다. 중세시대는 비자발적 무지였으나 지금의 대중은 자발적 무지를 택했다. 증오하고 처벌하고 죽어가는 것을 지켜보는 혐오 공동체는 흥미와 자극을 위해 스스로 노예의 길을 택한다. 이제는 모두가 혐오 장사를 하고 있다. 생화학무기처럼 무식한 자들의 절대병기이고 무조건적인 승리의 공식이기 때문이다. 언제나처럼 가장 사악한 권력자는 형사사법제도를 악용한다. 그리고 그 수사와 처벌에 집요하게 개입한다. 캔들 코피Kendall Coffey는 이렇게 말했다.

"예전에는 여론과 시류에 영합하는 판결이나 외풍에 휘둘리는 수사에 대한 경계의 목소리가 높았는데, 지금은 국민과 소통, 국민의 법 감정에 맞는 판결과 수사를 요구받고 있다."

21세기에 들어 적법절차에 대한 도전은 권력자나 국가기관으로부터 야기되는 것이 아니다. 지금은 대중과 그들을 조정하는 새 마녀재판관으로부터 위협받고 있다. 이들이 적법절차를 무너뜨리는 가장 사악한 주문은 바로 '국민은 언제나 옳습니다'와 '국민의 법 감정에 맞지 않습니다'이다. 이것은 볼드모트가 외치는 죽음의 주문인 '아브라케다브라'와 같다. 이 주문에 빠지면 우리는 이성과 지성이 마비되면서 혐오와 분노를 정의라고 둔갑시킨다. 이것은 과거 마녀재판이나 물의 신판을 할 때와 똑같은 행태이다.

우리는 정치인들이 '국민의 일반적인 법 감정에 맞지 않다'라고 말하는 것을 접하곤 한다. 실제로 괴상한 결정에 대한 것일 수도 있지만, 대부분은 자신들의 분노가 풀리지 않을 때 뱉는 말이다. 대한민국의 정치인들은 끊임없이 문명화된 사회를 무너뜨리기 위해 노력한다. 수천 년간 이룩한 형사소송제도를 무너뜨리고 공동체를 미신과 혐오로 물들이기 위해 노력한다. 그래야 자신들이 계속 권력을 잡을 수 있기 때문이다. 대중의 일반적인 법 감정에 맞는 재판은 오직 신판과 마녀재판뿐이다. 대중이 언제나 옳다면 우리는 재판 대신 여론재판이나 자아비판대회로 대체해야 한다.

해괴한 법안을 내놓을 때도 그들은 '법 감정'을 들이댄다. 법 감정이라고 하지만 사실은 그냥 대중의 분노와 혐오를 뜻한다. 법은 감정을 느끼지 못한다. 감정과 정서가 위험한 것은, 반문명적이고 반동적인 움직임은 대부분 대중의 정서라는 가면을 쓰고 나타나기 때문이다. 법 감정이라는 것은 결국 인류가 쌓아 올린 적법절차라는 문명의 금자탑을 무너뜨리려고 하는 정치적 반달리즘에 불과하다. 소크라테스도 법 감정의 희생자이다.

이제 적법절차의 역할은 이러한 스펙터클과 대중의 분노로부터 개인을 보호하는 것이다. 지금 검찰의 문제는 법 감정이라는 괴물이나 분노하는 대중과 싸우지 않은 점에 있다. 오히려 이에 영합한다. 과거 마광수 교수 사례와 같이 대중이 싫어하면 죄인으로 둔갑시킨다. 대중의 거센 분노에는 저항할 생각조차 안 한다. 언론이 벌떼처럼 달려드는 사건에는 적법절차나 인권은 감히 생각하지도 못한다. 그래서 미투 논란이 벌어지거나 음주운전이 사회적으로 문제 되면 증거법 원칙, 형평성, 비례의 원칙이란 것들은 죄다 무시된다. 그것은 형사책임을 묻는 것이 아니라 분노에 굴복하는 것이다. 대중들의 기분을 좋게 만들지 모르나, 그것이 검찰의 존재 이유를 스스로 무너뜨렸다. 대중이 분노하면 일단 기소하고 보는 비겁함은 폰티우스 필라투스와 다르지 않다.

진보는 과학을 버렸고, 보수는 책임감을 잃었다. 이제는 악의적인 대중만 남았다. 무리는 새로운 마녀재판과 보복극에만 반응한다. 그것이 정치적 올바름이거나 공동체 정신이라고 중독시킨다. 이제 새로운 마녀사냥은 필연이다. 아주 소수의 사람만이 이에 대항할 것이다. 그 소수가 의지할 수 있는 것은 오직 인문학과 적법절차뿐이다. 단편적인 증오의 격류에서 우리의 인성을 지키는 것은 예나 지금이나 인문학적 지성이었다. 수전 손택Susan Sontag은 이렇게 말했다.

"다양성이 중요함을 가르치는 것도 문학의 윤리적 기능 가운데 하나입니다. 작가가 할 일은 정신적 약탈자들의 말을 믿지 않게 만드는 것입니다. 작가가 할 일은 세계를 있는 그대로의 모습으로, 여러 가지 다른 주장과 파편과 경험으로 가득 찬 것으로 보게 하는 것입니다."

인문학적 성찰과 함께 우리는 형사사법의 정형성에 주목해야 한다. 일정한 틀이나 형식에 고지식하게 맞추려는 노력과 절차가 더욱 중요해진 것이다. 쓰나미와 같은 대중의 분노 속에서 피의자의 권리를 보장해 주는 것, 여론재판 속에서 억울한 사람이 나오지 않도록 적법절차를 감시하는 것, 형사소송법상 무죄추정의 원칙을 보장해 주는 것, 그것들이 지금 그리고 앞으로 검찰이 해야 할 일이다.

애덤 스미스는 이렇게 말했다.

"우리가 어떤 자제나 억제도 하지 않고 끓어오르는 분노에 몸을 내맡긴다면 분노의 오만함과 잔인함은 모든 사물 중에서 가장 혐오스러운 것이 된다."

법은 모든 사람 위에 있으며, 군주조차도 법 아래 있다.

_에드워드 쿡, Sir Edward Coke

Chapter 22

할 일

2019년 봄이었다. 아니 여름이었나? 어느 날 청와대 민정수석 실이 대검찰청 관계자들을 청와대로 불러들였다. 콕 집어 미래기 획형사정책단장이던 나도 불렀다. 회의 주제와는 무관했지만, 아 무튼 오라고 했다. 이런 것은 초대가 아니라 소환이라고 한다. 민 정수석은 '수사권조정'이라는 무언가를 하고 있었고, 나는 '중국 공안화'라고 그것을 반대하고 다니던 때였다. 그렇게 원수는 외나 무다리가 아닌 청와대 여민관에서 만나게 되었다.

회의장에는 민정수석부터 비서관들과 행정관들 모두 모여 있 었다. 흔히 하는 착각 중의 하나가 숫자가 많으면 도움이 될 것이 라는 생각이다. 물론 자신감은 생기겠지만 그게 결정적인 요소는 못 된다. 숫자 많다고 바둑 잘 두는가. 역시나 많이 왔지만 대부분 무슨 소리인지도 모르고 병풍처럼 서 있는 것 같았다.

대검 차장의 보고는 듣는 둥 마는 둥 하더니 일장훈시가 시작되었다. 대강 악마 같은 검찰 혹은 검찰 같은 악마에 대한 이야기였던 것으로 기억된다. 선의로 해석하면 형사사법제도의 문제점 그리고 개혁의 필요성에 대한 것이다.

훈시는 열정적이었지만 전문성이 문제였다. 상대방들은 이른바 형사사법제도의 고인물들이었다. 현실과 이상의 괴리에서 누구보다 많이 좌절했던 사람들이었다. 그에 비해 민정실 사람들은 모두 실전을 제대로 겪어보지 못한 사람들이었다. 그래서 그 훈시는 마치 방이조기축구회 총무가 위르겐 클롭에게 게겐프레싱을 설파하는 것과 같았다.

우리가 늘 착각하는 것 중 하나는 필요성으로 방향성을 대체할 수 있다고 생각하는 것이다. 필요성이 클수록 방향이 중요하다. 그 방향은 분노나 욕망으로 찾을 수 없다. 악마 같은 검찰을 더 악마로 바꾸는 것은 해결이 아니다. 그래서 사람은 반드시 원전이나 교과서로 공부를 해야 한다. 다이제스트나 유사언론을 통해 문제를 파악하면 인과관계와 해법이 너무 쉽기 때문이다.

그래서인가 훈시는 어느새 노골적인 협박으로 바뀌었다. 역시 그게 더 어울린다. 어디서든 먹고살기 힘들다는 것을 실감하며 창밖을 쳐다봤다. 그러자 모 비서관이 "김웅 단장은 생각이 다른가 봐요"라고 말했다.

일종의 분위기를 깨기 위한 농담이었으나 민정수석은 마치 기다렸다는 듯이 포화를 집중했다. 일전에 내가 국회에 설명자료를 돌린 적이 있는데, 그 문건 중 '정보경찰은 게슈타포'라는 내용을 트집 잡았다. 모 의원과 한겨레신문은 그 문건을 '괴문건'이라고 불렀다. 정보경찰을 게슈타포라고 칭했다는 이유에서였다.

하지만 그 내용은 조국 교수가 주최한 세미나에서 발표된 논문에 실린 것이다. 세미나가 괴세미나가 아니듯 그 주장을 실은 문건도 괴문건은 아니다. 그렇게 치면 그런 누명을 씌운 신문사는 괴언론이 되는 것이다. 아무튼, 그는 나에게 '괴문건'을 누가 작성했느냐고 물었다.

"모든 문건을 제가 직접 만듭니다."

나는 모든 문건을 직접 작성한다. 검사일 때나 국회의원일 때나 그리고 지금도 내 이름으로 나가는 글은 내가 직접 쓴다. 물론 국회의원 일부는 보좌진이 써준 원고를 그대로 읽는다. 자기 생각을 자기 스스로 글로 표현하지 못하는 것이다. 그런 이들도 국회의원이 될 수 있으니 우리나라는 기회의 나라이다. 물론 그런 K-국회의원 덕분에 우리는 자기 질문도 스스로 만들지 못하는 국회의원이 만드는 법률 속에서 살아가고 있다, 그것도 수천 건씩이나.

그는 내가 직접 만든다고 답하자 당황한 듯했다. 잠시 머뭇거리더니 이렇게 말했다.

"정부가 하는 일에 반대하지 마세요."

일찍이 프랑스의 태양왕 루이 14세는 '짐이 곧 국가다'라고 말했다. 루이 14세에 비견할만한 당당함이다. 하지만 민정수석은 국무위원도 못 된다. 그래서 자기가 하는 일이 정부가 하는 일이 될 수는 없다. 법적으로는 그렇다. 결국, 최후의 통첩 같아서 나도 내 뜻을 밝혔다.

"저는 형정단장입니다. 형정단장은 국민에게 불리한 형사제도에 반대하는 것이 일입니다. 수석님은 수석 일 하십시오. 저는 제일 하겠습니다."

각자 자기 직분을 충실히 하자는 건전가요 같은 소리였다. 하지만 잠시 버퍼링 같은 정적이 흘렀다. 그리고 회의는 끝장났다. 머리끝까지 화가 난 그 사람들은 벌떡 일어나 회의실을 나가버렸다. 비루한 졸개들도 졸졸 뒤 따라 나갔다.

그 모습을 보고 같이 갔던 기조실장이 분연히 일어나 외쳤다.

"검찰에도 설명할 수 있는 명분을 줘야 하는 거 아니야!"

쏟아지는 후환을 나 혼자 받게 하지 않으려고 동조파업을 한 셈이다. 또라이는 나 혼자로 충분한데 캐릭터가 겹친다고 생각했다. 의리도 좋지만, 살 사람은 살아야지 싶어, 더 하지 마시라고 만류했다. 대검찰청으로 돌아올 때는 대검 차장검사와 동승했다. 차장검사는 한참 동안 말을 못 하더니 이윽고 한마디 했다.

"검찰총장께서 김 단장을 형정단장으로 뽑자고 했을 때 대검의 부장들이 다 반대했어요, 두 명 빼고. 그때는 왜 그렇게 심하게 반대하는지 이해 못 했는데 조금 알 것 같네요."

생각해 보니 차장검사에게는 미안했다. 차기 검찰총장은 민정수석이 결정하는데 내가 차장님의 앞길을 막아버린 것이다.

"딴 건 모르겠고 차장님께는 죄송합니다."

"아니에요. 잘했어요. 앞으로가 걱정이네요."

"죽기야 하겠습니까."

역시나 죽지는 않았다. 대신 나는 진천 법무연수원 교수로 발령이 났다. 나는 꽤 괜찮은 보직이라고 생각했지만, 사람들은 다 '날아갔다'라고 표현했다. 내가 하늘을 나는 재주가 있었나 보다. 나는 '날아가고', 내가 단장으로 있었던 미래기획형사정책단은 해체되었다. 함께 일했던 검사들도 지방으로 뿔뿔이 흩어졌다. 장수를 날렸으면 그 밑의 부하들은 죽이지 않는 법인데…. 하지만, 그건 동창의 내시에게 강호의 도를 기대하는 셈이다. 후배들에게는 미안했지만 그래도 할 수 있는 게 없었다. '함께 근무해서 영광이었다'라는 순도 100%의 진부한 대사와 함께 우리는 헤어졌다. 지금의 좌천은 영광이 될 것이라고 말해줬다. 하지만 그렇게 되지 않을 것을 그때도 알고 있었다. 그 후 몇 년간 좌천을 거듭한 후배는 결국 사직했다.

심지어 내가 쓴 사직인사에 동조 댓글을 쓴 검사들도 인사 불이익을 줬다. 법무부로 갈 예정이었는데 댓글을 문제 삼아 지방청으로 '날렸다'고 했다. NASA도 아니고 뭘 그리 날려 보내는지 모르겠다. 지방청도 좋은 곳이지만 그래도 미안한 마음에 이런 문자를 보내줬다.

"니 팔자다."

그리고 몇 달 후 수사권조정 법안이 국회를 통과했다. 나는 그것에 항의해서 사직했다. 하지만 내가 왜 사직했는지는 잘 모른다. 그때 내가 왜 '내 일'을 하겠다고 했는지, '내 일'이 무엇인지 누구도 물어보지 않았다. 이 책을 쓰는 이유는 바로 그 내 일이 무엇인지 알리려는 것이다.

그래서, 형정단장이자 한때 날았던 내가 말하고 싶었던, 병풍들은 아무 관심도 없었던, 국민에게 유리한 형사사법제도가 무엇인지에 대해 이야기해 보려고 한다.

좀 더 나은 형사사법제도에 대한 이야기이다. 지금까지 옛날이야기를 한 것도 그 때문이다. 올바른 개혁을 위해서는 역사와 목적을 알아야 한다. 우리의 형사사법제도가 어떻게 만들어졌고 왜 지금의 모습인지를 알아야 한다. 우리의 형사사법제도에 얼마나 아프고 잔혹한 역사가 담겨있는지 알아야 한다. 그래야 우리의 현재 위치와 앞으로 갈 방향을 찾을 수 있다.

그래서 메소포타미아에서부터 미란다까지 거쳐온 것이다. 지루하고 딱딱한 내용이다. 내 잘못은 아니다. 법 이야기는, 김동식이나 장강명이라도 재미있게 쓸 수 없다. 오직 인내심과 오기만이 당신을 이 책의 마지막 구절까지 인도할 것이다.

누구도 자신의 사건에 재판관이 되지 못한다.

_ 법에 관한 격언

Chapter 23

검찰개혁

우리는 20년 넘게 '검찰개혁'이라는 구호를 들어왔다. 주업이 범죄이고 부업으로 정치하는 사람들이 주로 외치지만, 정상적인 사람들도 많이 외친다. 그런 것을 보면 검찰개혁이 중요하긴 중요한 것 같다. 내가 보기에도 중요하다. 근대 형사소송제도는 검사 제도와 함께 시작했기 때문이다. 그래서 형사소송제도를 좋게 만들기 위해서는 검찰을 개선해야 한다.

그런데 20년도 넘게 외쳐대는데 그놈의 검찰개혁은 여전히 안 되었다고 난리다. 생각해 보면 정치인들은 늘 검찰개혁을 해왔는데도 말이다. 심지어 대통령과 절대다수의 여당이 검찰개혁을 했는데도 성공하지 못했다. 그러면서 늘 검찰의 조직적 저항 때문에 실패했다고 주장한다. 그렇다면 검찰은 대통령이나 국회보다 더

세단 말인가? 이쯤 되면 '검찰개혁'이라는 것에 뭔가 문제가 있는 것이 아닌지 고민해 봐야 한다. 사골도 20년을 우리지는 못하기 때문이다.

원인은 간단하다. 정상배들이 하는 짓이 다 그렇듯, 검찰개혁도 사기이기 때문이다. 그래서 늘 실패한다. 사실 대부분의 정치인은 검찰을 개혁할 생각이 없다. 무엇보다 그게 뭔지도 모른다. 검찰개혁이 뭔지도 모르는데 어떻게 개혁을 하겠는가. 예를 들어 불도장이 도장圖章 중 하나라고 생각하는 사람이 불도장을 요리할 수 있겠는가?

그럼, 검찰개혁이 뭘까? 요즘 유행처럼 인공지능이나 빅데이터를 검찰에 접목시키는 것일까? 아니면 자기편은 다 풀어주고 상대편은 다 구속하는 것이 검찰개혁일까? 사실 정상배들이 바라는 검찰개혁은 그런 것이다. 물론 정상적인 사람들은 그게 개혁이 아니라는 것을 알고 있다. 사실 검찰개혁이란 별것이 아니다. 그냥 검찰을 제 자리에 놓는 것이다.

그러려면, 검찰의 원래 역할이 뭔지 알아야 한다. 검찰은 수사를 통제하고 법원을 견제하기 위해 만들어졌다. 수사하는 기관이 부족해서 검찰을 만든 것이 아니다. 그래서 수사를 주도하는 검찰은 수사지휘를 통해서 수사를 주도해야 한다. 결국 검찰의 원래 역할은 수사지휘와 공소유지이다.

그런데 놀랍게도 이 간단한 문제를 해결한 적은 없다. 검찰개혁을 외친 권력자 중에 정작 검찰의 원래 역할을 강화한 자는 없다. 검찰개혁이라고 하면서 수사지휘와 공소유지 역할은 무너뜨렸다. 반대로 특수수사만 강화했다. 이것은 살을 빼자면서 기름과 당이 범벅된 디저트를 흡입하는 것과 같다. 그러면서 '맛있으면 0 칼로리'라고 외치는 것이 바로 정상배들이다.

정상배들은 그저 검찰을 자기들의 무기로 사용하고 싶은 것뿐이다. 검찰을 이용해서 상대방을 때려잡고 싶고, 검찰을 이용해서 자신들의 치부를 숨기고 싶은 것이다. 그래서 어떤 정치인이든 권력을 잡으면 특수수사를 애지중지하게 된다. 정상배들이 말하는 검찰개혁이란 그냥 자기들의 범죄는 숨기고 돈과 권력을 얻기 위한 구호에 불과하다. 정상배들이 '국민을 위해 봉사한다'라고 말하는 것이 거짓말이듯, 정치인이 '검찰개혁'이라고 외치는 것도 거짓말이다.

물론 검찰이 가장 큰 문제이다. 검찰 본연의 임무는 망각한 채 권력의 요구에 따라, 혹은 자신의 알량한 권력욕에 취해 수사권과 기소권을 남용하는 검찰이 가장 큰 책임이라고 할 수 있다. 하지만 이런 잘못된 검찰이 발호하는 데는 정치인의 책임이 크다. 권력자들이 선택하는 검사는 정상 검사가 아니다. 모두 특수수사의 대가들을 선택한다. 그들이 검사 본연의 임무를 망각한 채 잔혹하게 직접수사권을 휘둘렀기 때문이다.

검찰 바로 세우기가 실패하는 원인에는 대중도 있다. 대중은 검찰이 악용되는 것을 탐닉한다. 많은 이들이 검사 본연의 임무를 착각한다. 검사는 적법절차를 체크하는 역할이 아니라 사악한 범죄자들을 처벌하는 것이라고 믿는다. 대중은 그것을 정의라고 생각한다.

그래서 모든 영화나 드라마 속의 수사관과 검사는 적법절차가 아니라 주먹을 쓴다. 깡패, 인신매매범, 테러범 등을 상대로 정의의 주먹을 날리는 것이다. 죄를 짓고도 오히려 뻔뻔하게 구는 범죄자들은 '진실의 방'에서 개과천선 시킨다. 검사나 수사관이 주인공인 모든 영화나 드라마에 반드시 등장하는 장면이다. 그것이 바로 대중의 법 감정이기 때문이다. 우리는 악마 같은 범죄사들을 처벌하기 위해서는 다소 절차적 정의도 무시할 수도 있다고 생각한다.

하지만, 바로 그런 생각이 삼청교육대를 낳은 것이다. 깡패, 사이비기자 등 사회의 버러지들로부터 사회를 보호하기 위해서는 적법절차도 무시할 수 있다는 생각, 그게 바로 삼청교육대 정신이다. 그래서 범죄나 소란이 없는 그때가 좋았다는 사람들이 지금도 존재한다.

물론 백번 양보해서 검사나 수사관이 정의를 위해 다소 무리할 수도 있다고 치자. 그런데, 영화 속에서 주먹을 휘두르는 검사나 경찰관이 정의의 편이라는 보장이 어디 있는가? 그가 악당일 수도 있는 것 아닌가? 영화 속에서는 검사와 경찰이 정의의 시도로 나오지만 그건 영화일 뿐이다. 영화나 드라마가 사실이라면 복학생 오빠가 차은우여야 하고, 군대에 가면 송중기 대위가 있고, 대학강사가 김수현이어야 한다. 영화 〈레옹〉을 보라. 미성년자와 부적절한 관계에 있는 살인청부업자와 마약수사대장 간의 싸움을 다룬 영화이다. 하지만 영화 속에서 마약거래와 살인을 일삼는 것은 마약수사대장이다. 영화가 다 사실이라면 〈레옹〉도 사실이어야 한다.

이것은 나탈리 포트만이 아니라 바로 당신의 문제가 될 수 있다. 만약 주먹을 휘두르는 검사나 경찰이 누군가의 청탁을 받고 청부수사를 하는 것이라면? 그리고 그 수사대상이 당신이라면? 그럴 때도 불법적인 수사를 받아들일 수 있을까? 2022년 미국에서 경찰의 폭력으로 죽은 사람만 1,186명이다. 공권력이 선하다는 것은 위험한 망상이다. 힘이 부여되면 누구든 불공정해질 수 있다.

누군가는 검찰의 특수수사가 거악들을 척결하는 데 큰 역할을 했다고 한다. 그리고 우리의 문제는 법이 너무 나약하기 때문이라고 한다. 물론 그런 측면도 있다. 사기와 같은 재산범죄나 재벌들의 경제범죄에 대해서는 매우 나약하다. 그래서 그렇게 척결했다는 거악들은 여전히 우리나라를 지배하고 있다. 무엇보다 형사법만이 우리 사회의 문제를 해결해 주는 것은 아니다. 법률은 필연적으로 불공정한 면을 지니고 태어난다.

레너드 홉하우스는 이렇게 말했다.

"일부 법학자들은 법이란 우등한 인간이 열등한 인간에게 강제하고 형벌규정들이 뒷받침하는 명령은 아니라고 본다. 그러나 우리가 흔히 권위주의 사회라고 부르는 특정한 발달단계에 도달한 사회를 규제하는 법의 진상과는 대략적으로나마 부합한다."

그래서 법가사상으로 유명한 진나라는 통일하고 16년 만에 망했다.

우리는 흔히 진나라가 엄한 법 적용으로 중국을 통일했다고 생각하나 딱히 맞는 말은 아니다. 진나라의 성공 비결은 북방민족으로부터 받아들인 뛰어난 제철기술과 경제력이라고 할 수 있다. 진나라는 대규모 관개사업으로 끊임없는 정복전쟁을 뒷받침하는 경제력을 갖추게 되었다. 법가사상은 오히려 진나라를 망하게 한 원인이었다.

진나라는 진승陳勝과 오광吳廣의 난을 시작으로 패망의 길로 접어들게 된다. 진승과 오광은 부역에 동원된 농민들을 공사장으로 통솔하는 책임자였다. 당시 진나라 법은 부역자들이 제때 도착하지 않으면 그 책임자들을 처형했다. 진승과 오광은 부지런히 길을 떠났지만, 도중에 장마를 만나 시간을 지체하게 된다. 엄한 진나라 법에는 천재지변이라도 정상참작이란 것이 없었다. 진승과 오광은 어차피 죽는 목숨이니 '왕후장상의 씨가 따로 있더냐'라고 외치며 난을 일으켰다. 이 진승과 오광의 난을 시작으로 각지에서 엎드려 있던 제후들이 일제히 들고일어났고, 불과 2년 뒤 거록지전에서 진나라는 무너지게 된다. 장마가 짧았거나 법이 조금이라도 관대했더라면 진나라는 좀 더 오래갔을 것이다.

사람들의 예상과 달리 제국은 법이 관대했을 때, 정확히는 갱생의 기회를 제공했을 때 발달했다. 미국도 공개처형 폐지, 집행유예probation, 선고유예, 부정기형, 가석방, 소년법원 등 관대한 형사사법제도가 만들어진 19세기에 가장 크게 발달했다. 그래서 우리는 검찰을 이용한 거악척결보다는 사회적 신뢰를 높이는 다른 방법들을 찾아봐야 한다.

그래서 나는 검찰개혁의 수단으로 한국형 FBI를 주장해왔다. 거창하게 표현하자면, '대중의 눈높이에 맞는 수사', '국민의 법 감정에 맞는 재판'을 막기 위해서이다. 이게 무슨 개소리인가 싶겠지만, 사실 형사사법제도는 이러한 것들과 싸우기 위해 만들어진 것이다. 소크라테스의 재판, 마녀재판, 신판 모두 대중의 눈높이에 맞고 국민의 법 감정에 맞는 수사와 재판이었다.

형사사법제도는 범죄자를 응징하고 정의를 바로 세우기 위한 것이 아니냐고 말하지만, 안타깝게도 그렇지는 않다. 형사소송법 내용의 대부분은 수사받는 피의자를 보호하기 위해 만들어진 것이다. 수사하기 편하려면 증거법을 없애면 되고, 쉽게 증거를 찾으려면 고문을 하면 된다. 그런데 형사소송제도는 그 반대이다.

그래서 결론적으로 형사사법제도는 인류가 만든 제도 중 가장 합리적이고 정의롭다. 그 이유는 바로 3천 년에 걸친 인류의 희생과 반성이 농축되어 있기 때문이다. 버트런드 러셀은 문명과 야만의 차이는 충동의 억제에 있고 문명인과 야만인의 차이는 '사려깊음prudence'에 있다고 했다. 형사소송법에는 '사려깊음'이 들어있다.

그럼 왜 형사소송법은 이렇게 죄지은 사람들을 위해서 설계된 것일까? 국민의 혈세로 굴러가는 법원과 검찰이라면 당연히 국민을 범죄로부터 보호하고 범죄자들을 응징해야 하는 것 아닌가? 그런데 혈세를 들어 범죄자들을 보호한다? 아무래도 정의롭지 못한 것 같다. 하지만 혈세라고 하지만 실제 나라 예산 쓰는 것을 보면 혈세는 아니다. 그렇게 피를 함부로 흘리면 공룡이라도 죽을 거다.

그리고 거악 척결이 검사의 본분이 아니냐고 역정을 내는 사람이 있는데, 역사적으로 그리고 본질적으로 그렇지 않다. 검사는 시민혁명의 소산이며 수사라는 가장 강력한 국가 공권력을 억제하고 통제하기 위해 만든 것이다.

무엇보다 형사절차는 정작 거악을 척결하시 못한다. 중국은 얼마 전까지 매년 50만 명 이상의 공무원을 부정부패 혐의로 기소했다. 만약 처벌이 부정부패를 없앨 수 있다면 중국은 가장 청렴한 국가여야 한다. 하지만 세계 반부패운동단체 국제투명성기구의 국가별 부패인식지수CPI, Corruption Perceptions Index에서는 늘 낮은 점수를 받고 있다. 전두환이 쿠데타를 일으킨 후 폭압적인 통치의 정당성으로 내세운 것이 바로 정의사회 구현이다. 결국, '부정부패 척결'이나 '정의사회 구현'은 권력자가 좀 더 편하게 수사와 처벌을 악용하기 위한 프로파간다이다.

그리고 수사를 한다 해도 권력자들은 제대로 처벌받지 않는다. 마녀재판으로 수많은 사람이 죽어갈 때 권력자들은 누구도 처벌받지 않았다. 종교재판으로 수많은 이들이 이단으로 몰려 화형낭할 때도 마찬가지다. 치부하고, 매관매직하고, 수십 명의 첩을 둔 신부들은 처벌받지 않았다. 지금도 마찬가지이다. 힘이 있으면 처벌받지 않는다. 힘이 없으면 여당이든 야당이든 수사의 대상이 되지만, 힘이 있으면 야당이라도 처벌받지 않는다.

정치는 언제나 법보다 힘이 셌다. 정치인이 죄를 짓더라도 여당은 권력의 비호를 받고, 야당은 정치보복이라는 프레임으로 빠져나갔다. 불륜여행을 위해 뇌물을 받은 것이 적발돼도, 돈봉투를 돌려도 정치검찰을 탓하면 면죄부를 얻는다. 그렇게 아락바락 거짓말을 하고 검찰탓을 하는 자들은 여전히 떵떵거리고, 그나마 반성하는 사람들은 정치판에서 밀려났다. 역시 옛말에도 등겨 먹던 개는 들키고 쌀 먹던 개는 안 들킨다고 했다.

그럼, 검사가 죄인만 보호하고 피해자의 눈물에는 무관심한 것이냐고 비난할 수도 있다. 물론 아니다. 나는 검사 생활할 때 늘 피해자 편이었다. 특히 사기범에 대해서는 온 힘을 다해 수사했다. 과거 수사기록을 모두 대출받아 검토하고, 다른 검사실의 관련 사건까지 재배당받아 같이 검토했다. 그럼 지금까지 한 말과 모순 아니냐고 말할 수도 있다.

하지만 수사 의지와 적법절차는 서로 다른 것이다. 적법절차는 검사나 사법경찰의 선의가 아니라, 절차가 지킨다. 수사는 철저히 하되 형사소송법의 절차를 지키면 인권침해는 대부분 막을 수 있다. 그래서 검사가 지켜야 하는 정의는 절차적 정의이다. 수천 년의 역사 속에 만들어진 여러 적법절차 원칙들이 제대로 지켜졌는지를 감시하는 것이 검사의 본분이다. 그 본분을 지키게 하는 것이 검찰개혁이다.

법 없이 사는 것이 자유가 아니라, 좋은 법 아래 사는 것이 자유다.

_ 존 로크, John Locke

Chapter 24

사법통제

현대 물리학에서는 모든 것이 불확정적이라고 한다. 입자의 위치와 운동량을 동시에 정확하게 측정할 수 없으니 확실한 것은 없다는 뜻일 거다. 하지만 우리가 사는 형사사법제도에는 확정적인 원리가 존재한다. 그것은 바로 '모든 수사는 통제되어야 한다'라는 것이다. 이것은 철칙이다. 이 원칙이 지켜지지 않는 개혁이란 있을 수 없다. 그저 거짓말이고 속임수다.

우리는 언제 기본적인 권리에 위협을 받는가? 전쟁 중이거나 계엄 상황일 것이다. 그게 아니면 수사받을 때이다. 즉, 일반적으로 개인이 공권력으로부터 인권침해를 받는 경우는 수사받을 때뿐이다. 수사를 받으면 마음대로 움직일 수 없다. 집이나 사무실에 수사관들이 닥쳐 수색할 수도 있다. 나의 중요하고 긴밀한 물건들, 예를 들어 일기장, USB, 회계장부, 휴대전화 등을 빼앗길 수 있다. 나의 일거수일투족이 모두 감시당하고 이메일, 통화 내역, 인터넷 접속기록 등이 까발려진다. 그리고 수사기관은 그것들을 대중들에게 흘릴 것이다. 언론사는 하이에나 떼처럼 그것을 물고 뜯는다. 문제는 당신도 언제든 그 대상이 될 수 있다는 점이다.

우리는 수사받는 사람이라면 뭔가 잘못한 게 있으니 당연히 그 정도는 감수해야 한다고 생각한다. 그 정도의 불편은 공동체를 위해 희생해야 한다고 생각한다. 그리고 죄가 없다면 떳떳하게 스스로 다 공개하는 게 맞다고 생각한다. 뭔가 켕기는 게 있고 구린 게 있으니 숨긴다고 생각한다. 그래서 그런 자료들을 공개하지 않는 사람들은 분명한 범죄자라고 생각하고 마치 마녀라도 본 것처럼 공격한다. 어떻게 저렇게 파렴치할 수 있느냐고 비난한다. 우리는 모두 자신이 유리방 속에 살아도 부끄럽지 않은 순진무구한 존재처럼 행세한다.

하지만 정작 당신은 당신의 휴대전화, 인터넷 접속기록, 직박구리 폴더, 블랙박스 등을 공개할 수 있는가? 아마 못 할 것이다. '죄를 짓지 않았는데 내가 왜 그걸 공개해야 하느냐'라고 반발할 것이다. 남에게는 죄가 없으면 공개하라고 요구하면서 자신은 죄가 없으니 공개할 수 없다고 말할 것이다. 자기가 털리는 것은 절대로 안 되는데 수사받는 대상이라면 다 공개해야 한다고 주장하는 것이다.

어떤 이는 '죄를 짓지 않으면 수사를 두려워할 필요 없다'라고 말한다. 매우 오만한 말이다. 세상을 망치는 것은 주로 이런 말을 하는 자들이다. 그 말이 맞으려면 모든 수사기구는 완벽한 도덕성과 공정함을 지니고 있어야만 한다. 하지만 그런 수사기구는 없었고, 앞으로도 없다. 물론 모든 수사기관은 자신들이 공정하고 정의롭다고 주장한다. 어떤 수사기관도 자신들이 부당하고 불공정한 수사를 했다고 인정한 바 없다. 잔 다르크를 불태운 이단재판소도, 안나 파펜하이머의 가족을 학살한 마녀재판소도, 마리 앙투아네트를 죽인 재판소도 모두 공정하다고 주장했다.

하지만 청탁수사나 주문수사는 지금도 흔하다. 수사기록의 표지목차만 봐도 청탁수사인지 아닌지 알 수 있다. 청탁수사는 일단 전심을 다 한다. 수단과 방법을 안 가린다. 수사기관이 가명으로 진정서를 만들거나 정보경찰의 첩보라고 하고 내사에 착수한다. 주변에 수사착수를 알리고 압박을 한다. 자료제출 요구를 하고 증거인멸 우려가 있다고 압수수색에 나선다. 그걸 또 언론에 흘린다. 가짜로 출석요구서를 발송한 것처럼 꾸미고 출석 불응으로 조작한 후 체포영장, 구속영장을 발부받는다.

수사를 빙자해서 협력사, 원청회사 찾아가 망신 주고 거래를 끊게 만든다. 특별한 관계를 맺은 기자에게 몰래 자극적인 사실을 흘리고 단독으로 기사를 쓰게 한다. 그래서 우리나라 검찰, 경찰, 공수처에서 수사하는 내용은 모두 언론에 흘러나온다. 모두 불법이다.

수사 방법도 비열하다. 출석일자를 흘려 포토라인에 서게 한다.

'포토라인'이란 말 자체가 영어사전에는 없는 '콩글리시'이다. 과거 검찰 중수부가 자주 사용하던 추잡하고 위압적인 수사기법이다. 기자들의 질문세례로 피의자의 기선을 제압하고 대중들에게 유죄추정하게 만드는 것인데, 사술이고 반칙이다. 가끔 외국에도 포토라인이 있다고 우기는 사람들이 있다. 기자들이 혐의자를 에워싸 취재하는 장면을 뉴스에서 봤다고 말한다. 하지만 그것은 의회 청문회나 법원 출석 과정에서 벌어지는 것이다. 우리처럼 수사기관 앞에서 벌어지는 일이 아니다.

민정수석이 한 일 중 유일하게 잘한 것이 검찰의 포토라인을 없앤 것이다. 물론 자기 수사받을 때만 없앴다. 소위 '적폐수사' 중에 무차별하게 자행된 포토라인에 대해서는 눈을 감았다. 그때 그는 청와대 민정수석이었다. '적폐수사'는 대한민국 검찰 역사의 오점이다. 그 수사를 받다 자살하는 사람도 나왔는데 분명 포토라인도 영향을 미쳤을 것이다. 그때는 잠자코 있다가 자신이 포토라인에 서게 되자, 불법이라고 부르짖는 것이 매우 애처로웠지만, 그래도 포토라인은 불법이다.

물론 그 이후에도 포토라인은 없어지지 않았다. 검찰 포토라인은 없어졌지만, 경찰, 공수처의 포토라인은 그대로이다. 2023년 한 유명 배우는, 지금은 무슨 혐의로 수사를 받았는지도 가물가물하지만, 세 차례나 포토라인에 섰다. 그리고 그 배우는 자살했다. 놀랍게도 그의 포토라인은 누구도 문제 삼지 않았다. 애당초 그들이 포토라인을 비판한 것은 인권 때문이 아니었다. 그냥 자기편이 수사받는 것이 싫은 것뿐이다.

다른 악습도 그대로 유지되고 있다. 특정 정치인과 결탁하여 수사기밀을 흘리고, 역시 특정 언론사에서 넘겨 방송하게 하기도 한다. 별건 수사나 약점잡기식 수사는 전혀 사라지지 않았다. 그렇게 괴롭히다가도 뒤로 거래한 후에는 흐지부지 내사 종결하기도 한다. 3년 치 계좌추적을 하다 안 나오면 5년 치 계좌추적을 하고 그래도 안 나오면 15년 치 계좌추적을 한다. 계좌추적에서 안 나오면 카드 내역을 털고, 그래도 나오는 게 없으면 부의금 명단까지 턴다. 그렇게 수사하면 도대체 누가 살아남을 수 있을까? 로빈슨 크루소도 근로기준법위반으로 구속시킬 수 있을 거다.

문제는 수사권조정 이후 이러한 수사에 대해 누구도 통제할 수 없게 되었다는 점이다. 이렇게 별건수사, 먼지떨이 수사를 해도 형사사법제도 안에서 이를 제어할 방법이 단 하나도 없다. 그게 내가 수사권조정에 반대한 가장 큰 이유이다.

이런데도 '죄가 없으면 수사를 두려워할 필요가 없다'라고 말할 수 있을까? 범죄자나 수사기관이나 다 똑같은 사람이다. 사람이 범죄를 저지를 수 있다면 수사기관도 범죄를 저지를 수 있다.

그렇다고 죄에 대해 제대로 수사하는 것도 아니다. 누구도 감시하지 않으니 봐주기 수사도 마음껏 할 수 있다. 과거 버닝썬 수사를 기억해 보라. 유흥업소와 지구대와의 유착이 문제였는데, 지구대 경찰 전원이 휴대전화를 폐기할 때까지 압수수색을 미뤄줬다. 오히려 유흥업소가 컴퓨터 등 장부를 옮기는 것을 도왔다는 의혹까지 일었다.

검찰도 마찬가지다. 대통령의 부인에 대해서는 출장조사를 나가기도 한다. 물론 출장조사도 가능하지만, 힘없고 약한 사람들에게는 그런 은혜를 베풀지 않았다. 공수처는 더 심하다. 권력과 가까운 검사장을 수사할 때는 아예 황제 의전을 베풀었다. 이것들은 누구도 수사를 통제하지 않기에 벌어지는 추태들이다. 아이스케키 가게야 무인으로 운영해도 되지만 사람의 인생이 걸린 수사를 양심에 맡길 수는 없다.

그래서 수사는 반드시 통제를 받아야 한다. 사법통제가 없는 수사는 브레이크가 없는 자동차와 같다. 목숨을 위협하는 흉기일 뿐이다. 방범이나 치안을 담당하는 행정경찰에는 사법통제를 하지 않지만, 수사를 담당하는 사법경찰에는 사법통제를 하는 이유이다.

그런데 우리나라는 검찰이든 경찰이든 공수처든 그 어떤 곳도 수사할 때 통제받지 않는다. 자기들 마음대로 수사를 개시하고 마음대로 종결할 수 있다. '수사권조정'은 사법경찰이나 검찰이나 모두 수사지휘를 받지 않게 만들었다. 이것이 가능하려면 수사기관은 모두 절대적으로 공정해야만 한다. 하지만 그런 수사기관은 절대 존재하지 않는다.

'검수완박'은 그보다 더 미치광이 짓이다. 검찰 수사는 절대적으로 불공정하고, 사법경찰 수사는 절대적으로 공정하다는 뜻이다. 하지만 수사기관은 대부분 불공정하면서도 자신들은 옳다는 환상에 빠져있다. 우리의 역사도 그것을 입증한다. 박종철 열사를 죽인 경찰 대공수사본부도 고문을 부인했다. 그저 '탁 치니 억하고 죽었다'라고 했다. 백여 명이 자살한 검찰 중수부와 특수부 수사도 공정했다고 주장한다. 공수처가 가장 먼저 했던 압수수색은 대법원에서 불법으로 밝혀졌다. 그래도 검찰이나 공수처는 자신들이 공정하다고 우긴다.

세상에 권력자에게 더 엄정했던 수사기구는 단 한 번도 없었다. 모든 수사기구는 권한 남용과 인권침해의 가능성이 있으나, 모든 수사기구는 그 가능성을 부인한다. 자신들만은 절대적으로 공정하고 깨끗하다는 것이다. 그래서 적법절차를 만든 것이다, 그들의 선의를 믿을 수 없기에. 그리고 그 절차가 지켜지는지를 감시하기 위해 검사와 예심판사 제도를 만든 것이다.

어떤 이들은 공동체의 은혜를 입었기에 법을 지켜야 하고, 이를 위해 개인의 자유와 권리도 스스로 양보해야 한다고 주장한다. 하지만 공동체를 지키는 것은 공정, 자유, 평등이지 법이 아니다. 법의 본성은 강제력이지 공정은 아니다.

어떤 사람은 수사과정에서 인권침해가 발생했더라도 재판에서 결국 밝혀지지 않느냐고 반박한다. 하지만 불법 수사로 침해된 인권은 회복될 수 없다. 그리고 그렇게 수집된 증거들은 피해자를 옥죄게 된다. 따라서 급박하게 진행되는 수사 중에도 적법절차가 지켜지는지 감시해야 한다. 적법하지 않은 수사로 얻은 증거를 배척하고 공판까지 가기 전에 미리 기소를 막는 일을 누군가 해야 한다. 재판을 통해 무죄를 받아도 그 사람이 받은 기본권침해는 보상받기도 어렵다.

우리나라 대법원은 무죄라도 그것만으로 수사가 위법했다고 보기 어렵다는 입장이다. 즉, '무죄판결이 확정되었다고 하더라도 그러한 사정만으로 바로 검사나 사법경찰관의 구속 및 공소제기가 위법하다고 할 수 없고, 그 구속 및 공소제기에 관한 수사기관의 판단이 그 당시의 자료에 비추어 경험칙이나 논리칙 상 도저히 합리성을 긍정할 수 없는 정도에 이른 경우에만 그 위법성을 인정'하고 있다. 따라서 수사과정에서 벌어지는 기본권침해는 그 즉시가 아니면 결국 나중에도 구제하기 어렵다.

그래서 수사의 사법통제가 필요하다. 수사라면, 사법경찰이 하든 검찰이 하든, 무조건 사법통제를 받아야 한다. 어떤 사람은 우리 경찰 수준이 높아졌기 때문에 사법통제가 불필요하다고 주장한다. 그럼 사법통제를 받지 않는 중국 공안은 수준이 높고, 사법통제를 받는 독일이나 프랑스 경찰은 수준이 낮은 것일까? 우리나라 경찰은 전 세계적으로 가장 우수하고 유능한 경찰에 속한다. 전 세계 경찰 중 우리나라 경찰만큼 고학력인 경우는 흔치 않다. 그렇게 유능하고 똑똑하면 통제받지 않아도 될까?

숙명여대 홍성수 교수는 이렇게 말했다.

"사법통제는 검사가 사법경찰보다 똑똑하고 잘나서 혹은 더 청렴해서 하는 것이 아니다. 통제는 검찰이 더 유능하고 상급기관이어서가 아니고, 통제는 형사소송법과 원칙들이 하는 것이다. 그러다 보니 법률전문가라고 하는 검사들에게 그 일을 맡긴 것이다. 만약 검사가 그 원칙에 의하지 않으면 그것은 통제가 안 되는 것이다. 수사를 개시하면 장애물인 형사소송 원칙들에 무관심, 적대적일 수밖에 없으므로 누군가는 통제를 해야 하는 것이다."

사법통제란 감시나 지배가 아니다. 법률가인 검사가 헌법과 형사소송법에 나온 적법절차가 지켜지고 있는지를 확인하는 절차다. 따라서 검사라도 직접 수사를 하면 그도 사법통제를 받아야 한다. 누구든 '수사를 개시하면 형사소송 원칙에는 무관심, 적대적'일 수밖에 없기 때문이다. 사법통제 중 가장 대표적인 것이 바로 수사지휘이다.

경찰은 검찰의 수사지휘를 받을 수 없다고 한다. 한마디로 자존심 상한다고 한다. 하지만 경찰은 수사지휘를 받은 적이 없다. 수사지휘를 받는 것은 사법경찰뿐이다. 일반 경찰은 검찰의 수사지휘를 받지 않는다. 따라서 외국처럼 경찰이 치안만 담당하면 검찰의 수사지휘를 받을 일이 없다. 즉, 한국형 FBI가 만들어지면 경찰은 치안 등에만 전념할 수 있게 되고, 검찰의 수사지휘를 받을 일은 아예 생기지 않는 것이다.

우리나라에서 수사지휘는 더욱 중요하다. 우리나라는 고소, 고발이 지나치게 많다. 민사사건까지 모두 형사로 해결하려고 한다. 법원이 제 역할을 못 하기 때문이고, 사적 영역까지 국가에 맡기는 직권주의 풍조 때문이기도 하다.

게다가 우리나라는 사소한 행정법규 위반까지도 모두 범죄로 취급한다. 게다가 행정청이 내린 명령을 위배하기만 하면 모조리 범죄가 된다. 세상에 이런 나라가 어디 있는가? 관료주의의 병폐이자 검찰공화국이 되는 이유이다. 검찰공화국을 없애자고 목을 놓아 부르짖으면서 어떤 문제가 터지면 모두 형사처벌로 해결하려고만 한다. 그러니 검찰, 경찰이 강력해지는 것이다. 도박하지 말라고 하면서 꽁짓돈 계속 건네주는 셈이다. 그 결과 우리는 언제든 수사대상이 될 수 있다. 수사기관에 털리고 언론들이 세상에 없는 파렴치한으로 몰아가고, 별건 수사의 덫에 걸려 옴짝달싹도 못 하는 것이 바로 우리가 될 수 있다.

결국, 검찰개혁의 본모습은 수사지휘 강화이다. 검찰을 바로 세우는 것은 사법통제에 전념하게 하는 것이다. 그게 올바른 개혁이다. 하지만 수사권조정은 그 반대로 갔다. 특별수사는 더 강화하고 수사지휘는 없앴다. 검찰의 특별수사로 사람이 죽었지, 수사지휘로 사람이 죽은 적은 없는데도 말이다.

수사권조정 이후 수사지휘가 사라진 모습을 보고 대전고등법원의 모성준 판사는 이렇게 말했다.

"영화감독이 소품 감독이 책임지는 소품이나 의상 디자인, 작가가 책임지는 대사나 지문에 대해 직접 관여하지 못하도록 한 것이나 마찬가지이다."

수사권조정을 밀어붙이면서 민주당 의원들은 이렇게 말했다.

"수사지휘를 폐지하고 협력관계로 설정하면 경찰 수사의 책임성과 전문성이 향상된다."

하지만 수사지휘가 폐지된 지금, 우리 경찰이 책임 있고 전문적인 수사를 하고 있다고 생각하는 사람은 거의 없다. 수사지휘를 폐지하면 경찰 수사의 책임성과 전문성이 향상된다면 가장 뛰어난 경찰은 중국 공안이 되어야 한다. 하지만 민주당이나 일부 경찰을 제외하고 누구도 중국 공안이 선진적이라고 생각하지 않는다.

문준용 교수는 이렇게 말했다.

"검사가 사법경찰을 지휘감독하는 것은, 검사 스스로 사법경찰 기능을 수행하면서 동시에 사회와 법률을 대표하는 검사가 사법경찰기간을 감독할 책임을 가지기 때문이다. 이런 활동을 통해 검사는 경찰과 사법, 행정과 사법을 중개한다. 1846년 프로이센의 법제장관 사비니Savigny와 법무장관 우덴Uden은 법률의 파수꾼으로서 검사의 임무는 피고인을 재판에 회부함으로써 시작되는 것이 아니라, 그것에 선행하여 경찰관청의 작용에서부터 이미 시작되며, 이를 통해 검사는 법원과 경찰 사이에서 중개지대를 만든다고 말했다."

법이 사회를 앞서가면 억압이 되고, 뒤처지면 무질서가 된다.

_헨리 메인, Henry Maine

Chapter 25

검찰 직접수사

1980년대에 이철희, 장영자 어음사기 사건이 터진다. 사기 수법은 단순하다. 권력층과 친분을 과시해 기업들로부터 약속어음을 받아 가 이를 할인해 현금을 챙겼다. 하지만 피해액이 당시 GDP의 1.4%에 달하는 7천여억 원으로 워낙 컸다. 그래서 검찰이 이 사건을 직접 수사했다. 이 수사를 검찰 특수수사의 기원으로 보고 있다. 물론 그 이후에도 검찰의 직접수사는 예외적으로 이뤄졌다.

검찰의 직접수사가 지금처럼 늘어난 것은 1989년 '범죄와의 전쟁'부터다. 당시 우리나라는 인신매매, 마약, 조직폭력 범죄가 횡행했다. 대낮에 부녀자들이 납치되거나, 조직폭력배들이 도심에서 칼부림을 일으키기도 했다. 일본으로 수출이 막힌 히로뽕이 유홍가를 중심으로 버젓이 유통되고 있다. 그래서 이 3대 범죄에 대한 대대적인 단속이 시작되었다.

이때 검찰이 동원된 과정을 이해하려면 영화 〈범죄와의 전쟁〉을 떠올리면 된다. 그 영화에서 가장 유명한 장면이 바로 경찰에 체포된 최익현이 경찰관에게 싸대기를 날리면서 "마 느그 서장 남천동 살제? 내가 마, 밥도 같이 묵고, 사우나도 같이 하고… 다 했어 임마"라고 소리치는 부분이다. 그리고 최익현은 풀려난다. 이렇게 서장과의 친분을 과시하는 것만으로도 고문급 조폭이 석방되니 범죄와의 전쟁은 말짱 도루묵이었다.

그래서 검찰을 투입했다. 검찰이 직접 나서자 성과가 나타났다. 범죄와의 전쟁에 투입하기 위해 검찰직이 엄청나게 늘어난다. 89공채, 90공채, 91공채라고 따로 부를 정도로 급격하게 늘어났다. 이렇게 늘어난 검찰 수사인력은 범죄와의 전쟁 이후에 다른 분야에 투입된다. 9시 뉴스에 문제라고 보도되기만 하면 어디든 투입되었다. 지적재산권 단속, 환경 단속, 건축법위반 단속, 불량식품 단속, 음란물 단속, 불법오락실 단속, 청소년범죄 단속 등 당시 사회나 정치권이 원하기만 하면 어디든 투입되었다.

내가 검찰에 들어갔을 때 처음 한 것이 짝퉁 가방, 짝퉁 시계 단속이었다. 당시 OECD에 가입하려면, 지적재산권 보호가 중요한 이슈였다. 그래서 이틀마다 이태원, 동대문시장 등에 출동해 짝퉁상품을 단속했다. 그리고 우리나라에서 짝퉁공장들이 사라지게 된다. 그 후에도 검찰의 직접수사를 전가의 보도처럼 활용했다. 환경 문제가 대두되면 검찰수사관이 하수를 받아오고 공장 굴뚝에 올라갔다. 청소년 일탈이 문제 되면 검찰이 직접 나서 술집을 단속했다. 그러다 보니 검찰이 모든 행정법규 위반 사범까지 직접수사하는 해괴한 일이 벌어진 것이다. 세상 어느 나라도 검찰이 직접 소방법위반, 환경법위반을 직접 단속하고 수사하는 나라는 없다.

검찰의 직접수사는 효율적이고 짜릿하다. 우리나라처럼 서면주의가 남아있으면 더욱 그렇다. 그래서 권력자들은 누구나 검찰의 직접수사, 그중에서 특수수사에 탐닉한다. 문재인 정권도 특수수사를 없애겠다고 주장했지만, 막상 권력을 잡자 역사상 가장 거대한 특수수사청을 만들었다. 아예 서울중앙지검 자체를 거대한 특수수사 공장으로 만들었다. 거기에 전국의 검사들을 파견받아 전 정권과 정적들에 대한 먼지떨이식 수사를 했다. 그것도 모자라 검찰 이외에 공수처까지 만들었다. 그야말로 나라 전체가 특수수사 왕국이 된 것이다. 그래서 참여연대는 '문재인 정부 5년 검찰 보고서 종합판'에서 이렇게 비판한다.

"문재인 정부는 검찰개혁을 내세우고 실제로는 적폐수사라는 이름으로 특수수사를 가장 남용했다."

검찰 직접수사의 문제점은 사법통제를 받지 않는다는 점이다. 누구도 특수부 수사를 막을 수 없었다. 언론은 이러한 통제되지 않은 특수수사를 돕는 가장 큰 공범이었다. 평소에는 검찰에 대해 비판을 하다가 정작 큰 수사가 벌어지면 검찰의 하청업체로 전락한다. 조회 수를 올리기 위해 검찰에 선을 대고 거래를 한다. 특수부가 원하는 수사기밀은 단독이라는 이름으로 언론에 대서특필되고 수사대상자는 여론재판, 마녀재판으로 무너지게 된다. 약점을 쥐고 흔들고 각종 인허가권, 세무조사로 극단까지 몰아붙였다. 그래서 수사받는 사람들이 죽어갔다. 그렇게 해도 그 누구 하나 특수수사를 통제하지 못했다.

그런 악독한 수사를 한 검사들은 정의의 화신인 것처럼 행세하면서 뒤로는 권력의 애완견이 되어 승승장구했다. 검찰 특수부의 전설적인 검사들에게는 한가지 특징이 있다. 바로 무죄율이 매우 높다. 역설적으로 그렇게 무죄가 많기에 특수부에 계속 남는 것이다. 권력이 원하는 대로 수사하고 무리하게 기소했다는 뜻이다. 그 대가로 계속 특수검사로 승승장구한 것이다.

우리나라 특수통 검사들이 공통으로 가지고 있는 망상이 있다. 특수수사는 팀을 이뤄 수사하므로 단독으로 수사하는 형사부 검사에 비해 오류를 저지르거나 불법적인 수사를 할 가능성이 작다는 것이다. 하지만 문제가 되었던 수사는 거의 특수수사 아니면 강력수사였다.

다수의 구성원이 있다고 내부 검열이나 통제가 이뤄지는 것은 아니다. 위계질서가 강력한 집단에서는 오히려 더 이견을 제시하기 어렵다. 집단착각과 집단의 동조 압력peer pressure에 의해 견제나 통제가 더 어려워진다. 팀을 이룬 경우 오히려 집단착각이 더 강화될 수 있다.

토드 로즈가 쓴 《집단착각》에는 이런 내용이 나온다. 자신의 의견과 집단의 의견이 다르다는 것을 알게 된 사람의 뇌를 fMRI로 찍어봤다. 그때 뇌의 반응은 본인이 기대했던 것과 다른 결과를 마주했을 때의 반응과 똑같다고 한다. 즉, 개인은 자신 의견이 집단 의견과 다르다는 것을 발견하면 자신이 뭔가 실수했다고 느끼는 것이다. 뇌는 그 당혹스러움과 실패의 기억을 기억한다. 그래서 그 후에 같은 실수를 반복하는 것을 피하고자 자신의 행동과 의견을 집단의 그것과 동조시킨다. 결국, 여럿이 있다고 오류가 시정되는 것이 아니라 오히려 더 악화될 수 있는 것이다. 마찬가지로 팀 수사를 하는 경우 그 잘못과 오류를 시정할 가능성이 커지는 것은 아니다.

실제로 형사부 사건의 무죄율과 특수부 사건의 무죄율을 비교해 보면 알 수 있다. 특수부 무죄율이 상상할 수 없을 정도로 높다. 수십 명의 특수검사가 총동원된 사법농단 사건은 전부 무죄가 나왔다. 그렇게 높은 무죄가 나오기까지 팀 수사의 구성원 누구도 이의제기나 반박을 하지 못했다. 이 정도면 내부에서 통제나 검증이 전혀 이뤄지지 않았다는 뜻이다.

만약 특수수사팀에 자정 기능이 있다면 지금까지 벌어진 불법 수사 기법에 대해 누구라도 문제를 제기했을 것이다. 자기가 잘 아는 기자만 따로 불러 피의사실을 흘려 특종보도를 하게 하고, 포토라인에 세우고, 별건 수사를 하고, 인허가권과 세무조사를 무기로 협박하고…. 그런 비열한 수사 방법에 대해 대한민국 검찰 역사상 특수부 검사 누구도 문제를 제기해 본 적이 없다. 그러니 자정 작용이라는 헛소리는 그만해야 한다.

그래서 특수수사를 줄이고 통제해야 한다. 하지만 수사권조정은 그 반대로 갔다. 아니 대한민국의 모든 수사를 검찰 특수수사로 만들어버렸다. 그 이전을 떠올려보자. 98%에 달하는 사법경찰의 수사는 검찰의 사법통제를 받았다. 하지만 2%의 검찰의 수사는 어떤 사법통제도 받지 않았다. 수사를 받다 자살하는 사람들은 대부분 이 2% 검찰 수사 과정에서 나왔다. 그래서 검찰의 직접수사를 어떻게 통제할 것인가가 개혁의 핵심 주제였다. 사법경찰의 수사와 마찬가지로 검찰의 직접수사에도 사법통제를 해야 한다는 것이었다. 그게 누구나 인정하는 개혁의 방향이었다. 그런데 기함하게도 정확히 그 반대 방향으로 퇴행했다.

당시 민정수석은 2018년 1월 14일 '권력기관 개혁방안'이란 것을 발표하면서 이렇게 말한다.

"이미 검찰이 잘하고 있는 특수수사 등에 한하여 검찰의 직접수사를 인정하는 것입니다."

그러면서 경찰의 바람대로 수사지휘를 없애버렸다. 이제 검찰은 사법통제기관이 아니라 직접수사기관이 된 것이다. 검찰개혁하자면서 오히려 정반대의 방향으로 가버렸다. 그 이유는 이른바 '적폐수사'라는 이름으로 반대파를 때려잡는데 검찰 특수부만 한 도구가 없기 때문이다. 그래서 검찰개혁을 부르짖던 자들이 정작 권력을 잡으면 검찰 특수수사를 더욱 키운다. 검찰 특수부가 자신들의 가학성을 만족하게 해주기 때문이다. 그 결과 사람 잡던 2% 수사가 100%로 늘어나게 된 것이다.

그래서 나는 '수사권조정'을 반대했다. 모든 수사기관을 누구도 통제할 수 없는 검찰 특수부로 만들기 때문이다. 하지만 당시 문재인 정부는 이런 우리를 손가락질하며 검찰 기득권 지키기라고 몰아붙였다. 놀부가 흥부에게 패륜아라고 욕하는 꼴이었다.

실상은 전혀 달랐다. 대검찰청은 특수수사를 폐지하거나 대폭 축소하자는 입장이었다. 실제로 문무일 검찰총장은 전국 지방검찰청에 있는 특수부를 거의 다 없애고 5개만 남겼다. 그리고 범죄정보담당관실이라는 정보수집 기구도 없앴다. 형사정책단장이었던 나도 국회나 언론을 상대로 '검찰을 사법통제 기관으로 복구하고 특수수사를 없애야 한다'라고 설득하고 다녔다.

이것을 반대한 것은 문재인 정권과 민주당이었다. 그뿐 아니라 사실은 은폐하고 호도하기 위해 온갖 짓을 다 했다. 나는 당시 민주당 의원들을 만날 수도 없었다. 여당 의원실을 찾아가면 문전박대였고, 어쩌다 만나서 설명을 하고 나면 늘 보복이 뒤따랐다. 당시 어떤 여성 다선의원은 우리가 여당 의원실을 찾아갔다는 이유만으로 시원한 쌍욕을 선사해 주기도 했다. 문자 그대로 C와 8, 그리고 남자의 생식기가 들어가는 순도 높은 쌍욕을 30분 넘게 들었다. 순간 나는 에미넴이 아니면 이 여자를 이기기 어렵겠다고 생각했다. 참으로 쌍욕장인이었다.

내가 방송이나 라디오에 출연하는 것도 무척 어려웠다. 노골적인 협박이 들어왔다. 주로 옷을 벗기겠다는 내용이었는데, 목욕탕도 아닌데 뭘 그리 옷을 벗기려 했는지 지금도 의문이다. 한번은 방송토론에 나가려고 했는데, 법무부로부터 정보경찰까지 여러 사람의 전화를 받았다. '그분'이 엄청 화가 났으니 무조건 나가지 말라고 했다. 그러면서 경찰 측 패널도 불참시킬 테니 나도 나가지 말라는 것이었다. 실제로 경찰 패널은 그 방송토론에 일방적으로 불참했다.

이렇게까지 막무가내로 나온 것은 사실을 숨겨야 했기 때문이다. 당시 민주당과 좌파언론들은 검찰 특수수사의 문제점을 들어 수사권조정을 해야 한다고 주장했다. 하지만 실제로 특수수사를 줄여야 한다고 주장하는 것은 검찰이었고, 정부여당은 그 반대로 검찰의 특수수사만 남기겠다는 속셈이었다. 그런 사실이 드러나면 낭패일 수밖에 없었을 것이다. 그래서 그 사기극을 숨기기 위해 우리의 설명 자체를 막아야 했다. 그래서 당시 좌파언론들은 문무일 총장의 주장을 꼭꼭 숨겼다. 그러면서 다짜고짜 개혁 저항 세력으로 몰아 공격했다.

너무 답답해 그 매체의 간부들을 찾아가 검찰의 입장을 설명했다. 반응이 참 놀라웠다. 그들은 이미 모든 내용을 알고 있었다. 검찰은 특수수사를 줄여야 한다는 입장이라는 것, 오히려 청와대와 민주당이 특수수사를 옹호한다는 것을 알고 있었다. 하지만 그들은 반대로 기사를 내보내고 있었다. 언론이 아니라 가짜뉴스 공장이었다. 그들은 한 개인의 대권 야욕을 위한 사기극에서 가장 중요한 조연이었다. 대중과 마찬가지로 자신들만이 정의라고 착각하는 언론은 사회적 흉기이다.

당시 민주당에서 가장 열심히 앞잡이 노릇하던 모 의원은 나에게 '검찰에게는 특수수사권한을 무한정으로 줄 테니 경찰이 하고자 하는 것에 토 달지 말라'라고 말했다. 우습게도 그 의원은 검찰 출신으로 검찰의 특수수사를 비판한 것이 유일한 업적이었던 사람이었다. 그랬던 사람이 특수수사의 선봉대가 된 것이다. 정치인은 별주부전의 토끼보다 더하다. 간도 쓸개도 없다.

그렇게 수사권조정이 통과되었다. 검찰은 더욱 강한 특수수사 권한을 갖게 되었다. 수사지휘를 하지 않는 검사들까지 특수수사에 때려 넣을 수 있게 되었다. 그러다 검찰 특수수사의 칼날이 문재인 정부의 범죄들을 향하기 시작했다. 원전 경제성 조작 사건과 조국 수사였다. 그러자 그들은 표변했다. '잘하고 있는 특수수사는 인정하겠다'라고 한 말이 채 사라지기도 전에 검수완박을 하겠다고 난리 쳤다. 수사권과 기소권이 같이 있는 것이 문제라고 하는 것이었다.

검찰에 특수수사권을 무제한으로 부여한 것은 바로 자기 자신들이었다. 그것을 불과 몇 달 만에 이만기 선수 자반뒤집기하듯 뒤집은 것이다. 이래서 민주당은 이길 수 없겠구나 싶었다. 사람이면 어찌해볼 텐데 이 정도로 철면피면 사람이 아닌 거다. 어떤 무기도 뚫을 수 없다. 그래서 민주당의 의원들에게 물었다.

"수사권과 기소권이 같이 있어서 문제면 공수처도 문제가 되는 것 아니냐?"

자신들의 주장처럼 수사권과 기소권이 함께 쥐어져서 문제라면, 공수처도 같은 문제점이 있는 것이 아닌가? 그러자, 공수처는 부당한 수사를 하지 않기 때문에 괜찮다는 답이 돌아왔다. 그런 모습을 보면서 과연 국회의원들은 보통사람은 아니라는 것을 알게 되었다. 그 놀랍고 기괴한 현상을 혼자만 경험할 수는 없기에 다음에는 국회에서 겪은 일들을 책으로 내볼지 생각 중이다. 아마 호러 크리처물로 분류될 것이 분명하다.

검수완박을 보고 드라고 코스 OECD 뇌물방지작업반 의장은 이렇게 말했다.

"검수완박 중재안은 한국의 반부패와 해외 뇌물 범죄 수사·기소 역량을 오히려 약화시킨다."

OECD 뇌물방지작업반은 한국 등 44개국이 가입한 반부패 대응 기구다.

물론 세계적인 흐름은 검찰의 직접수사가 늘어나는 추세이다. 트럼프 전 대통령을 수사한 것도 뉴욕 검찰청이다. 루이비통 회장의 돈세탁 의혹도 파리 검찰이 수사했다. 독일의 연비 조작 사건도, 닛산의 카를로스 곤 회장 사건도 모두 검찰이 수사했다. 독일의 경우 1950년대 슈투트가르트 검찰청 특수부가 만들어진 이후 경제범죄는 검찰이 수사하는 것이 일반화되었다. 프랑스에도 검사와 수사판사들로 이뤄진 재정경제거점수사부Pôle financier가 1975년부터 경제사범에 대한 수사를 담당하고 있다.

그럼 다른 선진국도 검찰이 직접수사를 하는데 왜 우리만 문제 삼을까? 그것은 우리나라 검찰이 지나치게 많은 직접수사를 하기 때문이다. 앞서 말한 선진국들은 매우 한정된 인력으로 특정 부류의 사건만 검찰이 직접 수사한다. 예를 들어 권력형 비리 사건이나 대형 금융, 증권범죄에 한정되어 있다. 사실 이런 복잡하고 전문적인 사건들은 검찰이 수사하는 것이 맞다. 이렇게 복잡한 사건을 직접 수사하지 않았으면 공소유지 자체가 안 된다.

주요 선진국에서 검찰이 직접수사하는 사례가 늘고 있어도 그게 권력자의 무기가 되지 않는 이유는 따로 있다. 선진국의 검찰은 우리처럼 단일한 체계가 아니다. 앞서 말한 사건들을 수사한 뉴욕 맨해튼 검찰청, 동경지검 특수부, 베를린 검찰청 등 다 분리된 검찰이다. 독일만 해도 전국의 16개 주에 115개의 지방검찰청이 각각 설치되었고 이들은 모두 분리되어 있다. 따라서 권력의 지시에 따라 일사불란하게 움직이지 않는다. 각 주의 검찰총장은 주민의 투표로 선출되는 경우가 대부분이다. 빌 클린턴 전 대통령도 투표로 아칸소주 검찰총장에 뽑혔다. 우리나라 검찰처럼 전국적으로 단일한 조직이면 누구도 검찰의 수사를 견제할 수 없다.

무엇보다 선진국의 검찰 직접수사는 중요한 통제수단을 갖추고 있다. 수사를 시작한 자가 그 수사를 결론지을 수 없다. 예를 들어 트럼프에 대한 수사는 뉴욕검찰이 시작했으나, 트럼프에 대한 기소는 대배심이 결정했다.

따라서 검찰이 직접수사를 하는 경우 반드시 세 가지 제약을 뒤야 한다. 첫째, 수사대상을 엄격하게 반부패범죄와 자본시장법 위반 사건으로 제한해야 한다. 둘째, 검사가 직접수사하는 사건은 고등검찰청 검사의 수사지휘를 받아야 한다. 영장청구도 직접 할 수 없고 고등검찰청 검사에게 신청해야 한다. 또한, 처음 수사 범위를 초과하는 별건 수사에 대해 이의신청을 할 수 있도록 제도적 장치를 뒤야 한다. 이를 위해서는 당연히 지방검찰청과 고등검찰청을 완전하게 분리해야 한다. 셋째, 검사가 직접 수사한 사건은 검사가 기소할 수 없게 해야 한다. 그 기소는 대배심과 유사한 공소심의위원회의 결정에 기속되어야 한다. 수사를 개시하는 자가 기소를 결정해서는 안 되기 때문이다. 공소심의위원회가 기소 결정을 내려야 검사가 기소할 수 있도록 하는 것이다.

검사는 수사를 주도하는 기관이다. 하지만 수사를 주도하는 것과 직접 하는 것은 다르다. 실제 검사의 수사권은 수사지휘를 통해 행사되는 것이 가장 바람직하다.

법은 약자의 방패가 되어야지, 강자의 검이 되어선 안 된다.

_ 존 러스킨, John Ruskin

Chapter 26

수사권조정

2018년 '수사권조정' 관련 토론회에서 일어난 일이다. 내가 '수사권조정안은 중국 공안화이고, 청와대가 만든 형사소송법안은 중국 형사소송법을 그대로 표절한 것'이라고 비판했다. 실제로 수사권조정안은 중국 공안제도를 베꼈다. '보완수사요구'라는 것도 중국 형사소송법 제171조의 '보충수사요구' 제도를 표절한 것이다. 그래서인지 청와대 민정수석도 SNS에 보완수사요구를 '보충수사요구'라고 혼동해서 사용하기도 했다. 즉, 수사권조정은 싸구려 쇼핑몰에서 찍어낸 짝퉁상품과 같다.

당시 내 발언을 듣고 경찰 패널은 이렇게 반박했다.

"중국 형사소송법이 선진적입니다. 우리 법은 중국법보다 못합니다."

수사권조정안이 중국 공안제도를 베낀 것임을 인정할 뿐만 아니라 오히려 중국 제도가 선진적이라고 반박한 것이다. 이건 정말 예상치 못한 반응이었다. 불륜하지 않았으냐라고 묻자, 사랑이 죄냐고 반박하는 꼴이었다.

그러면 중국 형사소송법이 정말 우리보다 선진적일까? 우리 형사사법제도가 가야 할 미래가 중국일까? '선진적인' 중국 형사소송법이 지배하는 중국의 현실은 어떠한가.

2003년 광둥성 광저우에서 순즈강孫志剛이라는 청년이 공안의 불심검문에 걸렸다. 임시거주증이 없다는 이유로 끌려간 그는 공안에 맞아 죽었다. 그래도 아무 일도 일어나지 않았다. 누구도 책임지지 않았고 누구도 그것을 거론하지 못했다. 그때 중국의 법학자 쉬즈융許志永이 나섰다. 그는 순즈강의 억울한 죽음을 규탄했다. 그러자 공안은 쉬즈융을 끌고 갔다. 감옥에 갇힌 쉬즈융은 하루에 10시간씩 철제의자에 묶여 지냈다. 식사로는 하루에 만두 1개씩을 받았다고 한다. 공안이 영화 〈올드보이〉에서 영감을 얻었던 것 같다. 이렇게 이유 없이 맞아 죽은 청년을 대변한 것도 큰 죄가 되는 것이 바로 '선진적인' 중국 제도이다.

2015년 중국 공안은 인권운동가들을 대대적으로 체포한 적이 있다. 이를 '709사건'이라고 부른다. 이때 끌려간 지식인들은 재판 없이 감금되었고 고문당했다. 호주의 한 언론인은 간첩 혐의로 잡혀갔다. 수년간 재판도 받지 못하고 해가 들지 않는 감옥에 갇혀 있다.

2018년 7월 4일 중국 상하이에서 둥야오치옹董瑶琼이라는 28세의 여성이 체포되었다. 그녀는 시진핑 주석의 포스터에 먹물을 뿌리며 "중국 공산당의 독재에 반대한다"라는 구호를 외쳤다. 그 때문에 '잉크소녀'라고 불리는 그녀의 행동은 트위터 계정을 통해 생중계되었다. 공안은 그녀를 체포해 정신병원에 수용했다. 아수라 시장님의 필살기 중 하나다. 대통령에게 싫은 소리 하면 입을 틀어막고 끌고 가는 입틀막 사건도 결국 중국 공안화의 길인 것이다. 그녀의 아버지 둥젠뱌오는 딸을 구하기 위해 공안을 찾아갔다. 둥젠뱌오가 딸의 면회를 요구하자 공안은 그를 체포했다. 늙은 광부였던 둥젠뱌오는 중국 공안을 위협했다는 이유로 징역 3년 형을 선고받았다. 중국 공안은 워낙 선진적이라 늙은 광부에도 위협당할 만큼 허약한가보다. 2022년 10월 23일 공안을 위협했다는 둥젠뱌오는 감옥 안에서 죽었다. 둥젠뱌오의 시신은 타박상과 상처투성이였으나, 공안은 당뇨병으로 죽었다고 둘러댔다. 가족들은 부검을 요구했으나 공안은 그의 시신을 일방적으로 화장했다. 국제인권단체 세이프가드 디펜더스는 "딸을 지키고 싶었던 이 중년의 아버지는 석방 전 감옥에서 구타로 인해 사망했다"라고 평가했다. 그래도 아무 일도 일어나지 않았다.

과거 우리나라도 비슷한 사건이 발생했다. 1987년 박종철 열사가 치안본부 대공분실에서 고문을 받다 죽었다. 당시 치안본부장 강민창은 '탁 치니 억하고 죽었다'라고 뻔뻔하게 국민을 속였다. 이 사건이 밝혀진 것은 사법통제 때문이다. 돌연사로 처리하려고 했으나 검찰이 부검 지휘를 하면서 진상이 드러나게 되었다. 즉, 당시 사법경찰이 검찰의 사법통제를 받았기 때문에 사건 은폐를 막을 수 있었다. 하지만 중국 공안은 사법통제를 받지 않는다. 따라서 둥젠뱌오처럼 맞아 죽어도 당뇨병으로 죽은 것으로 둔갑할 수 있다. 지금은 우리나라도 중국처럼 사법통제를 제거해 버렸다. 따라서 둥젠뱌오 사건이 일어나도 우리도 은폐할 수 있다. 그래서 수사권조정을 '중국공안화'라고 멸칭하는 것이다.

경찰만 사람을 죽인 것은 아니다. 2002년 서울중앙지검 강력부는 수사하던 피내사자를 죽였다. 특수부에서 수사받다 자살하는 사람은 수십 명에 달한다. 그런데 놀랍게 수사권조정은 이렇게 사람을 죽게 한 특수수사나 직접수사는 더 강화시키고, 고문치사를 밝힌 수사지휘는 없애버렸다. 어린이 교통사고 줄이겠다고 하면서 어린이보호구역 없애고 CCTV 없애버린 꼴이다.

2018년 8월 쑨원광孫文廣 전 산둥대 교수는 〈미국의 소리VOA〉와의 생방송 인터뷰를 하던 중 중국 공안에 의해 끌려가기도 했다. 생방송으로 잡혀가는 모습이 중계되었고, 쑨원광 교수는 "공안 대여섯 명이 또 왔다. 무슨 짓인가! 내 집에 온 것은 불법이다! 나는 언론 자유가 있다!"라고 외치다 끌려갔다. 중국 공안은 체포영장이나 구속영장도 없이 쑨 교수의 집에 무단으로 침입해 사람을 잡아갔다. 그것이 전 세계에 생중계되었지만, 누구도 문제 삼을 수 없는 것이 바로 '선진적인' 중국 형사사법제도이다.

천안문 운동을 주도한 류샤오보劉曉波는 '외로운 섬'이라고 불린다. 외국으로 피하지 않고 중국에 남아 민주화운동을 이어갔기 때문이다. 노동교화형을 선고받고 수용 중인 그에게 2010년 노벨평화상이 수여되었다. 하지만 중국인 최초의 노벨상 수상자인 그는 풀려나지 못했다. 중국 당국은 말기암으로 시한부 인생이 되자 비로소 그를 풀어줬다. 그리고 보름이 되지 않아 2017년 7월 13일 외로운 섬 류샤오보는 세상을 떴다. 그가 죽은 후에도 그의 아내 류샤劉霞는 가택연금 상태이다. 노벨평화상 수상자의 인권도 보장할 수 없고, 연좌제가 버젓이 살아있는 것이 '선진적'이라는 중국 형사사법제도이다.

2018년에 자오커즈 공안부 장관의 내부 보고가 유출되었다. 그 결과 중국 공안이 2010년대 후반까지 100만~200만 명의 위구르인과 소수민족을 강제로 체포하여 구금한 사실이 드러났다. 그뿐 아니다. 지금도 티베트 승려들을 감시하기 위해 공안이 사찰을 점거하고 있고 승려들의 거소에 CCTV가 설치되어 있다.

'세이프가드 디펜더스'는 중국 공산당이 인권운동가뿐 아니라 그 가족들에 대해 초헌법적인 처벌을 하고 있다면서 연좌제 적용에 대해 폭로했다. '유럽 라이트 워치'는 중국 공안은 고문을 통해 받아낸 자백에 지나치게 의존한다고 지적했다. 중국 공안은 조사 중이라도 카메라를 끄고 거리낌 없이 고문을 자행한다고 폭로했다. '앰네스티 인터내셔널'의 보고서에 따르면 홍콩 민주화 운동 관련하여 27명이 수용되고 이 과정에서 온갖 고문이 자행됐고 변호인 접견권도 보장받지 못했다고 했다.

우리가 흔히 선진적이라고 하는 모습은 이런 것이 아니다. 인권침해, 독직폭행, 고문, 불법구금, 연좌제 등이 일어나지 않는 것을 선진적이라고 한다. 하지만 '선진적인' 중국 형사사법제도에서는 이런 일이 버젓이 발생한다. 그래서 수사권조정을 밀어붙였던 일부를 제외하고 모두가 '선진적인' 중국 형사사법제도를 두려워한다. 홍콩 민주화 시위도 그 두려움 때문에 터진 것이다. 이때 홍콩 시민들이 들고일어난 것은 '송환법' 때문이다. 송환법이란 홍콩에서 죄를 짓더라도 중국으로 끌고 가 중국 형사소송제도에 따라 수사, 재판을 받게 하는 법이다. '선진적인' 중국 형사사법제도가 얼마나 무서운지 홍콩 주민의 절반 가까이가 이를 반대하기 위해 시위에 나선 것이다.

사실 수사권조정안만 중국 제도를 베낀 것은 아니다. 과거 전두환 정권도 중국 제도를 도입한 바 있다. 바로 삼청교육대이다. 삼청교육대는 잡범들을, 노동을 통해 재교육하겠다는 명목으로 강제노역을 시키는 '노동교양제도勞動敎養制度'를 베낀 것이다.

어떤 이는 중국의 형사소송법은 문제가 없으나 중국인이 잘못 적용하는 것이라고 옹호하기도 한다. 하지만 중국인의 문제는 아니다. 싱가포르도, 대만도 모두 중국인이 만들었다. 중국인은 황허문명을 만든 사람들이다. 나침판, 종이, 화약 등 지금까지 인류가 사용하는 주요 발명품을 만든 것도 중국인이다. 중국은 당나라부터 청나라 중기까지 늘 세계 최강국 중 하나였다. 인본주의를 가장 먼저 정치이념으로 들고나온 곳도 중국이다. 따라서 지금 중국에서 벌어지는 인권침해는 법과 제도의 문제이지 중국인의 문제가 아니다. 우리도 중국식 법제를 도입하면 중국같이 되는 것이다. 형사사법 영역에서는 법과 제도가 현실을 만든다.

내가 소위 '수사권조정'에 반대한 것은 그것이 역사의 반동이기 때문이다. 그것은 3천 년간 쌓아 올린 문명과 지성을 무너뜨렸다. 규문주의적 요소는 짙어졌고, 수사기관은 더욱 강력해졌으며 적법절차는 후퇴했다. 그냥 중국화한 것이다. 검찰은 특수수사를 하는 기구로 남아 규문판사가 되었다. 경찰은 마음먹으면 언제든지 국민을 구속하고 압수하고 수색할 수 있게 되었다. 경찰이 그어떤 사법통제도 받지 않고 마음껏 수사할 수 있는 나라는 중국과 우리나라뿐이다. 검찰이나 경찰이나 누구의 통제도 없이 수사할 수 있는 나라는 우리나라뿐이다. 바로 프랑스 대혁명 이전의 규문주의 경찰이 부활한 것이다.

개혁은 전혀 없다. 규문주의 요소인 서면주의와 밀행주의는 그대로 유지되었고, 공판중심주의는 판사 재량주의로 호도되었다. 심지어 규문주의 기구는 더 늘어났다. 수사하는 자가 기소도 하는 공수처가 새로 만들어졌다. 검찰개혁의 주 근거로 수사와 기소를 분리해야 한다고 주장하면서 공수처에는 수사권과 기소권을 동시에 부여했다. 이노센트 3세가 도미니크 수도사에게 권한을 부여한 것과 같은 짓이다. 정권을 호위하고 반대파를 탄압하기 딱 좋은 기구를 만든 것이다. 역사가 말해주듯 권력이 형사사법제도에 손을 대는 이유는 늘 권력 유지와 반대파 탄압이다. 수사권조정이나 이노센트 3세의 칙령 모두 같은 의도로 이뤄졌다.

이 수사권조정도 마찬가지다. 어느 날 갑자기 수사권조정 법안이라는 것이 나타났다. 민주당 의원들에게 물어봐도 도대체 수사권조정 법안이 어디서, 어떻게 나오게 된 것인지 모른다고 했다. 청와대에 파견 나간 정보경찰이 다급하게 만들었다는 소문이 파다했다. 도둑놈 소 몰 듯 급하게 법안을 마련하다 보니 중국 공안제도를 베낀 것이다. 경찰이 가장 부러워하는 제도가 바로 중국의 공안이다. 공안이 무소불위의 힘을 가졌기 때문이다.

민주당의 의원들은 어디에서 온 법안인지도 모르고, 하루아침에 수사권조정안을 위한 돌격대가 되었다. 물론 형사사법제도에 대해 잘 알고 있는 민주당 의원 중 몇몇은 오히려 나에게 이 법안을 꼭 막아야 한다고 부탁하기도 했다. 하지만 자유한국당 내에서도 여러 약점이 잡힌 의원들이 암묵적으로 이에 동조했다.

배신자들은 승승장구했고 이에 저항하던 소수는 흔적도 없이 사라졌다. 수사권조정에 야합했던 여야의 의원들은 대부분 공천을 받았고 지금도 국회의원, 도지사 등을 하면서 새로운 권력에 충성을 다하고 있다. 권력자가 바보 같으면 탐욕스러운 정상배들이 설칠 수밖에 없다. 바보에게 동조해 주기만 하면, 비록 욕은 먹지만, 공천이 보장되기 때문이다. 그렇게 바보에 동조한 정상배들은 또 새로운 바보를 권력자로 내세운다. 그렇게 바보들이 끊임없이 권력을 잡는 것이다.

그 앞잡이였던 학자나 언론인들이 공통으로 내세운 근거가 있다. 바로 검찰 수사과정에서 백여 명이 극단적인 선택을 했다는 점이다. 그것을 수사권조정의 근거로 삼았다. 하지만 그것은 모두 특수수사에서 벌어진 일이다. 따라서 개혁을 하려면 특수수사를 막아야 한다. 그런데 특수수사는 더 강화해 버렸다. 짜게 먹어서 고혈압이라고 진단하고서 소금을 처방한 셈이다.

그래서 수사권조정이 이후에도 여전히 경찰 수사 중에 피의자들이 극단적인 선택을 하고 있다. 경찰이나 공수처에서는 여전히 포토라인이 자행되고 있다. 하지만 그 학자들, 언론인들 누구도 그 죽음이나 그 포토라인은 문제 삼지 않는다. 같은 목숨이라도 검찰 수사받다 죽으면 공권력 희생자이고, 경찰 수사를 받다 죽으면 무관심의 대상인 것이다. 그들은 사람이 죽은 것을 안타까워한 것이 아니었다. 그저 미래권력에 줄을 댄 것이다.

수사권조정이 이뤄졌지만, 그 장밋빛 약속은 하나도 지켜지지 않았다. 검찰은 여전히 특수수사를 하고, 경찰은 수사를 미루고, 수사받다가 자살하는 사람은 여전히 나오고, 서민들의 사건은 경찰서 문턱을 못 넘고 있다.

수사권조정은 수많은 부작용을 낳고 있다. 최근 계속 터지고 있는 묻지마 범죄와 관련해서도 우리 국민 54.5%가 이는 수사권조정과 관련이 있다고 답했다. 관련이 없다는 응답은 37%에 불과했다. 국민은 어째서 수사권조정으로 묻지마 범죄가 증가했다고 생각하고 있을까? 수사권조정은 경찰의 수사를 통제하지 않고 경찰이 수사를 종결할 수 있도록 한 것인데, 그것이 치안과 무슨 상관이 있을까? 바로 경찰 본연의 임무인 치안을 소홀하게 하기 때문이다. 국민은 수사권조정 이후 경찰이 경찰 본연의 임무인 치안과 방범 활동을 소홀히 하고 있다고 생각하고 있다.

대한변협이 실시한 관련 설문조사 내용은 더욱 심각하다. 변호사 79%가 경찰의 수사 지연으로 피해를 입었다고 답했다. 경찰 수사에서 형사고소 사건이 적정한 기간 내에 처리되고 있느냐는 질문에는 압도적인 다수인 84%가 그렇지 않다고 답했다. 실제로 경찰의 사건 평균 처리 기간은 2018년 48.9일에서 수사권조정이 이뤄진 이후인 2021년에는 64.2일로 폭증했다. 심지어 조국마저 자기 아들이 피해자인 사건의 처리가 3년 넘게 걸렸다고 분통을 터뜨린다. 현직 고등법원 부장판사는 "검수완박이 사기 범죄 날개 달아줬다"라고 비판했다.

무엇보다 경찰에서도 수사를 담당하는 사법경찰은 기피 보직이 되었다. 경력 있는 경찰들은 모두 치안, 정보 등으로 빠져나가고 힘없는 초보 경찰들만 사법경찰을 담당하고 있다. 승진에도 불리하고 민원의 주요 대상이 되다 보니 수사부서 기피가 심각해진 것이다. 그래서 사법경찰의 수사 자격증인 '수사 경과警科'를 스스로 반납하는 사례가 폭증하고 있다. 2021년에만 3천 명이 넘어갔다.

우리는 왜 형사사법제도를 개혁해야 할까? 지금의 형사사법제도는 열린 사회, 지성과 문명을 위한 공동체에는 적합하지 않기 때문이다. 우리 형사사법제도는 조선의 규문주의, 일제의 식민지 통치 제도, 군사정권의 수사력 집중 등이 뒤섞인 기괴한 별종이다. 쉽게 말하면 변사또, 고등계 나카무라 경부, 치안본부장 그리고 중수부 검사 등이 자가사리 끓듯 모여 있다. 권위주의적이고 반인권적인 요소가 많다. 이것만으로도 끔찍한데, 수사권조정이랍시고 중국 공안제도까지 들여왔다. 그 덕에 우리 형사사법제도는 법치주의 국가로서는 믿기 어려운 괴물과 같은 형상이 되었다. 우리가 그 기괴함에 놀라지 않는 것은 단지 익숙하기 때문이다. 상식이 익숙함으로 인해 가장 적게 비판받는 것과 마찬가지다.

이렇게 기괴한 형사사법제도는 사회의 발전을 더디게 하고 심하면 공동체를 무너뜨린다. 사람이 모여 살면서부터 분쟁과 갈등은 필연적이다. 하지만 갈등은 잘 해결하기만 하면 사회를 발전시키기도 한다. 미국의 사회학자 루이스 코서Lewis Coser는 "갈등은 사회규범을 만들어내고 조절하는 것을 도와줌으로써 가변적인 상황 아래서도 사회 존속성을 보장해 주기 때문에 그 사회가 유연성이 있기만 하면 갈등으로 인해 그 사회는 이익을 본다"라고 말했다. 또한, 갈등은 다른 사람과의 연합과 제휴를 필요로 한다. 이것은 공동체간의 유대의식을 불러 사회적 고립을 감소시켜 주기도 한다. 따라서 갈등과 분쟁 자체를 없애려고 하는 전체주의적 발상은 결국 공동체를 약화시킨다.

하지만 갈등을 억누르고 분쟁을 악화시키면 결국 사회는 밑에서부터 무너진다. 가장 먼저 사회의 약자들부터 공동체에서 떨어져 나가고 종국에는 그 공동체가 붕괴한다.

따라서 갈등과 분쟁을 잘 해소해야 한다. 잘 해소한다는 것은 그 결론에 불만인 사람도 받아들일 수 있어야 한다는 뜻이다. 그게 아니면 힘의 논리일 뿐이다. 해소의 방법은 여러 가지가 있다. 인류가 처음 공동체를 이루고 살 때는 힘으로 해결했을 것이다. 물론 반대하는 의견도 있다. 일부 인류학자들은 아메리카 토착민들이 평화롭게 사는 모습을 보며 원시공산제는 힘이 아니라 자율적인 방식으로 분쟁을 해결했을 것이라고 주장한다. 하지만 그 토착민들이 다른 부족들과 벌였던 살벌한 살육과 학살은 고려하지 않는 주장이다.

힘으로는 거대 공동체를 장기적으로 유지할 수 없다. 힘이 약해지거나 바뀌면 그전까지 쌓아 올린 질서가 뒤집히기 때문이다. 그래서 더 안정적인 해결 방법이 필요했다. 근대 이전까지는 위계질서와 권위가 그 역할을 대신했다. 지도자의 결론에 일단 따르는 것이다. 하지만 인간의 지성은 그보다 뛰어나다. 신종선서보다는 더 강한 결속이 필요했다. 그래서 인간은 예측가능성과 신뢰를 조건으로 자발적인 복종을 그 대안으로 내놓았다. 바로 사회적 계약이다. 그 계약을 보장해 주는 것이 바로 법과 규칙이다.

법과 규칙에 따라 국가라는 공권력이 갈등을 해소하는 것이 재판이다. 그중 범죄라는 갈등과 분쟁을 해결하는 것이 형사사법제도이다. 따라서 형사소송은 국가의 주요한 기능이다. 최소국가론을 주장하는 에인 랜드Ayn Rand조차 국가의 불가피한 기능이라고 꼽은 것이 국방, 경찰과 더불어 바로 '분쟁 해결을 위한 법률서비스'이다.

　문준용 교수도 "사법제도는 분쟁과 범죄의 처리를 통해 사회 통제에 이바지할 뿐만 아니라, 그 과정에서 새로운 정치와 법의 원리를 확산시키고 사회를 통합하는 기능을 가지고 있다"라고 말했다.

헌법은 정부가 국민을 억누르기 위한 도구가 아니라,

국민이 정부를 억제하기 위한 도구이다.

_안토닌 스칼리아, Antonin Scalia

Chapter 27

한국형 FBI

우리 형사사법제도 개혁 방안으로 한국형 FBI를 제안하는 사람들이 있다. 나 역시 같은 입장이다. 국회의원일 때 한국형 FBI법안을 발의하려고 했으나 국회법 개정안에 밀리면서 대신 이 책을 쓰게 된 것이다. 한국형 FBI란 검찰에서 특수수사 부분과 경찰의 사법경찰 부분(국가수사본부)을 각 떼어내어 공수처와 합쳐 만드는 통합 사법경찰 기구이다. 그렇게 수사 분야를 떼어내 한곳에 모아 놓은 한국형 FBI에서 수사를 담당하고, 검찰은 한국형 FBI에 대한 사법통제를, 경찰은 치안 업무를 각각 담당하게 하는 것이다.

이렇게 하면 우리 수사기구의 문제점을 대부분 해결할 수 있다. 검찰의 과도한 특수수사, 공룡경찰의 공안화, 무능하고 정략적인 공수처, 사법통제 없이 무제한으로 이뤄지는 수사 등을 한꺼번에 해결하는 것이다. 경찰은 수사지휘를 받지 않아도 되고, 검찰은 통제되지 않은 특수수사를 할 수 없게 된다. 그렇게 되면, 사실상 검찰이나 경찰은 수사를 하지 않게 된다.

그래서 처음 국회에서 수사권조정 논의를 시작할 때는 '한국형 FBI' 설치로 의견이 모이고 있었다. 경찰의 수사부서와 검찰의 특수부를 통합하여 한국형 FBI를 만들자는 것이었다. 대부분의 여야 의원들도 이에 동의했다. 훗날 수사권조정의 돌격대장이 된 민주당의 중진의원이 가장 강력하게 한국형 FBI를 주장했었다. 검찰도 이에 동의하고 있었고 학계에서도 대부분 지지했었다.

정웅석 교수는 이렇게 주장했다.

"선진수사 시스템의 대명사라고 할 수 있는 미국의 FBI와 유사한 가칭 '특별수사기구'의 설치와 같은 새로운 수사 패러다임을 검토할 필요가 있다고 본다. 즉, 부정부패사범, 대형경제범죄, 조직폭력·마약 등 주요 강력범죄 등 주요 범죄 인지수사를 담당하는 사법경찰을 행정경찰로부터 분리한 후 검찰 일부 수사인력과 통합하여 별도의 특별수사 기구를 신설하되, 민생치안 범죄 등은 기존의 경찰인력이 담당하도록 하는 방안이다."

하지만 민정수석실이 개입하면서 분위기가 돌변하게 된다. 어느 날 검찰 출신 모 국회의원을 찾아가 개혁방안에 대해 설명하고 있었다. 건성으로 듣고 있던 그 의원이 갑자기 말을 끊었다. 그러더니 모든 것은 이미 결정되었다고 말했다. 그뿐 아니라 나에게 앞장서서 반대하지 말라고 경고했다. 이제 시작도 안 됐는데 어떻게 이미 결정된 것이냐고 묻자, 민정수석실에서 이미 결론을 냈고 괜히 반대하다가는 화를 입는다고 말했다.

그래서 무엇을 해도 좋지만, 수사에 대한 사법통제는 없애면 안 되고, 검찰의 특수수사를 없애야 한다고 말했다. 그러자 한심하다는 듯 내게 말했다.

"지금 청와대가 검찰 특수부를 가장 칭찬하고 있는데 그게 없어지겠냐?"

"그럼, 그게 어떻게 개혁입니까?"

"김 단장은 그냥 겉으로 반대하는 척만 하고 그냥 따라가. 그럼 김 단장은 잘될 거야. 챙겨줄 거야. 혼자서 할 수 있는 건 없어."

"어디까지 넘어갔어요?"

"대검 빼고는 다 우리 편이야. 대검 안에서도 총장이랑 몇 명만 반대하는 거야. 다 넘어왔어."

"제 주제에 부장검사까지 해봤는데 뭘 더 합니까, 그냥 소신대로 갈랍니다."

"그럼 다시 찾아오지 마."

결국, 그 의원이 말하던 대로 진행되었다. 어느 날 갑자기 수사권조정 법안이라는 것이 나타났다. 민주당 의원들에게 물어봐도 도대체 수사권조정 법안이 어디서, 어떻게 나오게 된 것인지 모른다고 했다. 청와대에 파견 나간 정보경찰이 다급하게 만들었다는 소문이 파다했다. 도둑놈 소 몰 듯 급하게 법안을 마련하다 보니 중국 공안제도를 베낀 것이다. 경찰이 가장 부러워하는 제도가 바로 중국의 공안이다. 공안이 무소불위의 힘을 가졌기 때문이다.

이렇게 한국형 FBI를 만들면 검찰이나 경찰은 수사를 담당하지 않는다. 경찰이 수사를 하지 않는 것에 대해 이상하게 생각할 수 있지만, 경찰은 원래 치안기구이지 수사기관이 아니다. 경찰 Police, Polizei의 어원도 '시민Politeia', '도시polis'에서 유래한다. 1931년에 제정된 프로이센 경찰행정법에도 경찰의 임무는 '공공의 안녕과 질서를 위협하는 위험을 방지하기 위한 조치를 취하는 것'이라고 규정하고 있다. 1795년의 프랑스 치죄법에도 '경찰은 공공의 질서·자유·재산 및 개인의 안전보호에 임한다'라고 규정했다. 즉, 처음부터 경찰의 존재 목적은 수사가 아니라 방범과 치안 유지이다. 그래서 방범과 치안을 책임지는 자치단체장이 경찰서장을 임명하는 것이다. 뉴욕시장이 뉴욕경찰청장을 임명하는 식이다.

물론 외국의 자치경찰도 수사를 담당한다. 하지만 주요한 국가 중 우리나라처럼 국가경찰이 수사를 전담하는 경우는 거의 없다. 오직 중국뿐이다. 프랑스의 경우 국가경찰이 수사를 담당하나 검찰이나 예심판사의 엄격한 사법통제를 받고 있다. 자치경찰이 수사를 담당하더라도, 부패범죄 등 중요 범죄 수사는 전문적인 사법경찰기구가 담당한다. 수사를 담당하는 사법경찰은 경비, 보안, 교통, 방범 등을 담당하는 경찰과는 별개의 조직이다.

우리가 많이 들어본 미국의 연방수사국FBI 역시 사법경찰기구이다. 미국에는 그 외 DEA, ATF, ICE, NSA, IRO, SEC 등 다양한 사법경찰조직이 있다. 독일의 범죄수사청BKA 역시 사법경찰기구이다. 주로 조직범죄, 무기밀매, 위조화폐 등을 다루는 이것들은 우리가 알고 있는 경찰과는 전혀 다른 조직이다. 이렇게 다양한 수사기관을 설치하면 수사의 전문성도 높이고 무엇보다 공권력이 집중되는 것을 막을 수 있다. 그렇게 하면 수사의 효율성을 떨어뜨리는 것이 아니냐고 우려하지만, 오히려 수사의 전문성과 공정성을 확보할 수 있다. 그리고 수사는 효율성이 우선이 되어서는 안 된다. 세상에서 가장 효율적인 수사기구는 게슈타포가 포함된 나치독일의 제국안전중앙청Reichssicherheitshauptamt이다. 하지만 이것은 사실상 범죄단체에 가깝다.

경찰청장을 시장이 임명하는 것과 달리, 수사기구의 장은 행정부에서 임명한다. 수사는 자치사무가 아니기 때문이다. 그래서 수사기구는 행정각부에 속하게 하여 행정부의 통제를 받게 한다. FBI, DEA(마약단속국), 연방보안국, ATF(알코올담배무기국)는 법무부에, ICE(이민관세국)는 국토안보부에, NSA는 국방부에 각각 소속되어 있다.

물론 이에 대해 범죄 예방, 진압 및 수사 등 경찰 활동은 유기적으로 연계·융합되어야 한다는 주장도 있다. 하지만 대부분의 선진국은 사법경찰과 행정경찰이 분리되어 있다. 원래 검경수사권 조정안에서도 행정경찰과 사법경찰 분리를 수사권조정의 선행조건으로 내세웠다. 프랑스의 경우 사법경찰을 검사와 예심판사의 지휘를 받도록 하여 기능상 완전히 구분되어 있다. 또한 분리가 불가능하다는 말은 거짓말이다. 경찰 스스로 국가수사본부 설치가 가능하다고 말했고 실제로 사법경찰만의 조직인 국가수사본

부가 설치되었다. 국가수사본부를 그대로 분리해서 한국형 FBI에
병합시키면 아무런 문제 없이 해결되는 것이다.

마치며

노에 게이치野家啓一는《이야기의 철학》에서 이렇게 말했다.

"시간은 흐르지 않는다. 그것은 축적된다.Time does not flow. It

accumulates from moment to moment"

인류의 시간도 축적되어 있다. 그렇게 축적된 시간 중 하나가 형사사법제도이다. 형사사법제도는 삼천 년간의 인류 희생으로 쌓은 빅데이터이자, 인간성과 권력에 대한 심오한 고찰의 결과물이다. 인간의 본성, 공동체의 목적, 질서와 억압, 대중의 분노, 억측과 혐오, 수사의 야만성, 정의라는 이름의 폭력, 반성과 대안 등 3천 년간 인류가 겪은 모든 희생과 교훈이 함축된 것이 바로 형사소송법이다. 그래서 형사사법제도는 정의라는 명목으로 벌어지는 폭력과 희생에 대한 반성이고, 그 폭력을 막기 위한 고군분투의 흔적들이다.

괴테는《파우스트》에서 이렇게 말했다.

"무언가를 알았던 소수의 사람들이 어리석게도 넘쳐흐르는 자신의 마음을 숨기지 못하고, 천민들에게 자신의 느낌을, 자신의 직관을 공개함으로써, 십자가에 못 박히기도 하고, 화형에 처하지도 않았던가."

그 마녀사냥과 고문에 스러져간 사람들의 희생 속에서 우리가 얻어야 할 교훈은 '결국 인간은 정의를 찾아내지 못한다'이다. 우리는 증오와 혐오를 정의라고 오해한다. 그래서 증오의 대상을 파멸시키기 위해서는 자신의 인간성이 파괴되는 것도 기꺼이 받아들인다. 남을 돕는 것은 아까워하면서 남을 벌하는 데는 달갑게 비용을 지급한다. 그래서 혐오는 인간성을 파멸시킬 정도로 무섭고 강력하다. 권력자와 대중은 그 증오와 혐오를 정당화하기 위해 수사와 재판을 활용했다. 증오가 수사의 탈을 쓴 것이 바로 신판이자 종교재판이다.

권력자는 정의와 안전이라는 이름으로 수사와 형벌을 휘둘렀다. 수사는 매우 위험하고 무서운 칼이다. 수사권은 언제나 권력자를 대변한다. 그래서 수사 권한은 분산되고 견제되어야 한다. 흉악범죄나 조직범죄를 막기 위해 수사권을 강화하고 중앙집권화해야 한다고 주장하나, 적법절차 때문에 그런 흉악범을 못 잡는 예는 없었다. 화성연쇄살인마를 못 잡은 게 적법절차 때문은 아니다.

형사소송법이 생겨난 것은 대중의 분노와 격정으로부터 개인을 지키기 위해서였다. 수많은 실험 끝에 내린 결론은 개인의 인권을 지키고 공정한 재판을 가능케 하는 것은, 선의나 정의가 아니라 적법절차라는 것이다. 결국, 사람을 지키는 것은 정의가 아니라 헌법과 형사소송법에 정한 적법절차이다.

형사소송법상의 적법절차가 헌법적인 지위까지 올라간 것은 대중의 분노와 시대의 요구라는 폭력적 흐름에서 한 사람을 지켜내는 것이 그토록 어렵기 때문이다. 우리가 지금 접하는 형사사법제도는 이러한 경험에 대한 반성에서 시작된 것이다. 형사사법제도들은 우리 실존에 대한 두려움에서 설계된 것이다. 그래서 대중의 자유로운 해석이 불가능하게 매우 정교하면서도 완고하게 만들어졌다.

지금 형사재판제도를 관통하고 있는 적법절차와 인권보호 원칙들은 소크라테스부터 안나까지 수천만 명이 잔학하게 죽어간 대가로 얻어진 것들이다. 이들의 죽음을 안다면 권력을 위해 적법절차와 형사소송제도를 후퇴시킬 수는 없다. 하지만 우리는 지난 몇 년간 형사사법제도가 무너지고 후퇴하는 모습을 보았다. 어찌 보면 우리 사회의 위기를 보여주는 전조현상일지도 모른다.

그래서 우리는 이제 그 퇴보를 끊어내야 한다. 분쟁과 갈등을 해소하는 가장 중요한 제도는 보편적인 형사사법제도이다. 그런 중요한 갈등 해결 방법이 공정성과 신뢰를 잃으면 우리의 공동체는 서서히 무너진다. 형사사법제도가 강자들의 전유물이고 권력자의 무기라면 그 사회는 구심력보다 원심력이 더 커지기 때문이다. 청와대의 높으신 분에게 말한 '내 할 일'이란 바로 그것이다.

우리는 선량하기도, 악독하기도 한 존재이다. 하지만 우리가 모인 대중은 대부분 집탈하고 그악스럽다. 우리가 만든 대중이나 우리는 늘 대중에게 쫓긴다. 그 긴장은 힘없는 개인에 대한 무자비함으로 나온다. 그래서 우리는 두렵고 늘 외롭다.

그렇게, 밀턴이 말했듯, 우리는 낙원을 잃고 외롭고 쓸쓸한 길을 걸어왔다. 정확히는 잔혹한 길이었다. 그래도 우리는 우리 안의 선량함을 잃어본 적이 없다. 우리가 아직까지 문명의 길에 서 있는 것은 그 파리한 선량함 덕분이다. 섭리 혹은 공의가, 악의에 가득 찬 우리를 이끌었기 때문이다.

주

1) 근대 이후의 치안판사와는 다른 제도이지만 가장 유사한 제도가 치안판사라 이렇게 번역한다.

120p

2) 에드워드 3세는 사계 법원(the Courts of Quarter Sessions)도 만들었다. 이것은 치안판사(office of Justices for the Peace)의 모태이지만, 처음 출발은 치안기구였다. 오늘날의 경찰과 유사했다. 이 역시 왕권 강화를 위해 만든 것이다. 원래 지방의 치안 담당자는 선거로 뽑혔다. 선출된 치안 담당자가 왕의 명령에 고분고분할 리 없다. 그래서 에드워드 3세는 선출직 치안 담당자 대신 자신이 직접 임명하는 사계 법원으로 대체한 것이다. 이렇게 왕은 각 지방의 경찰권까지 장악한다. 일 년에 4번 열리기 때문에 사계 법원으로 불린다. 치안기구였던 사계 법원은 1344년부터 사법기구로 바뀐다. 1360년에는 범인 검거와 범죄에 대한 청문, 결정 권한도 갖게 돼 지금의 치안판사가 된다. 1388년에는 모든 치안법원 판사 수를 6명으로 고정해 권위를 높였다. 사계 법원은 주로 절도와 같은 경죄를 다루나, 과거에는 사형에 해당하는 중죄도 담당했다. 물론 자치 허가장(charter)이 부여된 도시들의 사계 법원은 각각 하는 일이 달랐다. 사계 법원의 성격은 시대와 지역에 따라 매우 다양해 한마디로 정의하기 어렵다. 그런 복잡성으로 인해 치안판사로 발전할 수 있었다.

3) 비잔틴 제국은 흔히 동로마제국으로 불린다. 비잔틴 제국은 수도 비잔티움을 따

서 부르는 별칭에 가깝다. 자신들은 스스로 로마제국(Imperium Romanum)이라고

불렀다.

4) 원래 이름은 비잔티움이었는데 콘스탄티누스 대제가 330년 도시를 만들면서 콘스

탄티노플이라고 불린다. 콘스탄티노플은 영어식 이름이다. 라틴어로는 콘스탄티노

폴리스(Constantinopolis)로 표기한다.

5) 이에 반해 베네치아 돛에는 산 마르코의 상징인 날개 달린 사자가, 제노바의 돛에

는 성 조르지오의 십자가가 그려져 있다.

6) 오늘 날의 뉴욕이다. 원래 뉴욕에 처음 정착지를 만든 것은 네덜란드인이었다. 그

들은 자신들의 고향인 암스테르담을 따서 뉴 암스테르담이라고 명명했다. 1664년

네덜란드가 영국에 이 땅을 다른 식민지와 교환하면서 넘겼다.

7) 공중소추관으로 번역하기도 한다.

소크라테스는 왜 죽었을까?